JN117524

❸家から古着を持ってきて新しい
服をつくるキア。▶p.25

❶は1・2年生の合同クラスの子どもたちとキー・コンピテンシー「参加」についてブレーンストーミングした時の記録。❷はその後、参加とは「何か新しいことを試みることだ」と考えたダイアナが「空手」に挑戦している様子。▶（詳細・邦訳参照ページ、以下同様）p.63, 83

❹魚のとりこになったゼブ。マカジキの目を直に触ってみる。
▶p.96

❺絵本を「出版」するテヌサン。自分で考えた物語につける絵を人形を手本にしたりして描き、製本機で製本。▶p.105

❻道具を使いこなしてネジをはずし、内部構造を探るトビー。
▶p.108

❼セロテープ6巻を使ってベトベト橋をつくるエリザベスとルーシー（上写真）。その後ルーシーは、粘土を使って橋をつくった（下写真）。▶p.114,211

❾ギーとブランキー（上写真の左上に写っているぬいぐるみと毛布）、その他を携えて入園してきたエビー。全部は持ちきれないので、一部リュックにしまってパズルに集中。▶p.142

❽野生動物のおもちゃとともに、2つの世界を行き来するエマニュエル。▶p.138

⓫他者に励ましや思いやりの気持ちを伝えるために絵を描き続けるチャーリー-ブルー。▶p.188

❿コル模様に対するスカーレットの関心は、紙に描くことから、スクリーンプリント制作へと発展していった。▶p.184

Child's name George
Teacher: Jo
Date: 20.7.

Learning Story

		Examples or cues	A LEARNING STORY
belonging mana whenua	TAKING AN INTEREST	Finding an interest here – a topic, an activity, a role. Recognising the familiar, enjoying the unfamiliar. Coping with change.	George had the bird for the holidays and was very concerned when he came back that his cage was too small.
well-being mana atua	BEING INVOLVED	Paying attention for a sustained period, feeling safe, trusting others. Being playful with others and/or materials.	We decided that making one would be a good idea.
exploration mana aotūroa	PERSISTING WITH DIFFICULTY	Setting and choosing difficult tasks. Using a range of strategies to solve problems when 'stuck' (be specific).	George drew a plan and then we talked about what materials we would need to buy to make it.
communication mana reo	EXPRESSING AN IDEA OR A FEELING	In a range of ways (specify). For example: oral language, gesture, music, art, writing, using numbers and patterns, telling stories.	We wrote a list of things to make it and used the tape measure to work out how long each piece of wood would be; we decided on 140 cm long and 60cm wide.
contribution mana tangata	TAKING RESPONSIBILITY	Responding to others, to stories, and imagined events, ensuring that things are fair, self-evaluating, helping others, contributing to programme.	We are going to use wire netting and we need to get hinges for the door.

Short Term Review	What Next?
Maths concepts – measuring – numbers Drawing of a plan Taking on a long term project Concern for the well-being of an animal. Question: What learning did I think went on here (i.e. the main point(s) of the learning story)?	I will buy the materials needed for the bird cage and we will begin to make it next week. Questions: How might we encourage this interest, ability, strategy, disposition, story to • Be more complex. • Appear in different areas or activities in the programme. How might we encourage the next 'step' in the learning story framework)?

❶は、2000年前後に作成されたもの。アセスメントの指標として、「テ・ファーリキ」のカリキュラム領域とその「一端の表すもの」とされる「5つの行為」があらかじめ印刷された用紙など、様々な書式が開発された。▶学びの物語2.5「ジョージ」p.79

下の❷レイラニと❸モリーの「学びの物語」は、❶の約10年後に作成されたもの。いずれも子ども本人に向けた文言となっていて、手書きで書き足された本人・親の声も重要な構成要素となっている(子どもの声は実践者が聞き取って書く)。▶❷学びの物語2.2「小さな科学者」p.65、❸学びの物語2.4「お話づくりの名手」p.73

革新を続ける「学びの物語」

❷ # Little Miss Scientist

3/04/08

What a great day we all had at Science Alive. Firstly, we had a chance to do some experiments in the classroom and then we went through to the interactive area. Leilani, I noticed that you were keen to take part in all the experiments and that you were able to answer some tricky questions about floating and sinking, solids, liquids and gases and dissolving. You followed the instructions carefully when you were asked to do something by the parent helpers and thought about what you observed before sharing it with others.

What does this tell me?
This tells me that you are actively involved in your learning and that you are motivated to participate in all activities. You worked really well with the other children. I was impressed with the great thinking skills you used and how you used your "Stop and Think" Habit of Mind to answer questions confidently. Well done Leilani!

Where to next?
I can tell that you are curious about the world around you and that you are keen to learn more. You might be able to find some interesting books in the library to look at. We will be doing some more science topics and experiments during the year, so I look forward to hearing you share your great ideas again.

Leilani's voice:-
"I had fun at Science Alive."
Parent's voice:-
Did Leilani tell you all about our visit to Science Alive?
Yes Leilani did tell us about the science alive trip in great detail and she told everybody who came to visit our home about the trip. Leilani loves science alive and always wants to visit it as we were going or coming by to have a day trip again. Leilani is very keen to know about the world and how things work.

❸ # Super Story Writer

11/06/08

Each morning the Room 2 children practise their story writing. We have been learning how to write sentences correctly. Molly, I noticed how well you were working on Wednesday morning. You got busy and drew a picture plan before writing your story. I was impressed with the three different sentences you were able to write on your own. You remembered capital letters, full stops and spacing. You also read your sentences to make sure that they made sense. It is great to see that you are learning how to spell lots of words and that you are also beginning to use a word card to find other words. Well done, what an enthusiastic writer you are!

What does this tell me?
This tells me that you are developing independence in your story writing. You are able to express your ideas clearly in sentences and link your ideas together to give the reader more information (Being clear Habit of Mind). You are also very Persistent and always make sure that your work is completed.

Where to next?
Very soon you will be using a book that does not need a picture plan. Then you will be able to get started straight away with your story ideas. I am looking forward to seeing lots of other interesting stories this year. Keep up the good effort with your spelling words too.

Molly's voice:-
I like doing my best writing, and writing about pretty flowers.
Parent's voice:-
Does Molly like to practise her writing at home?
Molly writes lovely little notes often at home. She is very good at trying without asking for help. You are so wonderful at your writing Molly!

A challenge at Kindergarten

Getting from one tree to the other!

21st July By Jo

This afternoon, there was a huge amount of interest around the two trees growing at Kindergarten. Aidan approached Joceline and explained that a rope could be used to get from one side to the other. What an awesome idea! And so it was that a 'rope bridge' was built between both trees. It wasn't long before a larger group of children formed to take on the challenge of crossing the great divide. Joceline was on hand to provide encouragement as, one by one, the great crossing was made.

What learning is happening here?

Georgia, you showed great courage and confidence today. I like the way that you took your time to observe others climbing from one tree to the other. And then you were off, you decided it was your time and you were ready to give it a go. With lots of encouragement, you carefully negotiated your way from one tree to the other.

Georgia, your determination and perseverance have been a driving force in your ability to master the 'rope bridge'. You were provided with a challenge and, as seen in your DVD, your sense of accomplishment was huge. Ka mau te wehi - you rock!

Courage=hautoa
Perseverance=u-tonu-tanga
Confidence=maia
Determination=hihinga

②ジョージアの中でどんな意味生成の構えが育まれているかに注目した「学びの物語」。見出された4つの構えにはマオリ語も併記されている。▶学びの物語5.3「幼稚園での挑戦」p.170

学び手・家族とともに綴り、ともに読む「学びの物語」

Home Maker in Action

①本格的なレリッシュづくりに取り組んだラーカは、写真で構成された自分の「学びの物語」を「読んで」、家族全員に自分がしたことを詳細に物語った。▶学びの物語2.6「家事の達人は大忙し」p.81

❹ カメラに熱中するサミュエルが自らの学びを認識し、言語化するきっかけとして、ケーブ型のアイコンが付された「学びの物語」。▶学びの物語5.7「新進の写真家」p.175

Budding Photographer

Yesterday, Naomi got out the children's camera and this helped you get over being upset when Mum left, and kept you busy for most of the session. This morning, you told me, "Oku ou fiema'u 'ae mea koe." ("I want that" - pointing to the camera). I got the camera for you, and you were off taking pictures. You snapped a couple of pictures of me in the office, and I showed you how to review the pictures you'd taken, then you headed out to take many pictures of other tamariki, toys and the kindergarten environment. We ran out of time to print out your pictures near the end of session, so we did this the following day. You also took more pictures too.

WHAT LEARNING DID I THINK WAS HAPPENING HERE FOR SAMUELA?

Samuela, it's cool that you're taking a real interest in our children's camera and have been taking pictures over several days now. Your interest and focus on using the camera has also been a support in helping you settle in at kindergarten on your own. So it was great to see you continuing to initiate getting out the children's camera and using it.

At Flatbush Kindergarten we encourage tamariki (children) to think about what it takes to learn and be a good learner. Kaiako (teachers) think that tamariki have SUPER POWERS that help them to learn and we want to encourage and build on these. One of these super powers is FOCUSING, and this means that a tamaiti (child) will stay playing and engaged in an area/ activity/ with particular toys/ equipment for a long time. Samuela, it was great to see you using your SUPER LEARNING POWER OF FOCUSING, and staying engaged, using the camera for a long time. Being focused is an important part of learning because it gives you time to learn and think about what you are doing and to work on goals you might have.

POSSIBILITIES AND OPPORTUNITIES:

From your keen interest I see we'll have to make sure that we keep the batteries charged up and ready to go, so you don't miss any opportunities to develop familiarity and knowledge with the camera and photography techniques :) !!!

By Akanesi   21st March

---

❸ 学びとは何か、幼稚園では子どもの学びをどう支えているのかを、わかりやすく言葉で親に伝える。▶学びの物語5,6「学びのスーパーパワー『集中する』」p.174

Super FOCUSING Learning Powers

BUILDING SUPER LEARNING POWERS IS ABOUT...

Getting tamariki to think about what it takes to learn. We believe that they all have SUPER POWERS that help them to learn and we want to encourage and build on these here at Kindergarten.

If we get tamariki thinking and using their SUPER LEARNING POWERS they will be able to draw on their specific powers when they are needed.

OVER THE PAST FEW TERMS WE HAVE BEEN WORKING WITH TAMARIKI TO ENCOURAGE THEM TO USE THEIR SUPER FOCUSING POWERS:

This idea came from kaiako reading and thinking about Guy Claxton's book 'Building Learning Power'.

HAVE YOU SEEN THIS DISPLAY INSIDE KINDY?

Focusing is when you stay playing and working at one place for a long time. Focusing is a Super Learning Power because when you are learning to do something, it is important to give yourself time to think.

So if you see this cape on learning stories in your child's book you'll know straight away that they have been building and using their super focusing learning powers. It's important that we let them know too so they can understand this is a power they can draw on when they are learning.

Super FOCUSING Learning Powers

TERM 3 AND 4

My Volcano

Emma dictated a story about photographs of her block construction. The following is the co-construction of a story by Emma and Marianne accompanied (and inspired) by ten photographs of a blockbuilding episode.

My volcano is big. Some of the blocks fall down when the volcano explodes. It's just exploded. Janet helped me because she got a book out for me about volcanoes. Avalon and Lucy were also building this volcano. I started off with square blocks but then I recognised that volcanoes are supposed to be round, so then I put the round blocks on the bottom and the long blocks inside the round blocks. I built towers and roads amongst the volcano. In the books are volcanos that look like real ones. This gave me ideas for building my volcano with Avalon and Lucy. My volcano earthquaked when it erupted. The cars came and the road got all broken when the volcano exploded and the earthquake moved the ground.

The volcano exploded because there were too many cars and roads. The earthquake moved the ground and that's why the cars got broken. The red blocks were the lava inside of the volcano.

What learning is happening here?

Emma is actively engaged in building on the ideas and understanding she is developing about volcanoes, which have been enlivened by our recent walk and interest in our local mountain – O Huiarangi. Emma had contributed prior knowledge on the lava rocks found on the mountain and, through her block play today, she again demonstrated prior knowledge, as well as new knowledge, as she gave consideration to the shape of the mountain and the roads and houses around the mountain. Janet supported her developing theories with visual facts and information found in the books, which Emma acknowledged as being helpful in this process. Emma is showing real curiosity about volcanoes and has the confidence to express her thoughts, ideas and theories. She is also displaying the dispositions to think critically and imaginatively, both in her block construction and with the story she shared today.

31st May By Marianne

❶ 写真を見てエマが語った通りに実践者マリアンヌが書き取る。
学び手と実践者がともに綴る「学びの物語」。▶第3章、学びの物語
3.3「私の火山」p.100

A
G
E
N
C
Y
学び手は、行為主体性を発揮して、大人とともに実践を構築する

B
R
E
A
D
T
H
学び手は、複数のコミュニティとつながり、自らの学びに結びつける

Temple Design

20th November
Karen

Today Devya requested to look at the gods, particularly Krishna: "In your computer, and we can print a picture," he explained. While we were re-visiting the website, I remembered our new blocks that had recently been delivered. The blocks are gorgeous, lovely wood in amazing and different shapes, similar to those shapes used for temples and special buildings around the world. I suggested to Devya that we could open the box and have a look at our new blocks. You can imagine Devya's delight when he discovered the beautiful shapes, as he straight away began to make connections with his temple.

Devya began designing and constructing his temple, playing around with different ideas and experimenting with the different shapes. Using the picture we had printed earlier, Devya now began to draw his ideas and thoughts. After a little while, Devya placed the picture behind his temple and said, "The gods will not fit." He then tried the picture from the printer but they still would not fit.

I could see his dilemma. Devya went on to explain that the gods live inside the temple and that they would not fit in the temple that he had built.

I remembered there were some smaller photos on the website, so we went back to the computer and I showed Devya the smaller view.

Devya thought this size could work, so we printed out a page. Devya returned to his temple where he cut out the picture. Just the perfect size!

What learning do I think is happening for Devya?

Devya continues to direct his own learning and he knows where to access the information he needs to support his further learning. Devya likes to revisit his interest through the Mandir website and he knows this is where he can source pictures of the gods.

Devya also continues to develop his own working theories about his interest in the Hindu gods, and he shares his ideas with his friends and teachers. Devya certainly has an interest in exploring and researching critically and imaginatively for knowledge. His spatial awareness is developing, he explores how two- and three-dimensional objects can fit together and the size required to get just the right look he is looking for.

I will share the Mandir DVD with Devya. This may provide new knowledge and inspiration.

❷ 記録することで、デビヤが関心を向けているものと、彼が根ざしている家族の文化とのつながりが見えてきた。▶第4章、学びの物語
4.8「お寺をデザインする」p.149

アセスメント実践「学びの物語」が
学び手にもたらすもの

JACKSON'S INVESTIGATIONS KEEP GETTING MORE AND MORE COMPLEX!

It seems to me that ever since I met Jackson as a very young baby, he has had 'investigation' on his mind. His curiosity on that first morning, as he sat on the grass for over an hour playing with the hose, was limitless. He was testing the water-flow by putting his finger in the end of the hose and releasing it. I've seen that little video often and I am always so intrigued by the effort and practice, the complete intent to test and re-test, as Jackson built theories around how the pressure from his finger changed the way the water squirted. Such determination for someone so young! If ever I want to recall an incident that epitomises Te Whāriki's aspiration statement "...that children are competent and capable..." it is this one, particularly when referring to babies. What was important then and remains so now for teachers/ kaiako, is a burning desire to support children to find the things that captivate their interests. When we set up an environment that is full of intrigue and allows space and time for children's investigations, we generate a setting that supports children to 'learn to love to learn'. Their research is driven by dispositions that keep them involved, setting and solving problems and building social spaces to test their theories. This is just what Jackson continually does. A traditional Te Ao Māori method of carrying a baby is a metaphor that describes for me the way a learning setting might

How do we get from hose to block building extravaganza!

Jackson can tell you – practice and effort, driven by a disposition to be curious and a willingness to test and re-test to reach your goals. These are internally motivated dispositions that can be shifted from one context to another and allow learners and learning to thrive!

JACKSON AS A YOUNG EXPERIMENTER AT EMMETT STREET

Jackson's investigations began a long time ago....

Presently, Jackson's work revolves around Hot Wheels experiments, supported by impressive motorways that take many hours each day to construct, as more and more complex designs are built and dismantled.

truly support individual children to explore their world. A blanket was woven, made from the harakeke plant to provide strength and filled with albatross feathers for warmth. The blanket (te whatu pokeka) was pliable, so as the baby grew, it took on the shape of the child, rather than the child fitting into a predetermined shape. I love this image as it relates to the learning culture we have, for so long now, tried to grow here at Greerton. Jackson so shapes his own learning, more and more and more now he is drawing other children into his experiments as this passionate learner excites others to become involved. The latest movies I've taken show this social side to Jackson, as his inclusive leadership enables a huge experimental culture around Hot Wheels cars and the building of motorways to thrive. He now has a range of friends who are 'on the job' with him as engineers, co-constructing these technological marvels. He has a band of 'apprentices' and watchers of the 'experts in action', to the tentative contributor. That is the hallmark of learning the skills which they have first of all observed so closely.

This is a tuakana teina relationship, where an older child assists a younger, less experienced child, enabling them to participate and grow their skills alongside experts. Jackson models such passion for experimentation, for testing and re-testing and does so in a way that is fascinating to watch. One particular afternoon recently I was in awe as seven actively involved boys worked together in the area just by the office where we currently have situated the blocks. As these boys weaved in and around each other, building and rebuilding, cars flew frenetically down the tracks on test runs and shot off in various directions. The watchers were present around the edges and action abounded everywhere. Yes, all I witnessed was unified harmony. I wish the country could be run with such clarity of purpose! Jackson was the CEO of a major company, with colleagues dedicated to a vision based on stretching their imaginations and working hard to reach their goals. He has developed a community of learners or what might also be described as a 'kaupapa whānau': a community drawn together by a common purpose and a commitment to action. So, Jackson is in our community here at Greerton, being a learner and being a teacher; leading, collaborating, pushing the boundaries of design and workmanship. What a fabulous place to be – at the edge of learning, wanting more and prepared to risk failure as a way to learn! Kia kaha, Jackson.

From Your friend, Lorraine

The work in its infancy - my how the buildings have expanded in complexity since February.

FUTURE ASPIRATIONS

THE SKILLS REQUIRED IN THE 21ST CENTURY ARE AS YET UNKNOWN BECAUSE THE JOBS HAVEN'T BEEN INVENTED YET. THE DISPOSITIONS REQUIRED TO BE THE INVENTORS OF THOSE JOBS ARE ALREADY BEING PRACTICED BY JACKSON. WATCH THIS SPACE!

JACKSON'S CV

NOW AGED 4, JACKSON IS THE CEO OF A THRIVING, EXPERIMENTAL COMPANY OF ENGINEERS, WHO PASSIONATELY DONATE THEIR TIME AND EFFORT TO THE INTERESTS OF PUSHING TECHNOLOGY BEYOND CURRENT KNOWN LIMITS.

CONTINUITIES　学び手は、自らの学びを過去や未来と結びつけ展望を得る

③入園当時の姿、他の子どもたちとの関係、テ・ファーリキやマオリの思想など、様々な視点から分析することで、数年にわたるジャクソンの学びの旅路の魅力と可能性を浮かび上がらせる。▶第5章、学びの物語5.8「ジャクソンの研究はますます複雑になっていく!」p.180

⑥ ある行事の場で、マオリの伝統的なタトゥー（タ・モコ）の文様に目を奪われたカイラは、関連する知識を幅広く吸収していくとともに（上写真）、様々なモードで自己表現し（中写真）、他者とも認めるタ・モコのエキスパートとして、周囲との人間関係を築いていった（下写真）。▶Box6.3「カイラの物語」p.218

⑤ ジェシーが撮った写真シリーズの一部（上写真）。実践者は、以前にジェシーが撮ったシリーズ（下写真）との共通点から、ジェシーが本当は何に関心を向けているのかに気づくことができた。▶p.212

DISTRIBUTION

学びの手は、様々な言葉やモード、資源を駆使して学ぶ場所、意味生成のレパートリーを豊かにしていく ▶第6章

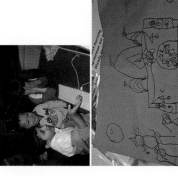

④ 探し求めていたヒンドゥー教の神様の画像がコンピューターのスクリーンに映し出され、目を輝かせるデビヤ（上写真左端）。一緒に実践者に、その美しさを友だちと説明する。その後、画像を何度も確認しながら、お寺と神様の精緻な絵を描き上げた（下写真）。▶学びの物語6.1「マンディール」p.207

Learning Stories
Constructing Learner Identities in Early Education

学び手はいかに
アイデンティティを
構築していくか

保幼小におけるアセスメント実践「学びの物語」

マーガレット・カー　　ウェンディ・リー 著
Margaret Carr　　　　*Wendy Lee*
大宮勇雄・塩崎美穂・鈴木佐喜子・松井剛太 監訳
Omiya Isao　　*Shiozaki Miho*　　*Suzuki Sakiko*　　*Matsui Gota*
磯部裕子・川田学・菊地知子・矢萩恭子 訳
Isobe Hiroko　　*Kawata Manabu*　*Kikuchi Tomoko*　　*Yahagi Yasuko*

ひとなる書房

著者について

マーガレット・カー　Margaret Carr

　ニュージーランドのワイカト大学ウィルフマルコム教育研究所名誉教授。1996年に出版されたニュージーランドの乳幼児保育カリキュラム「テ・ファーリキ」策定プロジェクトの共同ディレクターを務めた。「テ・ファーリキ」策定後は、5つの異なる保育・教育の場——保育園、幼稚園、プレイセンター、コハンガ・レオ（マオリ語の言語環境下にある保育施設）、そして家庭的保育において、「テ・ファーリキ」の社会文化的視座に沿ったナラティブ・アセスメントとしての「学びの物語」を実践者とともに開発する研究に取り組んだ。それ以来、乳児期から小学校にかけてのカリキュラムとアセスメントの問題について広く研究および執筆活動を行っている。幼稚園教諭の経験があり、大学では教員養成プログラムの学部生や院生たちに教えている。実践者が切実な関心を寄せるカリキュラム開発やアセスメント、とりわけそこで生じる実践者らのジレンマや葛藤をトピックにしたアクション・リサーチに、実践者と共同で取り組むことに力を注いでいる。

ウェンディ・リー　Wendy Lee

　ニュージーランドの教育リーダーシップ・プロジェクト（ELP）における専門的学習プロバイダーの幼児教育部門のディレクター。幼児教育の現場に、実践者、チューター、講師、管理者、専門性開発のファシリテーター、そして研究者として従事している。マーガレット・カーとともに保育・教育の場において、3つの研究プロジェクト（question-asking and question-exploring, learning wisdom, learning in the making: disposition and design in early education）に取り組んできた。これらのプロジェクトの前には、カーとともにニュージーランド幼児教育部門の求めに応じて刊行された『ケイ・トゥア・オ・テ・パエ　学びのためのアセスメント：乳幼児保育実践集』開発プロジェクトの共同ディレクターを務めた。幼児教育におけるカリキュラムとリーダーシップの問題に深い関心を抱いている。乳児期から小学校にかけての教育カリキュラム、リーダーシップ、そして「学びの物語」について、英国、ドイツ、日本、アイスランド、ベルギー、米国、アラブ首長国連邦、ノルウェー、チェコ共和国、カナダ、オーストラリア、スウェーデンを含む世界中の学会で発表している。

日本の読者の皆様へ

　本書は、「学びの物語」について書いた最初の本 *Assessment in Early Childhood Settings: Learning Stories*〈邦訳『保育の場で子どもの学びをアセスメントする──「学びの物語」アプローチの理論と実践』〉に続くものです。このたび本書が前著に続いて翻訳され、日本の読者の皆様の元に届けられることを私たちはうれしく思います。

　前著が出版されてから、世界各国で「学びの物語」への関心が広がり、共有されてきました。この社会文化的な実践は、ニュージーランドの乳幼児保育カリキュラム「テ・ファーリキ」から生まれたものです。「学びの物語」の2冊の本はこれまで多くの言語に翻訳され、世界の実践者たちに迎え入れられてきました。私たちは、学びをアセスメントするという21世紀初頭の共通の難題に取り組んでいる実践者たちに、学びをアセスメントするポジティブな方法を提示するために本書を書きました。このポジティブな方法は、アセスメント実践というものを、子どもたちやその家族も理解でき、参加できるものに変えていきます。またこのポジティブなアプローチは、自らの持てる力を土台にして学ぶ子どもたちの個性を尊重し、その学びのプロセスを電子メディアを含む多様な方法で記録していくことによって、まだ見ぬ一人ひとりの未来をもポジティブにとらえることを可能にするのです。

　翻訳書の出版は、「学びの物語」に埋め込まれた様々なアイディアが、翻訳書の読者が住んでいるそれぞれの場所固有の文化にも適切に応答することを可能にします。「行為主体性」のような重要なアイディアは、より見えやすく理解しやすくなるよう、本書では物語の実践事例とともに探究され、問い返されています。学び手のアイデンティティの構築という概念は、「学び

の物語」の哲学に深く埋め込まれ、子どもたちの学びの旅路の中心に位置づいているのです。

　私たちは、本書が「学びの物語」の理解を深めたいと願う日本の実践者たちに深いインスピレーションを与えてくれることを願っています。子どもはどう学ぶのかを探究する「学びの物語」は、その目的を果たすためにも、実践者、そして子どもたちの力となるよう設計されました。その実践者や子どもたちが行ってきた、問いを投げかけ、調査し、実験するという実践は、学びのコミュニティの中で「学びの物語」がダイナミックな軌跡を描いていくことを可能にしてきました。そして、それぞれの学びのコミュニティが力を蓄え、実践者たちが子どもの学びについての理解を一層深めていくことに貢献してきたのです。

　学びの複雑さを損なうことなく、子どもや家族が見てわかる形のままで表すことができるアセスメント、そして子どもを、周囲と双方向的な関係を築きつつある、多くの可能性を秘めた有能な学び手として位置づけ、励ますアセスメント。本書では、そんな力強いアセスメント実践の姿に数多く出会うことができるでしょう。

　日本の実践者のみなさん、
　未来の学びの姿をしっかり見据えながら、
　「学びの物語」を携えてワクワクする旅をともに続けていきましょう！

2020年 3 月18日

　　　　　　　　　　アオテアロア〈Aotearoa　白く長い雲のたなびく地〉
　　　　　　　　　　ニュージーランドから心からの親しみと敬意を込めて
　　　　　　　　　　マーガレットとウェンディ
　　　　　　　　　　Margaret and Wendy

もくじ

第1章 学び手は乳幼児期から小学校にかけて、いかにアイデンティティを構築していくか
—— 4つのテーマの導入 21

序と謝辞

　本書は、乳幼児期から小学校にかけて、学び手がアイデンティティを構築していく上で記録やアセスメントが果たす役割について明らかにするため、ナラティブ・アセスメント実践としての「学びの物語〈Learning Story〉」が目指す目的とその意義について論じている。「学びの物語」は、人・場所・モノとの応答的で双方向的な関係を重んじ、乳幼児保育カリキュラム「テ・ファーリキ〈Te Whāriki〉」を掲げる国ニュージーランドでつくりだされたものである。本書『学び手はいかにアイデンティティを構築していくか——保幼小におけるアセスメント実践「学びの物語」〈原題 *Learning Stories: Constructing Learner Identities in Early Education*〉』は、SAGE社の教育部門を担っていたポール・チャップマン社から2001年に出版された『保育の場で子どもの学びをアセスメントする——「学びの物語」アプローチの理論と実践〈原題 *Assessment in Early Childhood Settings: Learning Stories*〉』〈以下「2001年刊行の前著」〉の続編である。

　2001年に前著が刊行されてから10年あまりの間に、「学びの物語」はさらなる革新を遂げていった。その多くは、様々なアクション・リサーチ、あるいは保育・教育現場の実践者〈practitioner〉による研究プロジェクトや研究プログラムにおける大学研究者と実践者との協働だけでなく、専門性開発ファシリテーターと保育者・教師〈teacher 以下「実践者」、文脈に応じて「教師」など。p.19 参照〉の間の協働によってもたらされた。ウェンディは、教育リーダーシップ・プロジェクト〈Educational Leadership Project (ELP)〉のディレクターとして専門性開発プロジェクトを主導し、マーガレットは「学びの物語」についての様々なアイディアを大学において学生らと探究してきた。実践者との数多くのプロジェクトで働いてきた筆者らは、新著の執

筆を通してこうした仕事をまとめておくのにふさわしい時期であると考えた。

　この時期に専門性開発プログラムを進め、実践者による研究の機会をつくってくださったニュージーランド教育省に感謝したい。筆者ら2人は、2003年から2009年までは「イノベーションセンター〈Centres of Innovation〉」プロジェクト（Meade 2005, 2006, 2007, 2010）に、2004年から2009年にかけては20巻の『ケイ・トゥア・オ・テ・パエ〈地平線を越えて〉学びのためのアセスメント：乳幼児保育実践集〈*Kei Tua o te Pae Assessment for Learning: Early Childhood Exemplars*〉』〈以下『ケイ・トゥア・オ・テ・パエ 実践集』〉の執筆に、2006年から2010年まではこの実践集づくりを支援する専門性開発プロジェクトに携わってきた。そして、「教育的働きかけと学びに関する研究開発構想〈Teaching and Learning Research Initiative（TLRI）〉」にも中心的に関わってきた。TLRIプログラムは、教育省から資金提供を受けて発足し、ニュージーランド教育研究評議会により非常に効果的に運営された。このプログラムでは、実践者との共同研究や、実践者たち自身、そして家族や学び手に変化をもたらすような研究が重要視された。『ケイ・トゥア・オ・テ・パエ 実践集』の執筆は、理論と研究上のエビデンスと事例という三者を緊密に結びつけることが、様々な読み手にとって価値があるということを筆者らに教えてくれた。こうして様々な人々とともに綴るという今回の本づくりの構想が立ち上がった。

　実践者たちと進めた多くの研究プロジェクトから、事例や事例研究、やりとり、省察の記録が本書のために提供された。これらのプロジェクトの名称やそこに込められた意図は実に多様である——9ヵ所の保育施設における「学びの知恵〈Learning Wisdom〉」プロジェクト、保育園における「問題を問い、探究する文化〈A Question-asking and Question-exploring Culture〉」プロジェクト、幼稚園における「学校への移行〈Transition to School〉」プロジェクト、幼稚園における「乳幼児期の教育的働きかけや学びとICT〈情報通信技術〉との統合〈Integrating ICTs with Teaching and Learning in the Early Years〉」プロジェクト、コハンガ・レオ（マオリ・イマージョン・ラン

ゲイジ・ネスト〈Māori immersion language nest〉）における「テ・タマイ
ティ・ヘイ・ラウクラ〈Te Tamaiti hei Raukura〉（後のテ・ピト・マタ〈Te
Pito Mata〉）」プロジェクト、3つの学校と2つの保育園における「場と時間
をまたいで発達する学びのキー・コンピテンシー〈Key Learning
Competencies across Place and Time〉」プロジェクト、幼稚園における「ファ
ナウ・タンガタ・センターでの応答的で双方向的な関係の強化
〈Strengthening Responsive and Reciprocal Relationships in a Whānau Tangata
Centre〉」プロジェクト。また、ニュージーランド王立協会マースデン基金
〈Royal Society of New Zealand Marsden Fund〉プロジェクトは、『形成途上
の学び：乳幼児期から小学校にかけての保育・教育における学びの構えとデザイ
ン』（Carr, Smith, Duncan, Jones, Lee, Marshall 2010）として出版され、そのプ
ロジェクトの調査結果のいくつかも、本書に含まれている。

　筆者らは、上記以外のプロジェクトも含めともに研究を進めた研究員や共
同研究者——ジャネット・クラーキン‐フィリップス〈Jeanette Clarkin-
Phillips〉、ケルン・デーヴィス〈Keryn Davis〉、ジュディス・ダンカン
〈Judith Duncan〉、キャロリン・ジョーンズ〈Carolyn Jones〉、ケイト・マー
シャル〈Kate Marshall〉、テ・ファレフイア・ミルロイ〈Te Wharehuia
Milroy〉、スー・モロイ〈Sue Molloy〉、サリー・ピーターズ〈Sally Peters〉、
アン・B・スミス〈Anne B. Smith〉、ティナ・ウィリアムズ〈Tina Williams〉、
そして「学びの知恵〈Learning Wisdom〉」プロジェクトのファシリテーター
として活動したELPチーム——アリソン・ブライアリー〈Alison Brierley〉、
ジョー・コルバート〈Jo Colbert〉、キャサリン・ディレーニー〈Kathryn
Delany〉、ジュリー・キリック〈Julie Killick〉、ロビン・ローレンス〈Robyn
Lawrence〉、ロレーヌ・サンズ〈Lorraine Sands〉、ヘレン・ソラ‐ナナイ
〈Helen Sola-Nanai〉に、敬意と親愛を込めて感謝の意を表する。

　「実践者による研究〈practitioner inquiry〉」という用語は、「実践者が研究
者であり、実践者としての専門性が発揮される文脈が研究の場であり、実践
そのものに研究の焦点が当てられるような、一群の教育実践研究の分野」を
示すものとして用いられてきた（Cochran-Smith, Donnell 2006, p.503）。筆者ら

は、実践者による研究こそが理論を構築し、特定の地域を越えて他の場所での日々の実践に有益な情報を与えるような知識と学びの理解に貢献する可能性を持っていることを、身をもって学んできた。2000年以降、実践者による研究〈practitioner research〉というこの考え方は、教育リーダーシップ・プログラム（www.elp.co.nz）に埋め込まれてきた。これら全ての実践者プロジェクトにおいて、保育・教育現場の実践者や研究員たちは、自分たちがそれまで抱いていた実践観や教育観に変化をもたらすような様々なアイディアを協働で練り上げていった。筆者らの思考もこうしたアイディアによって深められ、本書の執筆にも大いに生かされた。

　これらのプロジェクトに関わった子どもたちの家族や実践者たちの貢献に深い感謝を表したい。尽力してくださった学校や保育施設は p.18 に記した通りである。なお、本書で紹介されている「学びの物語」は、典型あるいは「完全」であるという理由で選ばれたものではなく、取り上げた論点を説明したり、例証したりするために選ばれたものである。いずれも、特定の文脈のものであり、学び手や環境、そしてコミュニティについての情報は十分ではないので、あくまでもアセスメントのあり方をめぐる議論や批判的検討の素材として読まれるべきである。読者のみなさんには、事例や添付された文章が伝えるメッセージをくみとり、実践の文脈を再構成して読んでいただけたらと思う。

　筆者らは、SAGE社が本書の事例をフルカラーで印刷することに同意した時、ことのほか喜んだ。数多くの実践事例をもとのままの形で掲載することが可能となったことによって、本書が現役の実践者たちや実践者を目指す学生たちにとって関心を引き起こすものとなるとともに、ナラティブ・アセスメントの概念を支える研究や理論的なアイディアが、学術的にもインパクトのあるものとなることを望んでいる。前著同様、筆者らは理論と実践との統合を模索してきた。それは、「学びの物語」の実例、実践者の子どもたちとの相互関係の事例研究、学術書からの引用や実践者のコメントから構成される複雑なジグソーパズルを統合する仕事であった。

　筆者らはSAGE社チーム——新しい本のアイディアを持っていたジュード・

ボーウェン〈Jude Bowen〉、アレックス・モリニュークス〈Alex Molineux〉、スィーア・ワトソン〈Thea Watson〉、原稿整理を担った編集者のローザ・エル-エイニ〈Roza El-Eini〉、校正者のクリスティーン・ビッテン〈Christine Bitten〉、そして索引づくりに加え筆者らとともに盛り込みたいアイディアと実践事例のモザイクを紙面上にデザインし構成することに力を注いだビル・ファーリントン〈Bill Farrington〉——の寛大さ、筆者らに寄せてくださった信頼、そしてその力量に深く感謝している。また、ニュージーランドの一角で注意深い編集をしてくれたマルコム・カー〈Malcom Carr〉とキャサリーン・ウラール〈Kathleen Ullal〉にも感謝している。

　2001年刊行の前著では、子どもたちを前面に置くことが多かったが、本書では、より多くの実践者の声を盛り込んだ。親のコメントから議論をはじめた第4章を除いて、各章は実践者の言葉の引用ではじめている。こうした「学びの物語」の「第二世代」の実践者たちは、家族に向けて書くだけでなく、学び手とともに、また学び手に向けてアセスメントを書いた。そして子どもたちとポートフォリオを再訪しながら、そこで生まれている学びについて子どもたち自身と話をし、同僚の実践者とともに学びの成果について分析を進めた。さらに、こうしたそれぞれのプロセスにおいて、新しいデジタル技術の可能性を最大限活用してきた。

　前著では、1996年、乳幼児保育カリキュラム「テ・ファーリキ」には導入されていたものの、保育をめぐる一般的な議論においては軽視されてきたアセスメントの成果の1つ、学びの構えについて入念に検討した。これに対して本書では、さらに視野を広げ、知識の蓄えと構えの蓄えの絡み合い・結びつきとして学びの成果をとらえ、探究を進めていくために「分割スクリーン〈split-screen〉」ないしは二重焦点教育法〈dual focus pedagogy〉(Claxton, Chambers, Powell, Lucas 2011) とそれにもとづくアセスメントの考え方を導入した。こうした視点から、本書では、イボンヌS. をはじめとする小学校の実践者たちの授業アセスメントを分析している（第1章など）。彼女は、数的思考能力や読み書き能力、科学、アートといった学びについてアセスメントを

行う際、そうした学びにはどんな構えや可能性に満ちた自己像〈possible self〉が伴っていたかにも目配りされた複数のエピソードを緊密により合わせながら、ポートフォリオや「学びの物語」として再構成するようにしていた。

　ニュージーランドでは2007年に、新しい学校カリキュラムに構えに関わる学びの成果「キー・コンピテンシー」が導入された。その学校カリキュラム文書の枠組みは、従来の様々な区分を越えた形で設定された。学校のキー・コンピテンシーも「テ・ファーリキ」が提示した学びの成果の領域と密接に関連づけられたのである。その枠組みは、長期的な視点から構えをとらえる手がかりとして現場の実践を検討する中から見出された他の枠組みの例と合わせ、第5章の **表5.1**（p.177）の中に示した。キー・コンピテンシーを自分たちの教育方法に取り込むため、学校現場の実践者たちは校長らとともに、「学びの物語」をアセスメントに使用することを含め多くの創意工夫に富む方法を探究してきた。本書にはその多くを紹介しているが、これらの物語のうち4つ（マイケル、モリー、レイラニ、ベイリー）、そして第7章のゲーリーとレイモンドの引用は、もともとは学校における「学びの物語」の実践をまとめたDVDづくりの過程で2010年と2011年にクライストチャーチで収集され、本書と同時にNZCER出版によって刊行されることになっていたものである（Davis, Wright, Carr, Peters 2013）。それらを本書に含むことを許可してくださったNZCER出版に改めて感謝したい。

　2010年9月と2011年2月の破壊的なクライストチャーチ地震後の非常に困難な時期に、筆者らがこの仕事に取り組むことを可能にしてくれたケリン・デーヴィス〈Keryn Davis〉とジョスリン・ライト〈Jocelyn Wright〉の助力に感謝する。そして、筆者らは、この場を借りて、地震で破壊されたこの街のファシリテーター、実践者、子どもたちと家族のレジリエンスに敬意を表する。

　レジリエンスと民主主義の問題は、筆者らが保育の実践現場で働いてきた時も、本書執筆時も筆者らの心から離れなかった。ミシェル・ヴァンデンブロックとマリア・ブーベルネ-デ・ビエが、「参加、子どもたちの権利、そして『行為主体性〈agency〉』という概念が、批判すべき社会体制の問題と

して、どれほど問題をはらんだものであるか」を分析した時に指摘したよう
に（Michel Vandenbroeck, Maria Bouverne-De Bie 2006, p.128）、論じるべき領
域はまさにここにある。ヴァンデンブロックらは、これらの概念に対する
「マクロ」（より広い社会的構造）と「ミクロ」（自分たちの主張に子どもたちを
位置づけること）双方のアプローチを統合する必要があるだろうと述べた。
本書で筆者らは、「ミクロ」レベルで実践事例をクローズアップしつつ、「中
位レベルに位置する意味」（Gee 1997, 2000-2001）が明らかになるよう分析を
進めることに力を注いだ。「マクロ」レベルで言うならば、本書は、市井の
人々が発する声は封じ込められる一方、個人や短期的な成果ばかりを顧みる
グローバリゼーションが支配する世界規模の危機の時代に書かれている。
「民主主義のための教育：理由と方策」という表題の論文の中で、ウォルフ
ガング・エデルステインは、世界は今、「民主的なシステムの根底と基本的
な構成部分に対する深刻な脅威、つまり、ミュンクラー〈Münkler〉が民主
主義の社会的倫理資源の腐食と呼んだような脅威にさらされている」（強調
は原著者による）とコメントしている。彼が次のようにつけ加えていること
に、筆者らは同意する。

　　民主的な学校は、贅沢品ではない。民主主義を学ぶことは、生きるために
　学ぶという重大な課題の単なるつけ足しのようなものではない。それは、ま
　さに生きるために学ぶという重大な課題そのものであり、学校における教育
　の中心的な目標とするべきである（Edelstein, 2011, p.127）。

民主主義を学ぶために必要な資質に関して、行為主体性や社会情動的スキ
ル、好奇心やあきらめずに困難な課題に立ち向かうレジリエンス、さらには
思いやり、責任意識、対話能力など、いわゆる「非－認知的」で計測困難な
スキルや構えを強調する議論があるが、そうしたものを乳幼児期から小学校
低学年にかけて育てていくことは可能だろう。また、そうした資質能力は、
長期的に見て、社会の幸福や文化の発展に寄与することもあろう。しかし同
時にその逆もあり得る。この時期に、個人主義的で非民主的な、子どもに何
の権限も与えないような環境や目的が設定された学びの場に置かれるなら

ば、それと同じ資質を持った大人への発達が促されることになるだろう。乳幼児期から小学校にかけて行われるアセスメントは、民主主義社会に関わる上述の学びにとって中心的な役割を果たすことができる。と言っても、そうした資質能力をアセスメントするのは容易な課題ではない。そして本書では、あえてそれらに関わる構えについては取り扱わないことにする。

　グニラ・ダールベリとピーター・モス（Gunilla Dahlberg, Peter Moss 2005, p.vi）は、「これ以上、子ども時代の制度化を進めることは、子どもたちを一層強く確実に統制していくことにつながる」と警告し、保育施設までもが「前もって決定され、標準化された成果をつくりだす技術を効果的に身につけさせるために子どもたちを囲い込んでおく場所」として位置づけられれば、こうした懸念は現実のものとなるだろうと指摘した。本書は、そうではない位置づけ方もあり得ることを提案している。

　例えば、実践者は、技術者としてではなく、思いやりのある有能な保育者や教師であると同時に、倫理的で思慮深い理論家・批評家へと形づくられていく者として位置づける。学びの成果は、学び手と特定の文化的環境との「中間」に形成される構えや関係性の中に見出されるものとする。教育の主要な目標は、学び手が自らのアイデンティティや可能性に満ちた自己像のレパートリーを広げ、わがものとしていくこととする。そして学びは、子ども、家族、コミュニティ、保育・教育現場の実践者、様々な利用可能な文化的資源と密接に関わりながら、至るところに分散して生まれ、広がっていくものとしてとらえていく。アセスメントが、これら全てを結びつけることによって、教育の場に、〈豊かな〉解釈、一人ひとりの個性を大切にすること〈personalisation〉、賢明な実践、そして対話と喜びを生みだす可能性について論じることが、この本の主要な論点である。

　最後に、次に記す保育施設や学校の実践者から寄せられた様々な記録、事例研究、研究プロジェクトの中でかわされた会話が、「学びの物語」についての筆者らの思索に貢献したことに改めて深い感謝を表する。

本書執筆にあたって貢献してくださった学校・保育施設

Aratupu Preschool and Nursery
Awhi Whanau Early Childhood Centre
Carol White Family and Children's Centre
Discovery 1 School
Faamasani Aoga Amata Preschool
Flat Bush Kindergarten
Greerton Early Childhood Centre
Halswell Primary School
Harbourview Kindergarten
Highland Park Kindergarten
Hinemoa Kindergarten
Hornby Primary School
Hungerford Nursery School Centre for Children and Families, Berkshire,
England
Kids Express
Kita Sommergarten, Berlin, Germany
Lady Gowrie Childcare Centre, Adelaide, South Australia
St Paulinus Primary Shool, Guisborough, England
Tai Tamariki Kindergarten
Taitoko Kindergarten
Te Kōhanga Reo o Mana Tamariki
Mangere Bridge Kindergarten
Mangere Bridge Primary School
New Brighton Community Preschool and Nursery
Northcote Primary School
Otahuhu Kindergarten
Pakuranga Baptist Kindergarten
Papanui Primary School
Papatoetoe Kindergarten
Parkview Primary School
Pigeon Mountain Kindergarten
Roskill South Kindergarten
Rotorua Primary School
Stanmore Bay Kindergarten
York House Nursery, Durham, England

訳出にあたって

- 各章の訳分担、および検討過程は、p.257の「訳者紹介」、p.258の「訳者あとがき」に記した通りである。
- 原文中でイタリックや大文字を用いて強調されている用語や固有名詞などは、文脈に応じて「　」で括ったり傍点を付すなどした。ただし、**学びの物語1.1**などと通し番号が付された資料タイトルの Learning Story については、「　」を割愛した。
- 著者による本文中の補足・文献表記などは、原文通り（　）や［　］で括った。
- 著者による注釈は本文中に◆印を付し、各章末にまとめた。
- 訳語の原語および訳者による補足・注釈は、〈　〉で括った。長文にわたるものは＊印を付し紙面下部に挿入した（章本文訳者とは別の訳者が執筆している箇所もあるため、執筆者名を末尾に記した）。
- 本文中および巻末の文献一覧にあげられている文献のうち、原書執筆時点で近刊とされ、その後出版が確認されたものについては新しい情報に差し替えた。また、邦訳書が確認されたものは文献一覧に付記した。なお、本文内での引用箇所においては、同訳書の訳文は使用せず、訳者が新たに訳出した。
- 原書はフルカラーである。本訳書においては巻頭に別途カラー刷りのページを設け、原書本文内資料より、訳出前の「学びの物語」の原版や写真を一部抜粋し再掲載した。この「巻頭資料」ページの構成・説明文は訳者によるものである。
- 本書の構成や文脈をとらえやすくするため、改行を加えたり、一部のタイトルや見出しを本文の内容に即したものに変更したり、適宜数字を付したりした。
- 原文中、表記に数ヵ所誤りがあったが、著者の了解を得て修正した。

実践者の呼称について

- 本書には様々な就学前施設および小学校の事例や関係者の発言などが多数紹介されているが、子どもと関わる大人の呼称として、原書では「teacher」が統一的に用いられている。施設種や子どもの年齢が判然としない事例も散見され、全体として、実践が行われたのが就学前施設なのか学校なのかを読者に意識させない書き方となっている。ニュージーランドでは、乳幼児保育カリキュラム「テ・ファーリキ」においても子どもと関わる大人の呼称について変遷が見られ、特定の総称が確定しているとは言えない。2017年の改訂版では、旧版で用いられていた統一呼称「adult」が「カイアコ〈kaiako マオリ語で教師〉」に変更された。その際、学校で用いられている「teacher」とは異なる呼称「カイアコ」を用いることが、就学前施設の教師・保育者の地位低下につながるのではないか、といった危惧が多く表明されるなど、単なる呼

称の問題にとどまらず、多様な文化の尊重、資格制度、果たすべき役割や社会的地位、就学前施設と小学校との関係、ひいては「教育とは何か」という問いともつなげた議論が続けられている。著者のカーは前著で、教師、教育者、ケアラー、カイアコなど多様な呼称が用いられている中、自身は「実践者〈practitioner〉」を好むとしつつ、どのような呼称であれ、ケアも教育も行い、子どもの育ちに関わるという点で違いはないと書いている（Carr 2001a）。本書の訳出にあたっては、原書通り、就学前施設と学校とを区別しない統一呼称を用いたいと考えたが、「教師」とすると、保育所・幼稚園双方で広く「保育者」という呼称が用いられてきた日本の保育文化にはなじみにくいと考え、「teacher」には「実践者」という語をあてることを基本とし、文脈に応じて適宜補足・変更した。

施設の呼称について
・多様な就学前施設を包括する総称（原書では「early childhood centre」）は「保育施設」、就学前施設と学校を合わせた総称（原書では「early childhood centre and classrooms」など）は「保育・教育の場」を基本とし、文脈に応じて適宜補足した。なお、就学前施設のひとつ「childcare centre」は「保育園」と訳出した。

年齢区分について
・「テ・ファーリキ」は乳幼児期〈early childhood〉の時期区分について次のように書いている。「子どもたちの発達を、重なりのある3つの時期に区分して考えるのが有益である。すなわち、infants（誕生から18ヵ月）、toddlers（1歳から3歳）、young children（2歳半から小学校入学まで）である〈なおニュージーランドでは、5歳の誕生日から6歳の誕生日までの間に小学校に入学することとなっている〉。学びと発達はあらかじめ予想される順序で進んでいくのが一般的ではあるが、子どもによってはその成長のために、さらなる個別的なアセスメント・保育計画・教育的働きかけ・サポートが必要となる場合がある」（Ministry of Education (2017). *Te Whariki: Early Childhood Curriculum*, p.13）。本書ではこうしたとらえ方を踏まえた上で、infants を「乳児」、toddlers を「1〜3歳児」、young children を「幼児」と訳出した。
・また、本書において「early childhood」や「early」は、乳幼児期を指す他に、小学校（おおむね低学年）の時期までを含むものとして使用されている箇所もあるため、文脈に応じて「乳幼児期」「乳幼児期から小学校低学年」「乳幼児期から小学校にかけて」などと訳出した。

（訳者）

第 1 章

Learner identities in early education: an introduction to four themes

学び手は
乳幼児期から小学校にかけて、
いかにアイデンティティを
構築していくか
—— 4つのテーマの導入

Box1.1

　「デザインのひらめき」と題された「学びの物語」では、キアが自ら設定した
目標に対して臨機応変に取り組む様子が見てとれる。
　キアは写真にあった「着られるアート」が古いジーンズからつくられているこ
とを見て、自分で同じような作品をつくるにあたっては、この芸術家と同じ材料
を使うことはできず、手に入る材料から選んでつくる他ないと悟った。……自身
を学び手と見なすようになったのは、彼女の家族と保育施設の実践者が持つ学
びと知性に対する姿勢から直に影響を受けたからである。「学びは学ぶことがで
きる」と題された論文では、人々がいかに身近な人々から身体レベルの習慣だ
けでなく知的な習慣や価値観をも無意識に吸収しているかが論じられている
(Claxton 2004, p.3)。私たちは学び手のコミュニティに深く関与しながら生き
ている。そして、週の大半の時間を集団的な学びの場で過ごしている子どもた
ちにとって、実践者はきわめて重要な役割を果たしている（カレンH.、保育施設
の実践者、研究プロジェクトで1つの「学びの物語」について述べたコメント）。

　この実践者が記した4歳のキアの学びのエピソードからの引用は、キアが
自身を学び手と見なすに至った学びの旅路に関わる4つのテーマを提示して
いる。その4つのテーマとは、第1に、幼い学び手が学ぶ機会を自らつくり
だしていくこと、第2に、ある場から別の場へ学びをつなげること、第3
に、自らが体験している学びの旅路を認識すること、第4に、徐々に複雑化
していく様々な方法で理解を深めること、である。
　本書ではこれらのテーマについて、「アセスメント実践を行う意義」とい
う側面からも考察を加えていく。学びのアセスメントは、乳幼児期から小学
校にかけての学び手のアイデンティティ構築において重要な役割を果たす。
冒頭の事例において、「学びの物語」とそのポートフォリオは——それを他
者とともに振り返ることによって——、キア自身が、価値あるものとされて
いる学びの旅路を認識することを可能にしている。筆者らは、ナラティブ・
アセスメントの役割に強い関心を向けている。ナラティブ・アセスメントに
おいては、大人と子どもが過去を振り返ったり、未来に向けて計画を立てた
りしながら、学びや有能さ〈competence〉に関わる物語について繰り返し語
り合う。Box1.1の中で実践者が指摘するように、現代ではかなりの数の子

どもたちが、乳幼児期から小学校にかけての集団的な保育・教育の場——すなわち保育施設や学校——で、週の大半の時間を過ごしている。それゆえ筆者らは、これらのテーマと意義に細心の注意を払わなければならない。

　さらにこの実践者は、キアにとって大切な存在である大人が学びをどのようにとらえているか、またそれがキアの学び手としての自己認識にどのような変化をもたらすかに注目している。そして、保育の場や家庭は、「学び手のコミュニティ」——その中で、学び（とその他多くの生活領域）に関連する習慣や価値観が意識的、無意識的に、参加者に吸収されていく——としてとらえることができると指摘している。この点に関して多くのことを論じているピエール・ブルデューは、こうした価値観や生き方は、「ハビトゥス〈habitus〉[*]」という形で世代から世代へ受け継がれていくと主張した。ハビトゥスとは、「起こり得る未来に関して、行うべきことと行うべきでないこと、言うべきことと言うべきでないこと」を胸に刻み込む、「持続性があり、持ち運び可能な構えのシステム」であると彼は定義している（Pierre Bourdieu 1990, p.53）。

　21世紀の今、この世代間で継承される垂直的な発達は、保育施設の普及、そして人々や思想の国際的な交流によって以前よりずっと複雑なものになっている。今、学びのコミュニティは地球規模に広がり、インターネットとそ

---

[*] フランスの社会学者ピエール・ブルデュー（1930〜2002年）は、一見すると主体が決定しているように見える行為も、じつは過去の体験から習得された無意識あるいは半意識的な言葉、身振り、表情、動作などの構え（＝ハビトゥス）によって一定の方向づけがなされているとした。例えばここでキアが自分で作品をつくろうとするハビトゥスは、これまでにキアが出会った人が何かに取り組む姿や、キアの願いを保育者がどう聴きとってきたかなど、彼女のまわりに存在した人やモノや場のあり方、経験の履歴が行為者としてのキアを生成しているということである。ブルデューは、子どもの出身階層によって学校での学びに違いが生じる要因として、親の経済資本（財力・所有物）だけではなく、知識、趣味、感性などを生みだす文化資本 cultural capital（学歴・教養）に注目し、社会階層間の流動性を高めるためには、個人の内に蓄積され、身体化され、可視化しづらい文化資本としてのハビトゥスへの配慮が必要だと主張した。個人が所属する階層や職業のつくりだすグループの中で応答的に醸成されるハビトゥスが、公的教育を受ける機会に格差を持ち込むというブルデューの指摘は、学校教育制度が階級的な支配構造の維持とその正統化に貢献していることを明らかにし、大きな影響を与え続けている。（塩崎）

のソーシャル／情報ネットワークが、起こり得る未来像に重大な影響を与えている。こうした現状に対する私たちの1つの処方箋は、保育施設や学校における学び手のアイデンティティ構築に対して、永平的、あるいは領域横断的な様々な力の作用をもっと強めていくべきだという議論を提起することである。すなわち、家庭や家庭外の保育の場や学校といった、乳幼児期から小学校にかけての教育のコミュニティの境界をまたいで、様々な文化が持っている価値観、目標、ビジョンを共有し、結びつける取り組みを強化すべきだということである。マーティン・パッカーとデビッド・グレコ−ブルックスは、他の多くの論者と同様に、学校は知識とスキルを教えるだけの場所（認識論的〈epistemological〉プロジェクト）ではなく、そこには存在論的〈ontological〉作用が働いていると主張している（Martin Packer, David Greco-Brooks 1999, p.135）。存在論的作用というのは、学び手のアイデンティティを構築したり再構成したりすること、そしてまた、すべきこととすべきでないこと、言うべきことと言うべきでないこと、および将来への期待を胸に刻み込む、持続性があり持ち運び可能な学びの構えを新たに身につける機会を提供することを指している。

　こうしたことは、家庭外で乳幼児のケアと教育を提供するあらゆる場についてもあてはまる。ミシェル・ヴァンデンブロック、グリエット・ロエッツ、アイズジ・スネックは、ベルギーのチャイルドケアセンターに通う入国したばかりの移民の母親3人に、その子どもたちが小学校に入学する数週間前の時点でインタビューし、そのナラティブを分析して、次のように指摘している。「チャイルドケアセンターは、様々な文化的行動様式のレパートリーを共有しつつ、それらを結びつけ新たな行動様式が再構成される場となることがあり」、それはまた、固定された民族的アイデンティティや単一の自己という考えが問い直されることでもある（Michel Vandenbroeck, Griet Roets, Aïsji Snoeck 2009, p.209）。ヴァンデンブロックらは、ロッシ・ブレイドッティが述べている「遊牧民的主体」（Rosi Braidotti 1994, p.158）、すなわち「主体がとり得る様々なポジションが混ざり合い結合したアイデンティティ」についても言及している（Vandenbroeck 他 2009, p.211）。

　キアの物語にも、少なくとも2つのポジション——すなわち、臨機応変に

▶巻頭資料 p.i ③

対応する学び手と布のデザイナーという、キアがとり得る2つのポジション
〈subject position〉——が現れている。この園の実践者ジェネルは、こうした
状況におけるキアのデザイン制作を「学びの物語」に記したのだった。少し
前に開催された展覧会の際につくられた『着られるアート』という図録が寄
贈され、その中には10メートルのデニムを使ってデザインされた服の写真が
掲載されていた。それは、まるで子ども用のデニムジーンズでつくられた夜
会服のようだった。この服を見て、キアは家から古着を持ってきて、自分の
オリジナル版を制作した。

　本書の多くのアイディアは、ジェローム・ブルーナーの以下の引用に要約
できる。

　　私たちはナラティブを通して自己を構成し、再構成している。そして自己
　は、私たちが語り、語り直すことによって生まれる。私たちは人生のはじま
　りから文化を体現する存在であり、文化は、自己が何者か、何者であり得る
　かについての選択的なナラティブで満たされている（Jerome Bruner 2002,
　p.86）。

文化は「自己が何者か、何者であり得るかについての選択的なナラティブで満たされている」というとらえ方は、まさに本書が深めようとする方向を示している。その方向とは、子どもたちが、人々の間で共有されている文化的行動様式や価値あるものとされる学び手としての自己像のレパートリーを、自分にもできる・なれるという確信とともに増やしていく——その一部は、学びの物語を語ったり語り直したりすることの所産として——ということである。筆者らが論じたいのは、保育・教育現場の実践者、子ども、家族は語りと語り直しの共同の担い手〈co-author 共同執筆者〉になることができること、そして上述のレパートリーは、知識の蓄えと構えの蓄えとが複雑に絡み合って形づくられていくということである。

　この本では、実践者の見解に焦点を当てて論を進める。筆者らは長い間、子どもたちに関わる実践者が、職業上のジレンマや緊張に自ら進んで立ち向かい、解決の努力を続けてきた姿勢に尊敬の念を抱いてきた。二文化／二言語カリキュラムを実施している実践者との共同作業を通じて、多くの刺激を得てきたためだろうが、筆者らのアイディアは文化的プロセスとしての学びというとらえ方に共鳴するところが大きい。ナイラ・スワド・ナシール、アン・ローズベリー、ベス・ウォーレン、キャロル・リー編の『学習科学ハンドブック』には「文化的プロセスとしての学び：多様性を通じた公正の実現」と題された章があるが、そこでは文化を学びの中心問題として位置づける方法論に関して、以下のような議論を展開している。

　私たちが「文化」という言葉で表そうとしているのは、人々が価値をおく目的を実現するために歴史的に発展してきて、コミュニティの中でダイナミックに形成されてきた実践の集合体である。ここで言う実践は、使用されるツール、人々が結びついている社会的ネットワーク、共同活動を組織する方法、人々が日常的に使い価値体系を枠づけている言説（言い換えれば、世界を概念化し、世界を表現し、世界を評価し、世界に関与することに関するコミュニティ特有の様式）で構成されている。この見方にもとづくと、学びあるいは発達とは、重複したり、相補的だったり、あるいは矛盾したりする文化的実践の多様なレパートリーを、人生を通じて習得することとしてとらえることが

できる（Na'ilah Suad Nasir, Ann Rosebery, Beth Warren, Carol Lee 2006, p.489）。

　本書の目的は、文化的実践のレパートリーと学び手のアイデンティティが構築されていく時に、「学びの物語」のようなナラティブ・アセスメントが演じる役割を探ることにある。学び手のアイデンティティとその構築プロセスに関する筆者らの見解の中心にあるのは、第1に、行為主体性と対話（共同活動が組織される方法）、第2に、場と場（実践が結びついている社会的ネットワーク）の境界をまたいでつながりをつくること、第3に、継続している学びをとらえ、何度もとらえ直すこと、第4に、徐々に複雑さを増す多様な方法（人々が日常的に使い価値体系を枠づけている言説）を駆使して知識と学びの構え〈learning disposition〉[1]をわがものとすること、の4つのテーマである。ナシールらは、そのコミュニティで展開される文化的実践は、そこで使われるツールによってつくり上げられていくという一面を持っていると書いている（Nasir 他 2006）。ここで筆者らがまず焦点を当てるツールはアセスメント実践であり、学びをアセスメントするツールは、ある文化的実践の集合体——人々が結びついている社会的ネットワーク、共同活動を組織する方法、人々が日常的に使い価値体系を枠づけている言説——に影響を与えることを通じて、学びを支えることができるということを結論として明確にしていきたい。

1 行為主体性と対話

　本章冒頭でカレンは、キアの自己意識について説明する中で、「彼女の家族と保育施設の実践者が持つ学びと知性に対する姿勢」が果たしている役割にふれている。キアは、保育施設において力強い学び手、行為主体性〈agency〉を持つ参加者、自ら進んで語る存在というポジションに位置している。カレンは、「学びは学ぶことができる」と主張したガイ・クラックストンの議論（Guy Claxton 2004）を参考にしているが、ジェームス・グリーノによれば、学び手が語り、説明することを周囲から期待されるポジションにある時、学びはより長く継続する可能性が高まるとされている（James Greeno 2006）。

　とは言え、そうした機会をとらえ活用するのは、実践者にとって容易なことではない。イングランドで行われた「就学前教育の効果的な実施（EPPE）」プロジェクトにおける効果的な実践事例研究に関する議論の中でイラム・シラージ–ブラッチフォードは、「優良な」質の保育施設の1つの特徴は、「思考が継続的に発展していく共同的なやりとり〈sustained shared thinking〉」が展開されている点にあったと指摘している（Iram Siraj-Blatchford 2010, p.157）。彼女は、「思考が継続的に発展していく共同的なやりとり」とは、「複数の人が理知的な方法で共同することによって、問題を解決したり、概念を明確にしたり、行った活動を評価したり、ナラティブを発展させたりするなどのエピソード」と説明しつつ、「このようなやりとりはそれほど頻繁には起きていないことが研究で明らかになった」とも述べている。

　真の対話には、参加する主体が相互にイニシアチブを発揮し、協働するための機会を意図的につくりだすことが不可欠である。ユリー・ブロンフェンブレンナーは、人間の発達が生じる文脈としての社会的役割関係の重要性について次のようにコメントしている。

与えられた役割を遂行するために社会的に認められた権力が大きければ大きいほど、そうした役割にある者が権力を乱用する傾向は強くなり、それに伴ってそれに従うポジションにある者が従属し、依存し、イニシアチブを発揮できなくなる傾向は強まっていく（Urie Bronfenbrenner 1979, p.92）。

　3、4歳の子どもたちと一緒に「学びの物語」を振り返っている実践者のナオミは、自身とローズとの会話の質について次のように考察している。

　これらの「学びの物語」を振り返る場面では、私の方から言わせるように仕向ける場合が多く、タイミングをうまく計れていないこともしばしばあった。会話にはそうした様子が反映されている。子どもはあまり関心を示さず、私が対話をリードしなければならなかった。そしてしばしば私が質問しすぎて、子どもはほとんど発言しなかったのである。今ではタイミングのはかり方が変わった。ローズがポートフォリオについて語り合う仲間を探していることを見てとれるようになり、その瞬間をとらえて、彼女の相手になることを申し出ることができるようになった。現在の会話は、私がローズとはじめた最初の会話と比べると、全く違ったものになっている。会話の大部分をローズがリードし、私はそれに応じている。このことが最初のローズとの会話の長さ［会話の往復が18回］とこの会話［6週間後、同74回］の違いに表れていると思う（ナオミ、保育施設の実践者）。

　ナオミは、「会話の大部分をローズがリードし、私はそれに応じている」とコメントしている。これは対話の中でローズが、以前より大きな権限や行為主体性を発揮するようになったことを表している。

「中間にある」学び

　本章の最初の方ではジェローム・ブルーナーの「自己」についての議論を引用し、他の箇所でも「アイデンティティ」や「可能性に満ちた自己像

〈possible self〉」について言及していくが、ここでは「自己・自我〈self〉」「アイデンティティ」「可能性に満ちた自己像」「主体の社会的ポジション〈subject position〉」などをめぐって論争が繰り広げられている問題領域にいささかなりともふれないわけにはいかない。筆者らは、社会文化的な立場から書かれた著作で共通に使われている「アイデンティティ」を採用することにした。文化的プロセスとしての学びというナシールの視点と、ジェームス・ギーの「言説〈Discourse〉」に関する社会文化的観念との間には強い共鳴関係がある。ギーがアセスメントをテーマに書いた書物の中に「学ぶ機会に関する社会文化的視点」についての興味深い指摘がある。ギーは、旧来の視点と「状況的／社会文化的な」視点を比較して、次のように書いている。

　　状況的／社会文化的な視点に立つ時には、知識と学びを、個人の頭の中の表象としてとらえることはしない。表象という作用が存在し、重要な役割を果たしていることは否定しないが、むしろ、心と身体の両方を持つ個人と、個人が思考し感じ相互にやりとりする環境との「関係」という観点から、知識と学びをとらえる。知識と学びに関する旧来の視点においては、身体も環境も背景に退けられる傾向があるのである（James Gee 2008, p.81）。

　「社会文化的」という用語を使う理由についてジェームス・ワーチは「精神活動が文化的、歴史的、制度的な場でどのように位置づけられているかを理解」するためだと書いている（James Wertsch 1991, p.15）。彼のアイディアは他の点でも本章において活用されている。彼は、「（諸）個人」というよりむしろ「道具によって媒介されて行為している（諸）個人」について語りたいと書き（同上書, p.12）、後には「用いられている文化的道具やそれに媒介されている行為に焦点を当てることで、『中間にとどまる〈live in the middle〉』ことを可能にし、行為、権力、権威が文化を通していかなる機能を果たしているかに注意を向けることを可能にする」と述べている（1998, p.65）。

　学習活動は、広く社会的および文化的実践と結びついて進行していくものである〈distributed〉という視点も、筆者らの分析を導くものの1つである。

例えば、ペギー・ミラーとジャクリン・グッドナウは、学び手とは「ある実践に参加している人間」と定義している（Peggy Miller, Jacqueline Goodnow 1995, p.8）。これまで述べてきたような「中間」の場——すなわち教育的環境と学び手の双方向的な関係の中で起こっていること——に筆者らの関心は向けられている。アセスメントはここで言う「中間」の場に位置しているので、これらに関連する、ジェームス・ギー、ジェームス・ワーチ、ペギー・ミラー、ジャクリン・グッドナウらの議論が役立つ。

　行為主体性〈agency〉とアイデンティティという概念は、南太平洋地域のカリキュラムに影響を与えてきたものでもある。2009年にオーストラリアで策定された乳幼児期のカリキュラム要綱の題名は「所属、存在、成長〈Belonging, Being and Becoming〉」である（Commonwealth of Australia 2009）。この中で5項目の「学びの成果」の1つは「アイデンティティの確固たる感覚」で、他の3つは「つながり」「熱中」「コミュニケーション」である。「つながり」とは、子どもたちは自分たちの世界につながり、貢献していることを指しており、「熱中」とは、子どもたちは学ぶことに誇りを持って熱中しているということを指している。また、「コミュニケーション」とは、子どもたちは的確に表現できるコミュニケーションの担い手になることを指している。これらの成果は、「中間にある学び」である。この要綱の「学びの成果」に書かれた最後の1つは、「子どもたちは幸福〈well-being〉の強い感覚を持っている」ことである。ここで言う幸福の強い感覚とは、学ぶことに誇りと前向きな見通しを持っていることや「行為主体性の感覚と応答的な他者と関わり合いたいという願い」を持っていることとされている（同上書, p.30）。

　「学びの物語」の基礎となっているカリキュラムは、ニュージーランドにおける乳幼児保育カリキュラム「テ・ファーリキ」であるが、そこでは知識と構えの成果を統合した5つの領域が織り込まれている（Ministry of Education, 1996）。マオリ語でこれらの領域はマナ・タンガタ〈mana tangata〉、マナ・アトゥア〈mana atua〉、マナ・アオトゥロア〈mana aotūroa〉、マナ・レオ〈mana reo〉、マナ・フェヌア〈mana whenua〉と言う。「マナ〈mana〉」を英訳するのは簡単ではないが、権威、信望、エンパワーメントなどの意味を合わせ持つ。マオリ語でのカリキュラムの柱は「マナ」の諸領域という形で示

されているが、権威とエンパワーメントの5つの源「人々」「霊的・心的・身体的幸福感」「広い意味での世界についての知識」「言葉」「場」としても説明できるかもしれない。これらに対応する英語（直訳ではない）は、カリキュラム文書上では「貢献」「安心〈well-being 幸福〉」「探索」「コミュニケーション」「所属」となっている（Ministry of Education 1996）。[◆2]

エティエンヌ・ウェンガーは、教育におけるアイデンティティ形成には学び手が「世界に影響を与え、自身の行動を意味づけする方法」が必要であると書き、次のように述べている（Etienne Wenger 1998）。

　学びを、所属に関する3つの様式[*]の観点から語ることによって、教育のデザインを、カリキュラムを子どもに届けるという観点だけでなく、より広くアイデンティティ形成への影響という観点から検討できるようになる。生徒が必要とするのは、1）参加する場、2）世界と自分自身についてのイメージを構築するための素材と経験、3）世界に影響を与え、自身の行動を意味づけする方法、である（p.270）。

ピーター・ジョンストンは、「行為主体性は、結局のところ、環境が私たちの行為に応答的であることに気づくことで燃え上がる」と書いている（Peter Johnston 2004, p.9）。キアの保育施設の実践者は、そのコメントの中で、まさにウェンガーが指摘しているような、キアが参加し、その行為が重要なものと認められ、それゆえに記録されていくような場、あるいはコミュニティを描き出している。

---

* E. ウェンガーによると、あるコミュニティに所属するということは、そのコミュニティで行われている仕事や文化的実践に取り組むこと〈engagement〉（言い換えると「意味づけをめぐる相互的なやりとりに参加すること」）だけでは完結しない。それ以外に「自己の実際的経験の外部にある世界を想像したり（自己の経験に関わる）時間的空間的なつながりに目を向けたりすること〈imagination〉」と、「外部の大きな制度的構造に合わせること、あるいは大きな視点から貢献するために、自分のエネルギーや活動を調整・配分すること〈alignment〉」が欠かせないと指摘している。これら3つの所属の様式を通して、コミュニティに所属する者としてのアイデンティティは形成される（Wenger 1998, p.173-181）。（大宮）

2 場と場の境界をまたいでつながりをつくる

　本書の基本的なアイディアの2つ目は、家庭と学校または保育の場の間で相互に、子どもの教育についてのコミュニケーションがかわされる時、学びの機会をとらえ、新しい文脈で学びを応用する力が子どもたちに育っていくということである。ウェンガーはアイデンティティについて書く中で、異なる複数のものの見方を調整・統合することは、「私たちが今住んでいる世界における教育にとって最も重要な要素の1つ」であり、それは「境界上にまたがって立つ〈straddling across boundaries〉」問題であるとも言えるとして、次のようにコメントしている。

　　世界に対してなにがしかの影響を与えるためには、子どもたちは異なる複数のものの見方を調整・統合する様々な方法を学ぶ必要がある。こうした観察はかなり普遍的に言えることである。だが、この能力が単なる情報やスキル獲得の問題ではないという点についてはそれほど理解されていない。これは抽象的な技術的問題ではなく、また単に実践のいくつかのレパートリーを学べばよいということでもない。これは、アイデンティティの問題である。境界上にまたがって立つこと、そして重要な問題に取り組む中で、複数の矛盾するものの見方を取り入れながら、世界を生き抜く方法を見出すという問題である。こうした統合の問題が突きつけられているような学びのコミュニティに参加することの結果として、この種のアイデンティティを実際に身につけることができるようになる。これは、私たちが今住んでいる世界における教育にとって最も重要な要素の1つである（Wenger 1998, p.274）。

家族の期待

　交差する複数の場に異なる期待が存在している場合には、この種の統合が
必要となる。学業成績に関する800以上の研究をメタ分析したジョン・ハッ
ティによると、家庭の多くの構造的要因（ひとり親かふたり親か、父親が同居
しているか否か、両親が離婚しているか、養子か否か、一人っ子か否か）よりも、
子どもへの親の期待の方がはるかに大きな影響力を持っていると言う。

　　親は子どもに伝える励ましと期待という点で重要な影響力を持つ。しかし、
　多くの親が、学びに関わる言葉〈language of learning〉を理解することに難し
　さを感じており、子どもが親の期待を達成できるよう励ますやり方に格差が
　生じている。全ての家庭的要因の中で、子どもの学業成績に対して親が抱い
　ている期待と見通しは、実際の成績と最も強い関連性がある（John Hattie
　2009, p.70)。

　リズ・ブルーカーによる英国での調査報告には、親たちが学びに関わる言
葉を理解するのに苦労していることを強力に裏づける事例が示されている
（Liz Brooker 2002）。アンドリュー・ポラードとアン・ファイラーは学びへの
適応〈learning orientation〉のパターンを調査した研究で、学校での経験や取
り組まねばならない新たな課題について話し合ったり、仲介したり、その意
味を理解したりする上で、親は重要な役割を演じていると結論づけた
（Pollard, Filer 1999; Filer, Pollard 2000）。
　筆者らの研究に、幼児期から就学にかけて１年半の間、オフェイナの発達
を追跡したものがある。オフェイナの母親は７人きょうだいの５番目で、10
代の時にトンガからニュージーランドに移住した。学校をやめてからは、家
族を助けるために何年もの間２つの仕事をかけ持ちしていた。オフェイナと
彼女の兄といとこは、両親が働いている日中や下校後には祖母に世話されて
いた。祖母は孫たちに主にトンガ語で話し、オフェイナの家庭ではトンガ語
と英語が使われていた。オフェイナの母親は子どもたちに対する強い期待に
ついてこのように語った。

子どもたちには大学に行くようにと言ってるの。だって私は行かなかったから。行けばよかったんだけれど行かなかった。学校に通ってる時は、6年生の時から〈家族を〉助けるためにバイトをしなきゃいけなかったの……子どもたちにはいつも言ってるの、「おまえにはできないって言う人がいたとしても、ベストを尽くしなさい」って（Carr, Smith, Duncan, Jones, Lee, Marshall 2010, p.63-72）。

オフェイナは5歳にして、これが起こり得る自分の未来の姿であることを知っていた。

境界をまたぐ道具としてのアセスメント

複数の矛盾するものの見方を統合する際に、「境界をまたぐ」道具〈boundary object〉が果たす役割について、数多くの研究者が様々な文脈において論じている。スーザン・スターとジェームス・グリースマーは、「境界をまたぐ道具をつくりだし使いこなすことは、異なる複数の社会に関わりながら、自らの一貫性を発展させ維持するための鍵となるプロセスである」と結論づけている（Susan Star, James Griesemer 1989, p.393）。デイナ・ウォーカーとオノリーヌ・ノーコンは、放課後の「ヒップホップ」ダンス活動を調査し、境界を行き来する能力とは、「様々な文脈の中においても適切にやり遂げる能力」であるとし、「新たな文脈の中で経験を意味づけ直すこと〈recontextualisation〉」と「境界で執り行われている、文化の間を仲介する者や境界をまたぐ道具が関与するプロセス」について書いた（Dana Walker, Honorine Nocon 2007, p.179）。パメラ・モス、ブライアン・ジラール、ジェームス・グリーノはアセスメントについて書く中で、境界をまたぐ道具に関するこれら先行文献に注目しつつ、アセスメントの文書を境界をまたぐ道具の1つに含め、次のように書いている。すなわち、「境界をまたぐ道具」の概念は——

記録にもとづくアセスメントの分析に新たな理論的資源を提供する。境界を
またぐ道具は、多様で異質なものが混じり合っている世界［あるいは活動シス
テム］〈activity system〉に内在し、かつ複数の社会をまたぐ際のコミュニケー
ションと協力を可能にする道具である（Pamela Moss, Brian Girard, James
Greeno 2008, p.300［　　］の括弧は原著者による）。

「学びの物語」は境界をまたぐ道具であるが、そこに新たな境界をまたぐ
道具、つまり家庭の言語が追加されると、境界における存在感と価値がさら
に高まる。第4章では、この強力な組み合わせの例を紹介する。

＊ 活動理論〈activity theory〉の流れをくむ E. エンゲストロームの概念。活動理論とは、L. S.
ヴィゴツキーの共同研究者であった A. N. レオンチェフによって提唱された心理学理論で
ある。ヴィゴツキーが人間の精神活動や精神発達における「記号」（言葉など）の媒介性を
重視したのに対して、活動理論では「対象世界」に対して人々が能動的かつ共同的に働き
かけていくこと（つまり、活動）を重視する。エンゲストロームは、とりわけ発達・学習
の単位を「個人」ではなく「組織」と見なす点が特徴であり、組織としての学習・発達を
分析するための主要な要素（項）のまとまりを活動システムと呼ぶ（図の各三角形の頂点に
示されているのが主要な要素（項））。活動システムの各項の間には常になんらかの「矛盾」
があるものとされ、組織
はこれらの矛盾を認識
し、新たな活動のあり方
を求めて動き、変化して
いく。このような過程
を、エンゲストロームは
拡張的学習〈expansive
learning〉と呼んだ（エン
ゲストローム著　山住勝広
他訳　拡張による学習：活
動理論からのアプローチ
新曜社　1999）。第2章末
の著者注 ◆3 p.85 参照。
（川田）

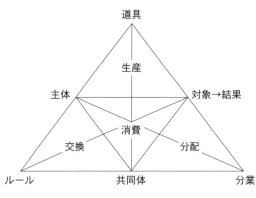

エンゲストロームによる活動の構造図式
（エンゲストローム 1999, p.79）

3 継続している学びをとらえ、何度もとらえ直す

　子どもたちが、自分が学びの旅の途上にあることに気づき、自らの足取り
を明確にとらえることを可能にする機会を提供するとはどういうことなのか
を、本書では詳しく見ていく。これが本書の第3のテーマである。筆者ら
は、旅のように継続していく学びに焦点を当て、第5章では「学びやアイデ
ンティティの発達の節目となる学びのエピソードのつながり」（Lemke 2001,
p.25）という視点から、「学びの物語」に注目する。しかし、継続している
学びをとらえる（または再構成し、変更する）ためには、前提条件がある。そ
れは、〈そうした学びの〉目標を長期的な視点から把握するという問題であ
る。この目標は、コミュニティが異なればそれぞれ異なる形で表現される。
　ここで、2001年刊行の前著にも登場した「可能性に満ちた自己像〈possible
self〉」という概念を導入したい（Carr 2001a, p.26）。これはヘーゼル・マーカ
スとポーラ・ヌリウスのアイデンティティのとらえ方を踏まえたもので、ブ
ルーナーの「自己が何者であるか、何者であり得るかについての選択的なナ
ラティブ」や、ブルデューの「起こり得る未来に関して、行うべきことと行
うべきでないこと、言うべきことと言うべきでないこと」というとらえ方と
共通するところが多くある（Hazel Markus, Paula Nurius 1986）。マーカスと
ヌリウスは、「可能性に満ちた自己像は、過去の自己についての理解にもと
づく表象から形づくられると同時に、将来における自己に関する表象が含ま
れている」と指摘した（p.954）。そして「可能性に満ちた自己像の素材は、
各人固有の社会文化的および歴史的文脈によって特色づけられたカテゴリー
といったもの、そしてメディアや個人の直接的な社会経験で出会ったモデ
ル、イメージ、記号といったものから調達される」と言う（p.954）。
　アセスメントに関して多岐にわたる著作を執筆しているキャロライン・

ギップスは、こうした文脈におけるアセスメントの役割について次のように述べている。

　　教室で頻繁に行われる質問とフィードバックは公共的な性質を帯びているために、そしてまた生徒と教師の間には権力的ダイナミズムが存在するために、アセスメントはアイデンティティ構築において決定的な役割を果たす。アセスメントと機関評価〈evaluation〉の際に使用される言葉は、その領域における社会的なプロセス——アイデンティティが社会的に付与され、社会的に維持され、社会的に変容していくプロセス——が正統なものとして認められていく〈有力な〉経路の1つである。……アイデンティティが、自分が何者であり何ができるかについての、他者と本人双方の了解に関わるものであるなら、他者の判断が重要になるのである（Caroline Gipps 2002, p.80）。

　マーカスとヌリウスによれば、可能性に満ちた自己像とは、自己に関する感情と認識が結びついて形づくられるものであり、「どの刺激に注意を向けるかを決定する」ものである（Markus, Nurius 1986, p.955）。可能性に満ちた自己像は、何に注意を向け、認識しようとするかを決定するのである。「学びの物語」を使ってアセスメントを行っているある小学校では、子どもたちに対して、粘り強い学び手〈resilient learner〉、思考する人〈thinker〉、他者を思いやる市民〈caring citizen〉、自分で考えコミュニケーションをとる人〈thinker and communicator〉、という4つの目標を設定している。これらの目標は、子どもたちの「学びの物語」を分析する手がかりともされている。
　実践者のロビンG. は、自分のアセスメントのフォルダーを見ていたセーラがアイデンティティに関するコメントを発したエピソードに注目し、これを重要な意味を持つ出来事としてとらえている〈Box1.2〉。
　筆者らの研究の別の事例では、実践者キリがアンドリューとともに彼のポートフォリオを再訪した際、次のようなやりとりがあった。アンドリュー：「ぼくの本をつくっているのはぼくなの？」（それまで、自分がお話を書いて本にした経過を記録した「学びの物語」を見たことがなかった）、キリ：「そう、これはあなたがその本の著者になった時のものよ」。同じ幼稚園の4

Box1.2

私は子ども図書館員

ロビンG. によるコメント

　今日、私のまわりに3人の子どもたちが静かに座っていた。私たちは一緒に子どもたちのフォルダー〈ポートフォリオ〉を見ていた。子どもたちは自分と友だちの写真に歓声をあげ、その時のことを思い起こしていた。セーラは後ろのソファにもたれながら自分のフォルダーをひとりで見返していて、ていねいにページをめくりながら独り言を発していた。気をつけて彼女を見ていたら、今まで見たことがないほど、自分のフォルダーに強い関心を示していた。彼女は、学校図書館員と一緒に座っている写真を見ていた。そして楽しく歌うように「私は子ども図書館員、私は子ども図書館員」と口ずさんでいる声が聞こえてきた。とても誇らしげにほほえみながら、自分に向けて言っていた。これまで私は、不完全な一語文以外、セーラが英語で話すのを聞いたことがなかったのでとても驚いた。

　そしてこのような特別な場面を経験することができ、とてもワクワクした。園では2年前から毎週図書館に行くスケジュールを組んでいたが、実際に子どもたちの短期間での成長をピンポイントでとらえるのは難しい。セーラは今3歳だが、この事例が観察されたのは、彼女が図書館に一緒に行くようになって約6ヵ月後のことだった。セーラはビルマ語教師のハトウェ・ハトウェから母語教育の支援を受けていた。この支援のおかげで図書館での経験に対する深い理解とその意味づけが得られたのだと思う。

歳のコリーは、パイプを使った水遊びをしている時に問題解決の体験に熱中した。実践者ブルーはこの時のことを「コリーがこんなにも長く集中して取り組む様子に驚いた」と振り返っている。それから1年後にも、パイプと水の流れへの関心は継続していて、以前にも増して熱中していたと書いている。「学びの物語」には「次々と実験がなされた。うまくいく実験もあったが、うまくいかない時もあった」、そして「実験とはこういうものである……科学者もこのようにして発見をするのだろう」と書かれている。別の実践者ヘレンが「学びの物語」に書き留めたのは、カマルプリートが、自分のポートフォリオを算数の道具としてだけでなく、幸福〈well-being〉と所属〈belonging〉の感覚を育む道具として使っている場面である（**学びの物語1.1**）。

学びの物語1.1

ポートフォリオを楽しむカマルプリート

3学期　　　　　　　　　　　　　　　　　　　　　　　　ヘレンによる記録

　私は最近、あなたが自分のポートフォリオにとても強い関心を持ちはじめたことに気づきました。最初はどこにでも持ち歩いていましたが、そのあとには頻繁に見ている姿を見かけるようになりました。今では、座ってポートフォリオを読んでいる姿が日常的に見られます。まるで自分に本を読んでやっているかのように。ある日、一緒にポートフォリオを見ていると、あるページのコラージュに使われているカードを数えはじめました。とっても上手に数えたので感心しました。今までポートフォリオが計算の教材になるなんて考えたことがありませんでした。気づかせてくれてありがとう、カマルプリート。

············· **私はここでどんな学びを目にしたでしょうか?**·············

　カマルプリート、あなたは、ポートフォリオは自分のものだという、なんてすばらしい所有意識を持っているのでしょう。あなたにとっては、たくさんの喜びを与えてくれるお気に入りのおもちゃや本を持っているのと同じなのね。
　カマルプリートのポートフォリオとの関わりは、彼女にとってこの幼稚園は特別な「遊び場」であるという幸福感と、自分がその一員であるという所属感を育んでいるのでしょう。

---

4 知識と学びの構えをわがものとする
──徐々に複雑さを増す多様な方法を駆使して

　これが第4のテーマである。一般にカリキュラムというものは、教科に関連する知識の獲得に向けた道筋を示す公的文書と言えるだろうが、その知識を獲得するプロセスには、保育・教育現場の実践者にとっても、そして子どもにとっても、知識の「習得」以上の意味合いがある。自分にとっての意味を理解し、自分自身のものにするという意味合いがあるということである。この点でジェームス・ワーチの「わがものとする〈appropriation〉」という定義が有益である。

　　わがものとするという言葉に関する私の理解はバフチン〈Bakhtin〉の著作に由来しているので、彼が使ったロシア語の「prisvoenie」という語を検討することには意味があるだろう。「prisvoenie」の語根と、その語に関連する動詞「prisvoit'」は、「自分自身の」を意味する所有形容詞「svoi」に関連している。「prisvoit'」とは何かを自分の中に取り入れること、または自分のものにすることを意味し、名詞の「prisvoenie」は、自分自身のものにする過程という意味である……現在の私の目的にとっては、ナラティブを含む言葉を自分のものにすることには、言葉を習得することとはかなり異なる意味合いがあるという点が重要である（James Wertsch 1997, p.16）。

　「共同でわがものとする」ことに関するさらに深い考察については、ブラウン、アッシュ、ルザーフォード、ナカガワ、ゴードン、キャンピオーネの研究（Brown, Ash, Rutherford, Nakagawa, Gordon, Campione 1993）を参照されたい。この「何かをわがものとする過程」は、何かを自分に合うものにする

〈personalisation〉過程でもある。保育・教育の場では、自分に合う学びは多様な方法を通じて生まれる。例えば、① 家庭で身につけた知識を持ち出し応用すること、あるいはもともと抱いていた関心を発展させることを通じて、② 自分の物語を他者に伝え、それについて対話することを通じて、③ 様々なモードや言葉で自分のアイディアを表現することを通じて、である。

① 家庭で身につけた知識を持ち出し応用する、あるいはもともと抱いていた関心を発展させる

　　キアは自分のアイディアを自分に合う形で実現するために家から材料を持ってきた。この時彼女は、自分のことを、大人のファブリック・デザイナーの仕事を再現している存在と見なしていると言っていいだろう。また、学びの構えの観点から見ると、この物語は、手持ちの材料を使って臨機応変に対応する構えや、いろいろな方法やアイディアを試そうとする構えが形づくられつつあるプロセスをとらえていると言うことができるだろう。実践者はこうした学びを価値あるものとして認識すると同時に、他の同様な事例にも気づき、その価値を認識し、応答している。[◆3] キアは、学びの構えと関心——相互に結びついた1つのまとまりとしての——を保育の場に持ち込み、自分が設定した課題に挑んでいる。

② 自分の物語を他者に伝え、それについて対話する

　マリアンヌは、ナオミと同じプロジェクトに参加している実践的研究者〈teacher researcher〉である。彼女はあるひとりの子どもとともに「知識を共有した歴史」を発展させたことについて次のように記している。

　　会話を通じて起こったことは次のようなことだった。彼が持ち込んできた知識の蓄えを会話の中で共有することを通じてその子がすでに有していた構

えの蓄えが明らかになり、さらに会話を続けるにつれてその構えはより確固としたものとなったように思う……最初はかなり物静かな男の子だった。読み返すことを通してはじめて彼の多くの物語が明らかになった。このような経験から、振り返って見ることが持っているパワーが強烈に印象に残った……習慣になった［１年以上続いた］振り返りや会話、そしておそらくそうした習慣を形づくったであろう学びの物語を通して、彼と知識を共有した歴史が築かれていった。

③ 様々なモードや言葉で自分のアイディアを表現する

　キアの物語は、３種のモードや言葉を使った例である。すなわち、１つ目に、彼女にインスピレーションをもたらした着られるアート展の図録の（彼女に読んで聞かせた）文章、２つ目に、その図録にあった写真やデザイン、そして３つ目に、コラージュ、である。彼女は、コラージュというモードを手段として用いる試み――ファッション雑誌の写真を切り抜く――を以前やったことがあり、その時のアイディアを今回、布や衣服という別の素材に応用した。その学びの分析でジェネルは、キアの学びの構えについてこう記している。「あなたは『枠にはまらない』思考ができる人ですね。１つのアイディアを表現する様々な方法を探し出し、自分で設定した問題の答えを自分で見つけ出すことができるのですから」。ジョアンナが書いたもう１つのキアの「学びの物語」は、別の「言葉」であるモザイクを使って表現した作品づくりの事例を紹介している（**学びの物語1.2**「芸術家の仲間たち！」）。

学びの物語1.2

芸術家の仲間たち!

実践者：ジョアンナ

　ひとりの芸術家に私たちは大いに触発されたのです。こんな瞬間に立ち会えるなんて信じられないこと、とてもワクワクしました。私たちはしばらく、プロの芸術家を園に招いて子どもたちと一緒に活動してもらうという案を検討してきました。[……]

　芸術家のジュリーの作品とグループでのモザイクづくりから刺激を受けたキアは、自分でアート作品を制作することを思いつきました。キアは、創作するアイディアを決める前に、モザイク・デザインに関する図書館の本を熱心に眺めてアイディアを研究しました。デザインをつくるのに必要な材料を集めたら創作開始です。まずはテンプレートづくり。最初にデザインを描いて、できる限り線に沿って慎重に切り抜きます。しばらくして、キアは石膏ボードにデザインの線を引き写しました。そして自分のデザインについて検討を加え、最終的な微調整を施し、色タイルのモザイク作業をはじめました。数週間前にこの旅〈学び〉をはじめたキアにとっては、まさに毎日が新たな試行錯誤の連続です。気が向くと自分の作品を再訪しています。ここに写真を載せていくのでその後の進展に注目してください!

私たちは子どもの創造性を制限するのではなく、子どもが自分自身の課題と目標を設定できるようにしています。自分でするのが難しい時には、応答的な援助をして子どもの挑戦を励まします。

　このモザイク作成の過程でキアは、モザイクに関する本を読んで芸術家の作品を調べ、自分のデザインを計画し、最も関心を引いたアイディアからテンプレートを作成しました。そしてその後の全ての過程——例えば、自分のデザインをボードにトレースしたり、下絵に合わせてタイルの色を選んで並べたり、漆喰を塗ったり——を自分で成し遂げました。これは、まさに行動を通じた探究だったし、創意工夫あふれる芸術創造そのものでした。

　このような過程でキアと一緒に活動できたのはまたとない、特別な経験でした。キアは自分自身に果敢に挑戦する情熱的で意欲的な学び手です。決断力があり、感受性が豊かです。そしてとてもクリアな考えやアイディアを持ち、手順をしっかり考えて作業をします。自分自身に対する「有能で可能性豊かな学び手」という自己感覚が、キアが新たな構想を追求し、自分の、そしてまた他者の考えやアイディアに自らチャレンジすることを支える誇りの源となっています。私が思うには、キアの学びの構え（熱中すること、考えやアイディアを表現すること、自ら責任を担うこと、困難に立ち向かうこと、関心を持つことなど）は、彼女が周囲の環境と関わる方法や、周囲の人々ととり結ぶオープンで対等な人間関係の中から生まれ育ったのでしょう。

5 知識と学びの構え

　筆者らはここまで、学びを、知識の「蓄え」と学びの構えの「蓄え」が複雑に絡み合ったものとして描いてきた。この複雑な絡み合いは、「応用が利く専門性〈adaptive expertise〉」と言われてきたものと似ている。「それは、すなわち、場面や課題が変化してもうまく学びを進めていけるようにする、柔軟性に富んだ知識と態度を発達させること」とされている（Nasir, Rosebery, Warren, Lee 2006, p.490）。筆者らが物語を活用するのは、こうした複雑さを明らかにするためである。

　学びの構えは、より複雑な知識やスキルを身につけていく際のフィルター——感情に根ざし、あるいは感情からつくられ、文化の影響を受けて形づくられるフィルター——としての働きをしている。学びの「構え」〈dispositional milieu〉は、家庭の外の場にも持ち込まれ、新たな考えやアイディアの探究に向かわせたり、逆にそれに制限をかけたりする。そうした新たな場に——保育施設や学校などもまた構えを育む環境の１つであり、その一員として——参加するということは、多くの場合、そのコミュニティ特有のものの見方や態度を身につけることにつながる。すなわち、その子が生きる世界に関する知識として何が適切か、間違いを冒すリスクにあえて挑戦することについてどう考えるか、学び手は自分から何かをはじめていい存在か、それとも誰かに従うべき存在か、新たな考えや問題に熱中し進んで探究するという行為にはどんな価値があるか、いかにあるべきかをめぐって議論する機会が用意されるべきか否か、といったことに関わる見方や態度を身につけていくのである。

　学びの構えは、ニュージーランドでは、1996年につくられた「テ・ファーリキ」の中で目指すべき成果として掲げられていた。2007年後半には、学校

カリキュラムに「キー・コンピテンシー」が書き込まれたが、その内容は、この分野に関するOECDの研究から影響を受けたものだった（Rychen, Salganik 2001, 2003）。そのキー・コンピテンシーは、思考する〈thinking〉、言葉や記号やテキストを使う〈using language, symbols and texts〉、自分の健康や安全を自分で守る〈managing self〉、他者とつながる〈relating to others〉、自ら参加したり力を発揮したりする〈participating and contributing〉、という能力から構成されていた。こうした定義を見ると、これらの能力は、学びの構えに関わる成果であると言えよう。

　　コンピテンシーは、スキルより複雑なもので、行動を決める際に働く知識・態度・価値観がより合わさったものである。それらは分離することはできず、また単独で働くものでもない。それらは、あらゆる領域における学びにとって鍵となるものである。……
　　コンピテンシーはたえず発達していくものであり、人々、場、アイディア、物事との相互作用によって形成されていく。子どもたちは、より広範囲な場においても、またより複雑になる文脈の中でもコンピテンシーを発達させることができるように、励まされサポートされなくてはならない（Ministry of Education 2007, p.12）。

　こうした動向の中で学校現場の実践者たちは、こうしたコンピテンシーはどのような姿として現れるものか、そしてそれらはどのようにして教育したりアセスメントしたりできるかについて検討しはじめた。ローズ・ホプキンスは、コンピテンシーという考え方は、学びの成果と学びの環境に関する、次のような新たな要素を導入するきっかけとなったとしている。第1に、「メタ認知」、第2に、学びの構えを育むこと、第3に、生徒が自分の学びに関するエキスパートになること、そして第4に、学びの文脈の豊かさ、である（Rose Hipkins 2009）。続けて、彼女は次のように書いている。

　　生徒は学び手としての自分自身に関する個性的な物語を、生涯にわたって発展させていく。アセスメントは、生徒たちが、自分は、目の前にある学び

の実現に向かって実践し、粘り強く取り組み、問題に打ち克っていくことができる人間であるというアイデンティティをつくりだすような、一貫したナラティブを獲得する手助けとなるものでなくてはならない（p.5）。

彼女は、学校が学びの構えの成長をもたらす方法を探究しようとするなら、従来の慣れ親しんだアセスメントのやり方を見直して、全く新たなやり方——すなわち学びのメモや日誌、「学びの物語」やポートフォリオやリッチ・タスク〈rich task*〉——の採用を検討すべきであると提案している。イボンヌS.は、これらの学びの構えの育ちと教育に関する研究プロジェクトの中でいくつかのコメントを書いているが、その中で次のように述べている。

　すでに今でも内容が詰め込みすぎになっているカリキュラムと、日々悪戦苦闘している実践者たちに、さらなる仕事を増やすことなく、どのようにしたら、「キー・コンピテンシー」を毎日のプログラムの中に組み入れることができるか、そしてそれらをどうアセスメントしたらよいかを、プロジェクトを通じて明らかにすることを望んでいる。

彼女のクラスのポートフォリオやフォルダーの中には、子どもたちの読み書き計算の力をつけていく様子とともに、キー・コンピテンシーに関わる成長を描いた「学びの物語」が含まれている。そのポートフォリオ（単に「フォルダー」「ファイル」と呼ばれることも多い）には、「グループの物語」「個々人に注目したグループの物語」「個人の物語」が収められている。イボンヌが書いた「個人の物語」は、「キー・コンピテンシー」が学びの構えとしての性質を持っていることからの当然の帰結であるのだが、学び手が自分で選んだ活動がよく記録されている。

　例えば、「個人の物語」の１つに、アビーがごっこ遊びをリードし自分は図書館員になって、ごっこに入ってきた子どもたちに本を次々と貸し出している様子が記録されている。イボンヌは、「アビーにとって、自分から活動をつくりだし、主導的な役割を果たしたはじめての経験だった」と書いている。そこにはアビー自身の次のようなコメントも記されている。「学校に入

学した時、私は恥ずかしがり屋だった……［今では］私は手を挙げるように
なった」。雲を観察するためにクラスで出かけた時の「個々人に注目したグ
ループの物語」（「新進気鋭の研究者」という題がつけられている）の1つには、
クラスに対してプレゼンしているアビーの写真が載っていて、それには「私
はグーグルで検索したのよ」というキャプションがついている。

　学びの物語1.3「答えを導く方法を説明する」は、彼女のクラスのまた別の
「個人の物語」である。彼女のクラスだけでなく、他の数多くの学校でも、
「学びの物語」を「分割スクリーン〈split-screen〉」[**]法を使って、知識（この
事例では、学校カリキュラムの「学びの領域」算数）と、学びの構え（この事例
では、学校カリキュラムのキー・コンピテンシー「自ら参加したり力を発揮した
りする」）の双方に注目しながら、分析している（Claxton, Chambers, Powell,
Lucas 2011, p.92-96）。この短い物語には、それらに関わるいくつもの要素が
含まれている。イボンヌは、この物語が、カリキュラムにあげられている具
体的な成果の中の何と関連しているかを記す一方、どのように答えを導き出
したかをアバゲイルが「詳細に説明した」と書いている。自分の指を使って

---

* キー・コンピテンシーを育む上で子どもたちに経験させたい豊富な学びの機会のこと。
　ニュージーランド教育省は、実践者がカリキュラムを構成する際のキー・コンピテンシーの5
　つの側面に関する内容を織り込む参考として、リッチ・タスク計画カード（Rich tasks planning
　cards: https://www.nzcer.org.nz/nzcerpress/rich-tasks-planning-deck）を提供している。（松井）

** イギリスの教育学者 G. クラックストンが提唱した革新的な授業方法で、教科に関連す
　る知識・スキルの獲得だけでなく、「学ぶ方法を学ぶこと」（LHTL = Learning How to Learn
　p.68 参照）も等しく重要という観点から考案された。例えば、「理科」では「問題を発見す
　る構え」、「歴史」では「共感性」、「国語」では「間違いを恐れない態度」、「数学」では
　「自分のやり方を振り返って問題解決を目指す構え」、「体育」では「他者のやり方を取り
　入れようとする姿勢」などを追求すべき目的として位置づけている。具体的な方法として
　は、① 教育の目的を子どもと共有すること（Box2.2 の「参加」をめぐるブレーンストーミ
　ング p.63など）、②「問題の正しい解き方」を身につけることより、自分が今できることや
　手近な手段を用いて工夫したり熱心に取り組んだりすることが奨励される（学びの物語1.3
　のアバゲイルによる「説明」p.50など）、③ 教師自身が学び手のモデルとして子どもと向き合
　うこと、などが特徴的である（Guy Claxton, (2014. 9). Building learning power. https://www.
　cambridgeinternational.org/Images/177923-guy-claxton.pdf）。（大宮）

学びの物語1.3

答えを導く方法を説明する

学びの物語──答えを導く方法を説明する	
子ども　：アバゲイル 活動／主題：算数	日付　：9月20日 教師　：イボンヌ

●学びの成果

1桁の足し算と引き算を解く時のイメージを学ぶ。

算数の時間に、私たちはモノ（通常は指）を使って10までの足し算／引き算をたくさんしてきました。子どもたちはイメージする方法を教えられ、どのように計算したかを説明するよう促されます。子どもたちは大抵、「頭の中で」とか「数えた」と言うだけでした。しかし、今日アバゲイルは、答えにたどり着いた方法を詳しく説明してくれました。言葉で説明するとともに、指を使って実演もしました。

●キー・コンピテンシーの分析

アバゲイルは教育的活動にしっかりと集中するだけでなく、自分の方法を説明するリスクに挑んだり、算数の用語を使ったりすることで、自ら参加したり力を発揮したりしていることを示しました。彼女は自分自身を数学者として見ています。

●教育内容に関わる学びの領域
〈Essential Learning Area〉の分析

アバゲイルはイメージすることからはじめ、次にモノを使って説明しました。これは飛躍的な進歩です。以前は「説明すること」ができなかったのですから。

●次のステップ

この学び手がこのスキルをさらに発達させて、数えることへの理解をもっと深めていけるように、学びを広げていきます。

説明し、やってみせたのである。さらに、このエピソードがなぜ重要なのかについては、アバゲイルがこれまでは説明することができなかったからだとしている。構えのキー・コンピテンシーの分析を記入する欄には、説明するという「〈これまでやったことがないという意味で〉リスクに挑んだ」と書き、アバゲイルは「自分自身を数学者として見ています」と結んでいる。

50　第1章　学び手は乳幼児期から小学校にかけて、いかにアイデンティティを構築していくか

6 本書の章立て

　本章では、学び手としてのアイデンティティの４つのテーマを導入し、こ
れらのテーマに沿って乳幼児期から小学校において学び手のアイデンティ
ティが構築される４つのプロセスについて概説してきた。これらのテーマは
本書全体に織り込まれている。そして、これらのテーマは、第２章の主題で
ある「なぜ物語なのか？」につながる理論的な仮説を提供している。第２章
では、アセスメント〈の方法〉としての物語について議論を展開する。第１
に、学びをアセスメントすることの意義について、第２に、ナラティブ研究
としてのアセスメント実践について、そして第３に、「学びの物語」の革新
的変化について論じる。

　その後の４つの章では４つのテーマのそれぞれに焦点を当て、ナラティ
ブ・アセスメントが学び手のアイデンティティ構築にどのように寄与するの
かを検討し、過去10年の間に、以下のような要求や課題に「学びの物語」が
どのようにこたえてきたのかを描き出していく。第３章では、対話を育むと
いう課題について、第４章では、つながりをつくるという課題について、第
５章では、学びをとらえるという課題について、第６章では、知識や構えを
わがものとするという課題について取り上げる。しめくくりとなる第７章で
は、以上の４つのどの課題に取り組むにあたっても直面する、いかにバラン
スをとるかという問題、特に子どもたちが求める学びの機会をどう提供する
かという側面から考えていく。この課題は、「万人のための教育」に役立つ
アセスメント実践を目指す教育の専門家にとって決定的に重要な課題であり
続けるだろう。

◆1 「学びの構え」については、2001年刊行の前著では、「進んでやろうとする〈being ready〉、機会をとらえる〈being willing〉、することができる〈being able〉」という枠組みを用いて説明した（Carr 2001a, p.9）。この枠組みは、学びを分析するために使用された（一般的議論としては p.24、具体的なプロジェクトについては p.124 参照）。前著においては、ある1つの物語の中で、「進んでやろうとする、機会をとらえる、することができる」の3つのいずれについても、前景化することが可能だと述べていた。これはローレン・レスニックによる批判的思考〈critical thinking〉（Lauren Resnick 1987, p.40-42）や、ハーバード大学の「プロジェクト・ゼロ」におけるデビッド・パーキンス、エイリーン・ジェイ、シャリ・ティシュマンによる「思考の構え〈thinking disposition〉」（David Perkins, Eileen Jay, Shari Tishman 1993）の枠組みを活用したものである。

　　また、同じく「プロジェクト・ゼロ」のロン・リッチハートは『理知的性格：その定義、重要性、身につけ方』と題する本でこれらのアイディアをさらに拡張して、「することができる」を「知識とスキル」と言い換えている（Ron Ritchhart 2002）。本書では構え（進んでやろうとすることと機会をとらえること。あるいは、熱心さと機会に対する感受性）と、知識との密接な絡み合いについて書いてきた。ここで言う知識とは、「何かを知っている」ことだけでなく「どのようにして知るかを知っている」こととしてとらえている。言い換えれば「教科に関連する」知識だけでなく、「学びの構えに関連する」知識（例えば、他者を活動に迎え入れる方法を知っていることは、他者と一緒に活動するための構えの主要な要素である）をも含んだものとしてとらえている。これは、幼児期から小学校にかけての子どもに関する、他の研究者との共同で行った事例研究プロジェクト『形成途上の学び：乳幼児期から小学校にかけての保育・教育における学びの構えとデザイン』から生まれた考えである（Carr, Smith, Duncan, Jones, Lee, Marshall 2010）。この本の章タイトルの1つでもある「学びの構えとポジション」という2つの視点を結びつけることによって、教科に関連する知識を明確にアセスメントしなければならない学校現場の実践者たちにとって有益な「分割スクリーン」法による分析について書くことができた。「分割スクリーン」法による教育という概念は、ガイ・クラックストンによる専門性開発ワークショップで実践者らに紹介されたもので、筆者らはそれを参考にしてアセスメントへ応用、発展させた。詳しい議論はクラックストン、チェンバース、パウエル、ルーカスの研究（Claxton, Chambers, Powell, Lucas 2011）を参考されたい。

◆2 このカリキュラムに関する他の情報については、2003年にジョース・ナタルによっ

て編集された『テ・ファーリキを編纂する』（Joce Nuttall 2003）と、リンダ・ミラーと
リンダ・ポンドの著書『乳幼児期から小学校にかけての学びの理論とアプローチ』
（Linda Miller, Linda Pound 2011）の中の、アン B. スミスによる「テ・ファーリキ」に
関する章（Anne B. Smith 2011）を参照のこと。

◆3 『ケイ・トゥア・オ・テ・パエ 実践集』シリーズ（全20巻）の第 1 巻において、ア
セスメントは、「気づくこと〈noticing〉、認識すること〈recognising〉、応答すること
〈responding〉」と定義された。筆者らはキャロリン・ジョーンズとともに、このシ
リーズを編集執筆した（Carr, Lee, Jones 2004, 2007, 2009）。第 1 巻で筆者らは次のよう
に書いた。

　　本プロジェクトで、学びのためのアセスメントとは、「気づくこと、認識するこ
　と、応答すること」ととらえた。こうした説明は科学の授業に関するアセスメント
　についてのブロンウェン・コウィーの著作から引用した（Bronwen Cowie 2000）。こ
　の概念は彼女の著作の中に登場する実践者らにとって有効であったように、私たち
　にとっても有効であることが明らかになった（2004, p.6）。

　筆者らはこの 3 つの過程を、順々に現れるフィルターという比喩を使って説明し
た。すなわち、保育・教育現場の実践者は子どもたちとともに活動する中で非常に多
くのことに気づく。次に気づいたことの中に「学び」があることを認識する。そして
「学び」と認識したことに対して選択的に応答する。こうした定義をした後に、私た
ちは 2 つのフィルターを追加した。記録することと再訪することである。本書ではい
くつかの箇所でこのブックレットシリーズを参考にしている。第 1 ～ 9 巻は2004年、
第10～15巻は2007年、そして第16～20巻は2009年に刊行された。これらは全てニュー
ジーランド教育省のウェブサイトで閲覧できる（http://www.lead.ece.govt.nz/EducateHome/
learning/curriculumAndLearning/Assessmentforlearning/KeiTuaotePae.aspx）。『ケイ・トゥ
ア・オ・テ・パエ 実践集』と「テ・ファーリキ」に関する展開の詳細については、
雑誌『アセスメント問題』第 1 巻（Carr 2009）と、気づくことに関する興味深い著作、
ジョン・メイソンの『あなた自身の実践を自ら研究する：気づくための練習』（John
Mason 2002）を参照されたい。

◆4 本書では、知識や構えの「蓄え」を言い表す時に funds ではなく、stores という
言葉をあてている。2001年刊行の前著では、「進んでやろうとする、機会をとらえる、
することができる」の 3 つの柱のうち「することができる」の部分を「スキルと知識
の funds」として説明した（Carr 2001a, p.123-4 参照）。そして子どもが自身の学びにつ

いて持つ視点を研究した9園の実践者とのプロジェクトでは、「知識の funds 」に対応させて、「構えの funds 」という言い方を提案した。しかし、「知識の funds 」という言葉には、先行研究によって次のような独自の意味が付与されている。すなわち、「私たちは、『知識の funds 』という言葉を使って、歴史的に蓄積され、文化的に発展してきた集合体——家庭生活や個人の自立、および幸福にとって不可欠な知識とスキルの集合体——を表している」と定義されている（Moll, Amanti, Neff, González, 1992, p.133; González, Moll, Amanti 2005, p.169）。つまり、この言葉は、子どもが家庭から学校（就学前教育も含む）に携えてくる知識とスキルを表すものとして使われるようになったのである。*

＊ ここで説明されているように、原書では「蓄積された知識や学びの構え」を一般的に指す際には「stores」が使われ、「子どもが家庭から学校に携えてくる知識やスキルの蓄え」には「funds」が使われることで、両者は明確に区別されている。「funds of knowledge」という専門用語には、家庭から持ち込んでくる知識やスキルは、一人ひとりの学びが発展していく際の源泉や手がかりとなるものとして、学校などで積極的に活用されるべきであるという意味合いが含まれている。M. カーは「学びの物語」は今日では家庭とのパートナーシップを提供するものに変わり、両者を区別する必要がなくなったという理由から、2019年刊行の著作では上記の使い分けをせず、全て「funds」と表記している（Carr, M., Lee, W. (2019). *Learning Stories in Practice. Sage.*）。そうした趣旨を踏まえ、本訳書では「stores」と「funds」のいずれも「蓄え」という語をあてることとした。（大宮）

第2章
Why story?

なぜ物語なのか？

Box2.1

> 　新しい指標を使って「学びの物語」を書きはじめた時、私を本当に夢中にさせた物語は、大抵1つ以上の指標を見出すことのできる物語であることに気づいた。ここで重要なことは、教育者としての私自身について、そしてまた私が何を大切にし、何を教え、何を意味ある学びとして認識しているのかということの間にあるつながりについて、より多くのことに気づくようになったという事実である。このことは、次の2つのこと——この2つはつながっている——を可能にしている。まず、このプロセスは私たちに教育者としての力を与え、私たちは自らの価値観、態度、信念を探究し、実践を分析し、その個々の内容を批評し、私たちがしていることが私たちの価値観にとってなくてはならないものかどうか判別できるようになる。そして、そうすることで、私たちは私たちの実践を形づくることが可能になるのである（ニッキー、1年生と2年生の合同クラスを担当する実践者）。

　ニッキーは、先の章でアバゲイルについての物語を書いたイボンヌ S. と同じ実践者による研究プロジェクトに参加する実践的研究者〈teacher researcher〉である。ニッキーとイボンヌは自分たちの授業で「学びの物語」を使っていた。本章では、本プロジェクトを含む様々なデータをまじえ、アセスメント実践としての「学びの物語」の可能性を概観する。本章での考察には3つの側面がある。第1に、学びのためのアセスメント、第2に、ナラティブ研究としてのアセスメント実践、第3に、「学びの物語」の革新的変化、である。

1　学びのためのアセスメント

　「学びのためのアセスメント」に関する研究の最も包括的なレビューは、ロンドン大学キングスカレッジのポール・ブラックとデュラン・ウィリアムが実践者に向けて刊行した「ブラックボックスの内側：授業アセスメントを

通した基準の向上」の要約版である（Paul Black, Dylan Wiliam 1998a）。ブラックとウィリアムは、学びのためのアセスメントに言及しつつ、次のように述べている。

　「アセスメント」という用語は、教師たちによって行われる全ての活動、そしてまた自分自身をアセスメントする生徒たちによって行われる全ての活動を指している。それは、彼らがしている教えたり学んだりする活動を修正するためのフィードバックとして使用される情報を提供する。アセスメントで得られたエビデンスがニーズに合致する教育活動になるように使われる時、そのようなアセスメントは「形成的アセスメント〈formative assessment〉」になる（p.2 強調は原著者による）。

　形成的アセスメントに関する250の情報源からなる確かな研究や研究レビューが詳細に分析された。彼らは、分析した全ての研究が「形成的アセスメントの実践を強化することを伴う様々な改革は、いずれも統計的に有意な、そして多くの場合実質的な学力の向上を生みだす」としていることに注目する（同上書, p.3）。また、多くの研究が「形成的アセスメントの改善は、他の子どもよりも（いわゆる）成績の低い子どもに役立つ」ことを示していると言う（同上書, p.4）。レビューでは、こうした改革のための「専門性開発と支援の持続的なプログラム」の重要性についても強調しており、「教えることと学ぶことにおける継続的で根本的な改善はこの方法でしか起こり得ない」とコメントしている（同上書, p.15、同様に Black, Wiliam 1998b 参照）。

　こうしたアイディアを実行する方法を研究するためにウィリアムらが中等学校教師とともに進めたその後の研究によれば、実践時における形成的アセスメントの主な特徴は、質問すること（教師と生徒双方による）、フィードバック、学び手と評価基準を共有すること、自己アセスメント、そして「親、ポスター、プレゼンテーションを含む」とするカテゴリーが一般的になっていることだった（Wiliam, Lee, Harrison, Black 2004, p.54）。『ブラックボックスの内側で働く』と題された別の要約小冊子では、どんな変化が見られたかを調査している（Black, Harrison, Lee, Marshall, Wiliam 2002）。

まず教師たちは、より注意深く生徒の話を聞くようになったし、学びというものは「学び手が自分自身で能動的に理解をつくりだしていく」プロセスにおいて生じるということをより明確に理解しはじめたと言う（2002, p.15）。一方生徒たちは、「具体的な例示を通して、よい学びとはどのようなものであるかを理解」したり、「明白に言い表されないことが多い事柄についても、暗に意味されていることを明るみに出し認識するようになった」りした（2002, p.15）。さらに著者らは、学びの阻害要因に関するキャロル・ドウェック〈Carol Dweck〉の研究を引用し、教室文化につなげて考察している。教室文化が、自我への関与〈ego involvement＊〉を奨励する時、生徒は自分の能力と成績への評価に焦点を合わせる。文化が課題への関与を促す時、生徒たちはやるべき課題と改善への努力に焦点を合わせる。ブラックらは、「一般的に、報酬や成績として与えられるフィードバックは、課題への関与よりも自我への関与を高める。……どのようにする必要があるかに焦点を当てるフィードバックは、自分はもっとよくできるようになるという確信をどの子にも与えることができる」（2002, p.19）と結論づけている。

　より小さな子どもたち（イギリスの5歳から7歳の小学生）を対象にした形成的アセスメントについて書かれた次の文献でも、ドウェックらの研究が引用されている。ハリー・トーランスとジョン・プライヤーは、小さな子どもたちは、能力や努力、よい学びのための基準についての考えをまさに発達させているところであり、外的な報酬を与えたり与えなかったりすることを通して行うような形成的アセスメントは、その発達を支援しないと指摘した。

　　この調査の対象となった子どもたちはまだ幼い（最年長で7歳）。何がよい
　　学びを構成するのかについての経験は限られており、困難、能力および努力
　　を区別する能力は、少なくとも、未発達である。外的な報酬を与えたり与え
　　なかったりすることを通じてよい学びかどうかを伝えることは、簡単で便利

＊ C. ドウェックは ego-involvement について「課題の出来映えなどによって左右されるような自尊心の持ち方」と説明している。ここでは「結果志向」とほぼ同義と解釈してもよいだろう（Dweck 2000）。（大宮）

なやり方ではあるが、それは子どもたちが基準そのものを自らの視点から問い直して考えることを奨励していないことを意味している（Harry Torrance, John Pryor 1998 p.105）。

キャロル・ドウェックは、『マインドセット』と題する彼女の本のはじめの箇所で、難しい課題を楽しむ子どもたちについて、次のように述べている。「この子どもたちは何を知っていたのだろうか。それは、知的技能などの人間の資質は努力によって培われ得るということだった」（Carol Dweck 2006, p.4）。子どもたちは、自ら難題に立ち向かい、努力や失敗や粘り強く取り組むことが重要だと認識していたのだと言う。

筆者らの研究や専門性プロジェクトに参加する実践者たちもまた、学び手はいかに可能性に満ちた自己像を構築していくかを明らかにしていくために、理論的な文献を読み、今進めている研究と先行研究とをつなげている。気に入った文献は、自分たちが作成する「学びの物語」の中にもしばしば引用される。第1章では、カレンH. はキアの学びの文脈を説明するためにガイ・クラックストンの論文「学びは学ぶことができる」（Guy Claxton 2004）に言及した。メリッサはケイラの「学びの物語」の中で成長のマインドセット〈growth mindset〉についてのキャロル・ドウェックの研究を取り上げた（**学びの物語2.1**）。彼女は、学びの分析の中で、ドウェックの見解を引用しながら、心の揺れを乗り越えることで知性を成長させることをいとわない子どもたちについてコメントしている[1]。

カレンH. が2年前に作成した予期せぬ雨降りを楽しむケイラの別の「学びの物語」には、ミハイ・チクセントミハイの著作から次の部分が引用されていた。「優れた科学者は、優れた芸術家のように自分たちの心をワクワクと自由に歩きまわれるような状態にしておかないと、新しい事実や新しい関係を発見することはできない。と同時に、あらゆる目新しいものは批判的に見極めることができなければならない……」（Mihaly Csikszentmihalyi 1996, p.361）。実践者たちは、長期にわたる子どもたちの学びについての実践者自身による解説と合わせて、こうした様々な書き手や研究者の言葉を引用することで、この保育施設が大切にしている哲学をも個別の実践事例と分かりや

成長のマインドセット

マインドセット——成功の新しい心理学

「成長のマインドセットの考え方においては、人々は自分たちの最も基本的な能力は献身的な努力と勤勉によって開発され、頭脳や〈素質としての〉才能は出発点に過ぎないと信じている。この見方は、学ぶことへの愛と、大きな達成のために不可欠なレジリエンスを中心的問題ととらえています。事実として、全ての偉大な人々はこれらの資質を持っていました」

（キャロル・ドウェック　mindsetonline.com より）

　テ・ファレ・アオトゥロアには台座の上に立っている木の像があります。この像は、子どもたちがアート活動をする時、人間の姿を視覚化するために使用します。私が何か他のものを移動させている間に、しばらくそれをテーブルの上に移動させたことがあったのですが、ケイラはその使い道にとても関心を持っていました。子どもたちのあるグループが私たちの話を聞くために立ち止まったので、私は芸術家が描きたい形になるようどのように腕や足を動かすかを彼らの前でやって見せました。私たちは身体の様々な部分について話し合い、それから私が子どもたちに「やってみる?」とたずねたところ、全員が外に向かうことを選びました。すばやく、1枚の紙と鉛筆を見つけてきたケイラを除いては。

　ひとりで取り組む中で、ケイラはすぐに、自分の人物像に頭、首、上半身、下半身、腕と脚を描き込みました。彼女はスケッチを追加するたびに手を止めては木の像を研究し、必要な次の形状を決めました。

　すぐにケイラは最初の像の描画を完成し、2枚目に取りかかりました。もう一度、彼女は高い集中力で取り組みました。

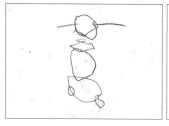

·················· **ケイラにはどんな学びが生まれているのでしょうか?** ··················

　ここグリートンの実践者たちは、しばらく前からキャロル・ドウェックの理論に非常に関心を持っていました。日々、私たちがここミッチェル通りの子どもたちと行っている活動の中に、私たちはキャロル・ドウェックが「成長のマインドセット」と呼ぶものの実例を見出しています。そこでは、子どもたちの知性というものを、拡大し続けるスキルや知識のレパートリーとして考えるのです。

　今日、私は、この構えがケイラの中に姿を表しはじめるのを見ました。木の像への気づきや関心をもたらした彼女の好奇心は、彼女が新しい状況において学び手になる可能性を切り開きました。これはすばらしいことだと思います。部屋にいた他の子どもたちが、おそらく様々な理由から挑戦せずにその場を離れていったことに気づいても、ケイラは影響されることなく、彼女の意欲はもっと高まってさえいました。彼女は彼女自身の学びの主人公であることを示しました。ケイラは、像を描くことを通して、勇気、独立性、優れた数学的スキルを示しました。私はこの取り組みが、次に彼女をどこへ導くのか、見ていきたいと思います。彼女は像を描く腕を磨き続けるのでしょうか?

実践者:メリッサ　　　　　　　　　　　　　　　　　　　　　**8月**

すく結びつけながら描き出している。ポートフォリオは、その学ぶ環境が継続的に保持している目的や価値観を反映している。価値のある学び手の資質とそれらの資質を引き出し支援する実践とはいかなるものであるのかを、家族とケイラに伝えているのである。

　小学校の実践者ニッキーと彼女の同僚スージーは、受け持ちの子どもたちに、キー・コンピテンシーを参考にして「よい」学びへの理解を深めていくことを促した(第1章 p.47)。彼女たちは、キー・コンピテンシーの指標を開発する段階で子どもたちと話し合いを持った。このキー・コンピテンシー

はその後2007年に策定された学校カリキュラムで必須となった。１年生と２年生の合同クラスに所属する５歳から６歳の子どもたちが、キー・コンピテンシー「他者と関わること」についてブレーンストーミング〈brainstorm 集団でアイディアを出し合う発想の誘発方法〉をして以下のリストを開発した。自分が扱ってほしいように他者を扱う。人々を参加させる。自分を助けてくれる人々に感謝する。新しく来た人の隣に座る。人々に耳を傾ける。はじめての来校者に学校の中を見せてまわる。子どもたちはこのリストを自分たち自身で考え、つくりだした。そうすることで、前章で概説したワーチの定義通りの意味で、わがものとしたのである。ニッキーはまた、校内の他の実践者とも意見交換を続けた。この研究プロジェクトの最終報告で、ニッキーは次のようにコメントしている。

　もし、各学校の実践者たちが（自分たちのコミュニティと意見交換しながら）学校の価値観、実践者の価値観、およびタマリキ〈tamariki〉［子どもたち］の価値観を反映した独自の指標を開発するならば、この取り組みがどれほど力強いものとなり得るかを想像してみてほしい（Carr, Peters, Davis, Bartlett, Bashford他 2008, p.18）。

　スージーが書いた **Box2.2** の「学びの物語」は、「自ら参加したり力を発揮したりする〈participating and contributing〉」という別のキー・コンピテンシーについて行われたブレーンストーミングの記録である。ここからさらに新たな教育課題が生まれ、実践は継続していった。
　「収束的」であるか、それとも「拡散的」であるかという形成的アセスメントの区別はトーランスとプライヤーによってつくられた（Harry Torrance, John Pryor 1998, p.152-9）。収束的アセスメント〈convergent assessment〉は主に教師によってなされる。それは、あらかじめ決められたことを学び手が「知っているかいないか」「理解しているかいないか」、あるいは「できているかいないか」を判定することを目的にはじめられる。教師が詳細な計画を立て、その通りに進めようとするところに特徴がある。チェックリストやキャンドゥ・ステイトメント〈can-do statements 生徒の能力や技能を「〜する

Box2.2 ▶巻頭資料 p.i ①

「参加」ってどう見える?

スージーによって書かれたクラスの「学びの物語」

今日、私たちは学校全体で取り組んでいる「参加」について子どもたちと対話しました。はじめに、私たちはこの言葉の意味について話しました。辞書で調べてから、今度は子どもたちにこの言葉について自分が考えたこと、コメント、実例、疑問を出すよう促しました（ブレーンストーミングしたポスターを見てください）。何人かの子どもたちは、何か新しいことに挑戦すること、何かやってみよう

とすること、何かに参加すること、他の人を助けようとすること、などと発言しました。……私たちは、子どもたちがゲームへの参加をどのように感じていたのか議論し、今学期は、新しいことを試みることについてさらに話し合い、ワークショップを終えました。多くの子どもたちはすでに、「参加」という言葉を文脈の中で使いはじめていました。

参加ってどんなふうに「見える」?

女の子と男の子が
なんでも一緒にやってる
何かをやっている中に入っていく
話し合っている　片づけている
女の子と男の子がダンスしてる
一緒に働いて&協力している
お互いに助け合っている
シェアしている　人々ががんばっている

················分析··················

子どもたちはコンピテンシーの言葉を、参加をめぐる対話を通して自分たちなりに解釈し理解を深めていき、実際に使うようになっていきました。このことは、彼らが参加について出し合った疑問、コメント、何を学んだのか、あるいは発見したのかについての事例に示されていました。こうして「キー・コンピテンシー」の手がかりが浮き彫りになりました。

···················考えられる次のステップ···················

翌週も引き続き「参加」という言葉を探究し、いつもはしない何かを試みようと思います。[翌週のクラスでは、実際に、通常参加しない活動に取り組んだ。子どもたちはそこでどんなことを感じたのかブレーンストーミングをした。（ホワイトボードの記録 参照）スージーはクラスの物語の中で、この出来事について書いている]

参加ってどんなふうに「感じる」?

すごい&いいもの　パワーがある
それが好きだった　幸せ　少し緊張する
かっこいいって感じる
それはすっごくいい
ワクワクする
超すごい　少し恥ずかしい
何か難しいことをするっていいこと

ことができる」のような箇条書きで示した文章。学習到達目標を設定する際に用いられる〉による記録はその典型例である。そもそも答えが1つとされているか、たとえ多様な答え方があり得るというオープンな体裁をとっていたとしても、その課題を設定し、最終的に何が正解かを決めているのはやはり教師である。

　拡散的アセスメント〈divergent assessment〉は、主に教師と子どもたちとの間の協働によって行われている。それは、学び手が「何を知り」「何を理解し」「何ができるのか」を発見する目的ではじめられる。その特徴は、フレキシブルな計画、あるいは変更の余地を組み込んでいる複雑な計画であり、（ナラティブや〈子どもや親の声の〉引用などの）オープン形式の記録であり、テストで正解を出すのではなく、教師と子どもが話し合いながらともに「助け合って答えを探っていく」ような課題が大部分である。

　こうした区別は、第1章で紹介した「応用が利く専門性〈adaptive expertise〉」の2つの主要な次元に対応したものと言えるかもしれない。知識と構えが複雑に絡み合った専門性のうち、拡散的アセスメントを通じてはなんらかの発明を生みだす「革新性」が、収束的アセスメントを通じては特定の方法を何度も繰り返すことで身につく「効率性」の獲得が促される。ジョン・プライヤーとバーバラ・クロソードは、アイデンティティに焦点を当てて、次のように述べている。

　　形成的アセスメントは、教師と学び手がよい学びとは何かについてなんらかの判断を下すことによって、子どもの学びに応答しようとする時になされるものと見なされている。しかしながら、学びをアイデンティティ構築と結びついたもの（Lave & Wenger 1991; Holland 他 1998）と認めるということは、学び手が、第1に、あんなふうになってみたいという自己像を抱き、それまでやったことがないふるまいや行動にあえて踏み出していくことを支える憧れにひらかれたアイデンティティ〈aspirational identity〉を新たに構築していくこと、第2に、自分がそうすることはその場において正統と見なされていると認識することを、形成的アセスメントの相互作用として想定するということである。そこで何が正統と見なされるかは、制度的言説やアセスメント

が何を求めるかによって強固に枠づけられている（John Pryor, Barbara Crossouard 2008, p3）。

「小さな科学者」と題された物語（**学びの物語2.2**）では、レイラニがあたかも自分が科学者であるかのように立ちふるまう今までにない方法に熱心に

学びの物語2.2　　　　　　　　　　　　　　　　　　　　▶巻頭資料 p. iii ②

小さな科学者

　「サイエンス・アライブ〈Science Alive 科学に関するプログラムやワークショップを市民に提供するニュージーランドの公益信託（www.sciencealive.co.nz/）〉」で、みんながすばらしい1日を経験しました。はじめに、私たちは教室でいくつかの実験を行い、それから話し合いをする場所に行きました。レイラニ、私はあなたが全ての実験に熱心に参加し、浮かぶことと沈むこと、固体と液体、気体と溶解についての難しい質問に答えることができるということに気づきました。お手伝いに入っている親から何かをするように頼まれた時、あなたは慎重に指示に従っていました。そして、観察したことについてじっくり考え、他の人と共有していました。

·····················これは何を伝えているのでしょうか?·····················

　これは、あなたがあなたの学びに積極的に参加していること、そしてあなたが全ての活動に参加しようとする意欲を持っていることを示しています。あなたは他の子どもたちと本当によく取り組みました。自信を持って質問に答えるためにあなたがすばらしい思考スキルと、「心の習慣：止まって、そして考える」を使ったことに私は感動しました。よくやりました、レイラニ!

·····················次のステップ·····················

　あなたはまわりの世界について興味津々で、もっと学びたいと思っているでしょう。図書館で何冊か興味深い本を見つけることができるかもしれません。私たちは科学的なテーマをもっと取り上げ、年間を通して実験していきますので、その時にはまた、あなたが自分のすばらしい考えをまわりの人と共有していくことを楽しみにしています。

レイラニの声

私はサイエンス・アライブがとても楽しかったです。

親の声

レイラニは「サイエンス・アライブ」への訪問について、あなたに何か伝えましたか?

そうですね、レイラニは「サイエンス・アライブ」に出かけたことについてとても詳しく伝えてくれましたし、家に来る人みんなにも話していました。レイラニは、「サイエンス・アライブ」が本当に好きで、車でそこを通ったり、日帰り旅行の相談をする時は、いつもそこに行きたがります。レイラニは、世界のこと、どのように物事が動いているのかということについて興味津々です。

取り組んだ過程が、ナラティブな記述によってくっきりと描き出されている。レイラニが構築している可能性に満ちた自己像〈possible self〉、あるいは自分もあのようになってみたいという憧れにひらかれたアイデンティティ〈aspirational identity〉について書いた実践者が、それらを正統なものだと見なしていることは明らかである。加えて指摘したいのは、わが子の関心と好奇心について書かれたこのアセスメントを喜んで受け止め、「親の声」の欄に、レイラニは科学の校外学習について「とても詳しく」報告することができたと書いた彼女の家族もまた、レイラニが構築しつつある新たな自己像やアイデンティティを正統で価値あるものだと見なしているということである。

　ニュージーランドの教育省のために準備された2009年の文書「ニュージーランドにおけるアセスメントの方向性」には、「有効な解釈と判断」について説明している章がある。そこには次のように書かれている。

　　私たちが妥当である〈valid〉という用語を用いる時、行われた記述的〈descriptive〉（点数、レベル、観察など）解釈・推論と、指示的〈prescriptive〉（次に何をするか）解釈・推論の双方が、それらの結果において正統であると認められることを意味する。検証の対象となるのは試験、点数、あるいは観察から生じる決定や行動であって、試験、試験の点数あるいは観察そのものではない。も

し記述的な部分はよいが、指示的な部分は貧弱な場合（言い換えれば、生徒の成績は正しく判定されているが、その結果として生じる決定が学びにとって有害である場合）、またはその逆の場合、そのアセスメントは妥当性を欠いている、ということになる。妥当性は意思決定プロセスの両方の部分の働きなのである。私たちは、蓄積されたデータが実際に解釈を行ったり判断を下したりする時に支えになるかどうかに関心がある。最終的には、十分な情報にもとづく専門的な判断にかかっているので、実践者のアセスメント能力を強くするための努力をすればするほど、そして実践者がもっと生徒のアセスメント能力を強くする努力をすればするほど、解釈や結果として生じる行動がより妥当になることが期待できる（Absolum, Flockton, Hattie, Hipkins, Reid 2009, p.33）。

　本書で筆者らが明らかにしたいと考えている〈アセスメント実践としての「学びの物語」の〉意義については、前章で導入した学び手のアイデンティティにまつわる4つのテーマに沿って次章以降論じていく。すなわち、行為主体性と対話、場と場の境界をまたいでつながりをつくること、継続している学びをとらえ、何度もとらえ直すこと、そして、徐々に複雑さを増す多様な方法を駆使して知識と学びの構えをわがものとすること、である。筆者らは、これら4つの成果を、いかなる教育的な場においても学び手と学びの環境との「中間に」あるものとして位置づけた。これらのプロセスを支えるアフォーダンス・ネットワーク[2]は、保育・教育現場の実践者、子どもたちがそれまで学んできたことや抱いている期待、作成された様々な資料（ポートフォリオ、テスト、証明書、チャートやグラフといった形をとった様々な情報やアセスメント実践）、実践者－学び手の関係における互いの位置づけられ方、決まった日課や課題、そして保育施設や教室といった保育・教育の実践現場を越えたより広いコミュニティ（学校、家族、社会そして経済）を含んでいる[3]。アセスメント実践は、次のようなことに影響を与えるだろう。イニシアチブや対話の機会を与えるか拒むか、外部に開かれているかどうか（他の視点や他のコミュニティを取り入れるか無視するか）、正統で長期的な視点から学びの今後の道筋をとらえることを強めるか妨げるか、学びの複雑さを認めて励ますかとらえやすい学びや狭義の学びだけに焦点を当てるか、である。

2 ナラティブ研究としてのアセスメント実践

　ポール・ブラックらの研究グループも、これらの学びの戦略と構えのアセスメントについて言及している。「学び方を学ぶ〈Learning How to Learn〉(LHTL) ためのアセスメント」プロジェクトでは、子どもたちの「LHTL」の発達をアセスメントすることに焦点を当てた2つの課題からなる一連の取り組みを分析した (Black, McCormick, James, Pedder 2006)。そして「通常の授業の中でLHTLの達成を識別できる有効な指標を開発すること、つまり教師たちから見れば、こうした指標を使って生徒たちの取り組みを長期的・文脈横断的に見たランニング・レコード〈running record〉を記録していくことがよりよい代替案となるだろう」とし、それには質的方法がふさわしいとの結論を導き出している (p.130)。筆者らは、この文脈横断的な「ランニング・レコード」という概念を、学びについての一連の物語と読み替えている。物語「まさに研究者そのもの！」(**学びの物語2.3**) の中には、乳児のころのアレックスが「LHTL」方略を学ぶ様子が記録されている。

　「学びの物語」をテーマにした2001年刊行の前著 (Carr 2001a) では、実践者は様々な文脈を通して自分の生徒を知るようになっていくこと、そして「短いナラティブ」は一人ひとりの子どもが何を達成したかを丸ごと描き出すことができるという筆者らの考えを例証するために、芸術家であり教育批評家であるエリオット・アイズナーの著作から次の箇所を引用した。

　　教師たちは生徒たちの質問の質、生徒の答えに含まれた考察、彼らが学業において示した熱中の度合い、他の生徒との人間関係の質、彼らが到達した創造のレベルを理解できる立場にある。これらのことやそれ以外の人間性に関わるあまたの特徴は、教師だからこそ知ることのできる質的な情報である。

学びの物語2.3

まさに研究者そのもの!

アレックス　　　　　　　　　　　　　　　　　　　　　　　　　7月

　アレックスは水たまりに大きな情熱を持っており、それらを猟犬ブラッドハウンド〈ベルギー原産のセントハウンド犬種の1つ〉のように見つけることができます!

　アレックスが特に強い関心を持って研究しているのはただの水たまりではなく、泥だらけの水たまりです。彼の研究スタイルは、関心を持った対象にできるだけ近づく、というものです。そして調査を徹底的に進めるために、手元にある全ての資源を使います。中でも最も重要な研究ツールは自分の手であり、彼は水たまりを手でバチャバチャさせることが大好きです。濡れることも、写真のように泥だらけになることも、全く気にしません。アレックスは自分の感覚から得た水たまりについてのたくさんの情報を手がかりに、水の特性 —— 濡れていて、滑りやすく、つかむのが難しく、土と混ざると泥んこの材料になる —— を識別しているのです。アレックスはこれらの自然の創造物について、もっともっと学ぶ必要がある!　と感じているようです。

生徒が何を学んでいるのか、学年がはじまってからどの程度の進歩を遂げたのかを理解する際に真っ先に拠るべき情報源は、教室での生活の中で姿を現すこうした特徴でなければならない。

　私たちは研究者として、教師がこのような特徴に体系的に注意を払い、短いナラティブを綴ることで、標準化されたアチーブメントテストのB+や82点よりもはるかに豊かに、生徒が何を達成したかをとらえることができるように、実践をデザインする必要がある（Elliot Eisner 2000, p.350-1）。

　アイズナーは、以下の学びの成果を強調している。洞察に満ちた答え、高いレベルの関与、質の高い関係と想像力。これらの成果は、知識と構えの複雑な絡み合いからできている。

研究者としての実践者、ナラティブとしての研究

　実践的研究者〈teacher researcher〉——そして日常的に研究的視点を持って実践している実践者——の重要性を認める意識の高まりは、実践的研究者と大学に勤める研究者がともに教育実践を調査し理論化していくアクション・リサーチあるいは実践者による研究プロジェクトの急速な増加に反映されている。マリリン・コクラン–スミスとケリー・ドネルは、「実践者による研究〈practitioner inquiry〉」という用語を、「実践者が研究者であり、実践者としての専門性が発揮される文脈が研究の場であり、実践そのものに研究の焦点が当てられるような一群の教育実践研究の分野」と定義した（Marilyn Cochran-Smith, Kelly Donnell 2006, p.503）。筆者らは、実践者による研究プロジェクトに参加している実践者が理論をもつくりだし、発展させていくのを目の当たりにしてきた。コクラン–スミスとドネルは、「実践者は教育と学びについての重要な知見（大文字ではじまるKnowledge）を構築する権限を持つ者に含まれる」（p.508）とつけ加えており、筆者らはこれに同意する。ダビッド・グリーンウッドとモートン・レビンは、「アクション・リサーチによる改革について」の中で、次のようにコメントしている。

　　アクション・リサーチは、民主的な調査を通じて——つまり専門の研究者が地域の利害関係者［筆者らの問題関心で言えば保育・教育の場における実践者ら］と協働して利害関係者にとって重要な問題への対応策を探り実行していきながら——与えられた固有の文脈にとって適切な問題の解決を目指す。私たちはこれを共同生成的研究と呼んでいる……研究の専門家はその地域以外の関連する事例や関連する研究方法についての知識や研究プロセスを組織する経験を持っていることが多い。当事者は、今直面している問題とそれが発生した状況を広範かつ長期的に把握しており、足りない情報の入手方法と入手先についても承知している（Davydd Greenwood, Morten Levin 2008, p.72）。

　筆者らが参加してきたアクション・リサーチ・プロジェクトでは、実践者たちはしばしば自らの観察に対して省察的なコメントを加えたが、その際、

「外部」の研究者が持ち込んできた理論の中に、自分たちが「今直面している問題」に何かしら役立つものがあると感じた場合は、そうした理論にも積極的に言及した。例えばロレーヌは、アクション・リサーチ・プロジェクトの一環として行われた省察の中で、学びを潜在的に枠づける「制度的言説〈institutional discourse〉」について論じたプライヤーとクロソードの言葉を引きながら、「学びの物語」には、自分たちの考え方を枠づけている「制度的言説」を、実践者自身が「明るみに出す〈figure out〉」ことを可能にする役割があるとして、次のようにコメントしている。

　　ナラティブの実践や省察を数多く積み重ねることによって、私たちの施設を枠づけている文化——意味を明らかにし、作業理論を構築する方法として、調査研究を重視する文化——に身を置くことの意味を「明るみに出す」ことがずいぶんできるようになってきたと思います。私たちは、長い時間をかけて施設における基本的な力関係を変える努力をしてきました。今、子どもたちは、社会的につくられた集団という条件の範囲内で、自分の学びについては自分で決めるという立場に位置づけられています（ロレーヌ、実践者）。

カリキュラムの学びの成果に関連する解説の中で、アンディ・ハーグリーブスとショーン・ムーアは、成果が複雑である時には、教師と地域の関係者に大きな裁量権を与えるべきだと強く主張した。「そうすることによって、教師間のより強い同僚性の育成と、教えることと学ぶことのプロセスにおける生徒と親の民主的参加が生まれる」と（Andy Hargreaves, Shawn Moore 2000 p.27）。またこれは1990年代に書かれたものだが、オンタリオ州のカリキュラム——10の広範な「本質的学びの成果」を目指している——にもとづいて実践している教師たちとの共同研究について、「生徒の生活の中で成果を現実のものにし、学びを生徒の生活に適したものとする１つの方法は、学びの成果を生徒との間でオープンかつ明示的に共有することであった」（p.37）とコメントしている。こうした指摘は、先の１年生と２年生の合同クラスにおけるニッキーとスージーの授業を連想させる。筆者らは先に、ニッキーとスージーが新しいキー・コンピテンシー（その時点では試案の段

階だった）についてどう考えるか、１年生と２年生の子どもたちとともにブレーンストーミングした様子を見てきたが、彼女たちはその後、そこで出された意見のいくつかをキー・コンピテンシーの指標として、「学びの物語」の手引きの中に盛り込んだ。

　ジーン・クランディーニンが2007年に編集した『ナラティブ調査ハンドブック』の第１章は、歴史的ないわゆる「ナラティブへの転換」について、知識や知ることに関する従来の仮説と関連させながら解説している（Jean Clandinin 2007）。その１つが「客観性」である。すなわち、「ナラティブへの転換と『科学的』客観性との根本的な違いは、他の人々やその人々との交流について知るということは、常に、突きつめると、思いやり、好奇心、関心、情熱、そして変化を含む関係のプロセスであることを理解しているか否かという点にある」と（Pinnegar, Daynes 2007, p.29）。教室や保育施設は複雑な場である。それらは「考え深い取り組みを促すあいまいな目印しかない状況」という意味で「手がかりのない荒れ地のような」複雑かつ多様な環境として説明されてきた（Perkins, Tishman, Ritchhart, Donis, Andrade 2000, p.270）。次ページの「お話づくりの名手」は、〈出来事の〉解釈に参加する者の広がりを示している。例えばモリー本人は、自分はベストを尽くして書くこと、そして花について書くことが好きだということを実践者に書き取らせており、親はこの自己の現れの別の側面として、モリーが自宅でも短い文章を書いているとコメントしている（**学びの物語2.4**）。

研究することと物語ること

　ヴィヴィアン・ガシン・ペイリー〈Vivian Gussin Paley〉による長年にわたる幼児教育についての著作は、筆者ら２人にも、一緒に働いてきた実践者たちにも大きなインスピレーションを与えるものだった。彼女の本は、自己形成における物語の役割や、学びの理論と教え方との不可分な関わりについての説得力ある議論と実例を提供していた。彼女は子どもたちが口にした物語を聞き書きし、子どもたちはセッションの最後にそれらを仲間とともに演

お話づくりの名手

　毎朝、ルーム2ではお話を書く練習をしています。私たちは正しい文章の書き方を学んできました。モリー、水曜日の朝、私はあなたがいかによくやっているかに気づきました。あなたは、どんなお話にするかまず絵で筋書きを描き、それからすぐに文章を書きはじめました。

　私はあなたが自分の力で書くことができた3つの文章に感心しました。あなたは大文字の使い方、終止符やスペースの入れ方を覚えていました。そして、自分の書いた文章を読み直して、文章の意味が通るかどうかを確かめていましたね。あなたがたくさんの単語の綴りを学んでいること、他の単語を見つけるために単語カードを使いはじめているのを見てとても感動しました。よくやりましたね。あなたはなんて熱心な書き手でしょう!

　　　　　　　　これは何を私に伝えているのでしょうか?

　このことは、あなたが自分のお話を書くことにおいて自立性を育んでいることを教えてくれます。あなたは自分の考えを文章で明確に表現し、読者により多くの情報を与えるためにいくつかの考えをつなぎ合わせることができます(「心の習慣:明確にコミュニケーションすること」)。またあなたはとても「粘り強く」、いつも自分の仕事がきちんと完了したかどうかを確認しています。

　　　　　　　　次のステップ

　あなたは、もうすぐ絵で筋書きを描く必要がなくなるでしょう。そうすれば、はじめから自分のお話を文章で書けるようになるでしょう。私は今年度、たくさんの他の興味深いお話に出会えることを楽しみにしています。単語の綴りを覚えることもがんばってください。

モリーの声

　私はベストを尽くして書くことが好きです、そしてかわいい花について書くことが好きです。

親の声

　モリーは家でよくかわいらしい小さなメモを書きます。彼女は挑戦することが得意で、手助けを求めることはありません。モリー、あなたはとてもすばらしい書き手だわ!

じる。それら〈の物語〉は子どもたちとペイリーとの会話の中心になる。彼女は著書『子どもの仕事』において、学びに対する見方を明確にしている。

　　学校へのレディネス〈readiness〉というものがあるとすれば、それは、劇〈遊び〉から物語をつくりだし、さらにその物語から劇をつくりだしていく子どもたちのアイディアのほとばしり――それは、その子自身のものであると同時に友だちや家族や教師や本やテレビから生まれたもの――の中にまず見出すべきです。私が子どもたちに自分たちがつくったお話を書き起こし、舞台上で物語に生命を吹き込むよう頼んだ時、劇と分析的思考のつながりが明確になりました。この時子どもたちと私は、地面に栄養を与え、種子の包みを開けて、私たちの庭にアイディアとアイデンティティの花木を咲かせる準備をしているのです（Paley 2004, p.11-12）。

　こうして彼女は、物語とその後に起こることとの結びつきを明らかにしている。すなわち、子どもたちが「舞台上で物語に生命を吹き込む」と、劇と分析的思考の間のつながりが明確に表れてくると。一方、スージーとニッキーのクラスのポートフォリオには、子どもたちが「何か新しいことに挑戦する」ワークショップを実際に体験することを通して、キー・コンピテンシーの指標「参加」とは何かを明らかにしていったことが記録されている。物語ること〈story-telling〉のスキルと分析的思考は結びついているというペイリーの考えは、算数という教科で「学びの物語」を用いる効果に関する研究によっても裏づけられている（Perry, Dockett, Harley 2007）。
　発達心理学者のキャサリン・ネルソンらによる一連の研究は、家庭で過去の出来事について会話するなど、物語を話したり物語を共有したりしていた幼児たちは個人的記憶を発達させており、それがアイデンティティの構築に貢献していると主張した。ネルソンは、幼児の個人的記憶の構築に関する研究は、「子どもたちが他者と経験を語り合うナラティブを通じて、自分自身について学び、自己の物語を構築することを示している」と述べている（Katherine Nelson 2000, p.192）。エイミー・バードとエレイン・リースは、過去の出来事についての親子の会話の特質に関する諸研究を発展させ、ナラ

ティブと自己はいかなる形でつながり得るかを次のように描き出している。第1に、物語（およびそれらを発展させる会話）は、ある経験と自己との関連性を評価するための媒体を提供する。第2に、過去の物語について話すことで、感情的側面から「熱」を取り除くことができる。第3に、人称代名詞を使うことによって、物語は自己を他者に対置するものであることが分かってくる（「私の」経験は「あなたの」とは異なる）、第4に、大人は子どもが物語を解釈することを助けることができる（Amy Bird, Elaine Reese 2006）。第3章で紹介する「学びの物語」をめぐる実践者−学び手間のやりとりは、これらの調査結果が、家庭外の保育・教育の場における子どもと実践者との間にもあてはまることを示唆している。エレイン・リースらはまた、物語ることと読む能力の間の関連性について、次のように指摘している。

　　声に出して物語るナラティブのスキルのうち、読むという行為の予兆として最も有力な要素はナラティブの質であることが私たちの研究で明らかとなった。同様の年齢層で行われた先行研究は、声に出して物語るナラティブと読むことの間の関連を見出せずにいたが、より問題なのは物語の記憶について軽くふれるだけで、質に踏み込まなかったことである（例えば、Roth, Speece, Cooper 2002）。確かに特に就学前の年齢では、物語の記憶は声に出して物語るナラティブのスキルの重要な指標であろう……しかし小学校段階にもなれば、ナラティブの質もまた重要であることが分かったのだ。私たちの両方の研究において、読む行為と特に相関が見られたナラティブの質の側面は説明することであり、それは子どもたちが自らのナラティブにおいて、登場人物を紹介したり、時間的、因果的、位置的な情報を提供したりする能力を引き出すものである。ナラティブの中で説明的情報を使う子どもは、物語の筋で重要な文脈的要素と因果関係的、時間的つながりについての理解を示している。……学校環境におけるアセスメントは、子どもの物語の語り直しを一定程度阻害する可能性がある（Reese, Suggate, Long 2010, p.641-2）。

最終行の「学校環境におけるアセスメントは、子どもの物語の語り直しを一定程度阻害する可能性がある」の中に、小学校低学年における実践のため

に学ぶべき教訓がある。ニッキーとスージーの学校では、物語ることは一般化している。Box2.3 は、ニッキーが書いた 2 つの物語である。

Box2.3

ダイアナの物語 「今までやったことがなかったことをする」

··················ワークショップについて決定する··················

物　語 子どもたちがどんなワークショップに参加したいかを決めていた時、ダイアナが私のところへ来て「私はテ・レオ〈Te Reo〉［マオリ語］を選んだの、今までやったことがなかったことだから」と言いました。

分　析 前の週に、ダイアナは「参加」についてのホームベース［教室］討論に参加していました。そこで出されたアイディアの1つは、今までやったことがなかったことをすることでした。この物語は、ダイアナがこのことを念頭に置いて決定を下した事例です。

··················テ・レオのワークショップの初回··················

（4人の子どもの）物語 今日、テ・レオのワークショップの初回を開催しました。私たちはワイアタ〈waiata 歌〉を歌うことからはじめました。私はタマリキ〈tamariki 子ども〉のために楽譜に単語を書いて、みんなでいろんな母音を歌う練習をしました。詩の部分に来た時、私はアオテアロア〈Aotearoa〉の意味を思い出すために、小さな雲の絵を描きました。数回通して練習したあと、ダイアナは「紙とホッチキスで本をつくったら、その中に私たちの歌を書くことができるよ。そこに絵を入れたりその言葉の意味を書いたりもできる。自分でつくった本を見ながら、みんなで一緒に歌うことだってできる」と言いました。フェニックスが「それなら家でも練習できるね」とつけ加えました。私はすぐに1枚の紙を手にとり、子どもたちの考えを記録しはじめました。アイディアが次々と出て……本を飾るための貝殻などを集めるために浜に行くことがグループで決定されました。誰かが浜へ持っていくべき物のリストを書くべきだと言いました。ダイアナは暖かい服を着る必要があるかもしれない、5時30分のプライムニュースを見れば天気はどうなるのか……調べることができると言いました。

分　析 とても熱のこもったセッションでした。子どもたちはこのテーマに強い関心を寄せ、アイディアに満ちたブレーンストーミングをはじめ、以前に学んだこととのつながりをつくりました（ニッキーは、「学びの物語」の書式に書き込まれている「キー・コンピテンシー」に目を向け、これは学びの領域「学びの言葉〈Learning Languages〉」の文脈に位置づくものだと書いた）。

··················考えられる次のステップ··················

浜へ行くこと、本とクラスみんなのためのワイアタのコピーをつくること。

3 「学びの物語」の革新的変化

　「学びの物語」は、集団準拠あるいは目標準拠型のアセスメント実践ではなく、「アイデンティティに準拠する」アセスメント実践の１つであり（Carr 2005, p.46）、第１章ではこの見解の根拠について論じた。ニッキーは、「エンパワーされた学び手」を長期的な目標とするアセスメントについてコメントする際に、アイデンティティを参照するアセスメントについて説明している。

　　私は「学びの物語」と合わせて「キー・コンピテンシー」を使用することに快適さを感じます。合わせて用いることで、学びが生起するところをありのままにとらえることができるからです。「キー・コンピテンシー」は、個別スキルの学びをこえて、より大きな全体像に向かって進むことを促し、私たちが学校の内や外でエンパワーされた学び手となっていくことに役立つ価値、態度、構えを尊重しています（ニッキー、実践者）。

　ニュージーランドの乳幼児保育カリキュラム「テ・ファーリキ」の開発に続く「学びの物語」の開発の経過は、「学びの物語」をテーマにした2001年刊行の前著で紹介した。[◆4] 1998年に筆者らが取り組んでいた研究の場で学びの構えを含む新しいカリキュラムの成果をどのようにアセスメントするかについて質問すると、実践者たちから「それなら物語にしたら？」と言われた。筆者らとともに働いていた乳幼児期に関わる実践者たちは、以前からこの方法を用いて日常的に子どもたちの幸福〈well-being〉や成長について家族に報告していたのである。
　そこで５つの全く異なる保育プログラムを行っている実践者たちが、学び

に焦点を当て、次のステップにつながる提案を加えた学びのエピソードを書くという物語アプローチによるアセスメントを試してみることになった。初期の物語は、5つのカリキュラム領域を検討する中で開発された「5つの行為」を中心に構成され、少しずつ蓄積していく物語として記述されていった。関心を持つ、熱中する、困難に立ち向かう、他者とコミュニケーションをとる、自ら責任を担う、の5つである。これらの行為は、「テ・ファーリキ」のカリキュラム領域の「一端を表すもの」とされた。初期の物語は通常は手書きで作成され、写真は含まれていなかった。そのころ、実践者たちはまだコンピューターにすぐにアクセスする準備ができていなかったし、デジタルカメラは開発途上だった。次ページの物語は、当時の書式でつくられたものの1つである（**学びの物語2.5**）。

　「学びの物語」の示し方や「形成的」アセスメントが活用される機会は、情報通信技術の革命的な変化によって急速に変わってきた。1998年に作成されたアセスメントについてのビデオシリーズでは、私たちはみな、ポラロイドカメラの機能に興奮していた。ビデオの中で実践者のひとりは「まさにインスタントなんです！」とコメントしている。その後わずか5年ほどの間で実践者たちは、新しい技術を駆使して出来事の直後に「学びの物語」が書けるようになり、新たな書式やレイアウトのさらなる開発に取り組んだ（Lee, Hatherly, Ramsey 2002; Colbert 2006）。

　キャサリン・リースマンは、新しい技術のアフォーダンス〈affordance〉[*]と視覚的なテキストが持っている特徴こそが、ナラティブ研究の「転換」をもたらしたと指摘している（Catherine Reissman 2008, p.14）。同様にこれらの

＊ 知覚心理学者の J. J. ギブソンが「afford（与える、提供する）」をもとにつくった造語。アフォーダンスとは、環境が動物（人間を含む）に提供する「意味」であり、行為や運動の「資源」となるような情報である。例えば、同じ"石"でも、粒子の細かい砂はサラサラと落としたり、掘ったり、盛り上げて山をつくったりする行為をアフォードするが、直径数センチほどの大きさになると投げたり積んだりする行為を、さらに大きくなれば台座にしたり座ったりする行為をアフォードする。人間（動物）の認知や行為は、中枢神経系（脳）によるトップダウンの内的処理過程に還元されるものではなく、環境の備える性質と不可分のものとして現れるという、生態学的認識の前提を構築する上で重要な概念となっている。（川田）

ジョージ

子どもの名前：ジョージ
教師　　　　：ジョー
日付　　　　：7月20　　　　　　　学びの物語

		事例または手がかり	学びの物語
所属	関心を持つ	この場所にある様々な話題や活動、役割等の中で興味をひかれるものを見つける。よく見知っているものに気づき、知らないものに出会うことを楽しむ。変化に対処する。	ジョージは休暇の間、鳥を園から預かっていましたが、休み明けにその鳥と一緒に登園してきた時、鳥のケージが小さすぎることをとても心配していました。私たちは新しいケージをつくることにしました。ジョージは計画を立て、それからそれをつくるために私たちがどんな材料を買う必要があるかについて話しました。私たちはどんなパーツをつくったらいいかを考えて箇条書きにし、それぞれの木片の長さをどうするかを、巻き尺を使って検討しました。そして長さ140センチ、幅60センチのカゴをつくることに決めました。私たちは金網を使うつもりです。そしてドアのちょうつがいを手に入れる必要があります。
安心	熱中する	一定の時間、注意を持続したり、安心感を持ち、他者を信頼する。他者と／あるいはモノを使って遊ぶことを楽しむ。	
探索	困難に立ち向かう	困難な課題を設定したり、選び取ったりする。「行き詰まった」時、様々な方略を使って問題を解決しようとする（具体的に）。	
コミュニケーション	考えや感情を表現する	多様な方法で（具体的に）。例えば、話し言葉、身ぶり・手ぶり、音楽、造形、文字、数や図形を使う、お話を作って披露する等。	
貢献	自ら責任を担う	他者、物語、想像上の出来事に応答する、ものごとが公正に運ぶようにする、自らを振り返る、他者を助ける、保育の進行に貢献する。	

短期の振り返り	次にどうする？
数的概念　・計測すること 　　　　　・数 計画を立てること（描くこと） 動物の幸せのために長期にわたるプロジェクトに取り組むこと 問い：ここでどのような学びが進行していると考えたか？（学びの物語の要点）	私が鳥かごに必要な材料を買い、そして私たちは来週それをつくりはじめる。 問い：私たちはこれらの関心、能力、方略、構え、物語が ・さらに複雑になる ・保育プログラムの他の場面や活動に現れてくるようにするにはどのように励ましたらいいか。 どうしたら私たちは、「学びの物語」の枠組みにおける次の「段階」に進むことを促すことができるか？

アフォーダンスは、ナラティブ・アセスメントが活用される機会も劇的に拡大させた。物語をデジタルで作成できるようになったことで、若い人たちは自分が伝えたいことをより雄弁に伝えることができるようになった（Glynda Hull の研究、例えば Hull, Katz 2006 参照）。とりわけ操作が容易になったデジカメは、もっと若い人たち、すなわち子どもたちにも、アセスメントづくりに本格的に参加できる道をひらいた。子どもたちは自ら写真を撮ることができるようになった。そして、より多くの写真が使われるようになったことで、アセスメントは子どもたちにも「読める」ものとなり、その出来事をあとから振り返る手がかりとして活用することができるようになったのである。これらの新しい情報通信技術は、「学びの物語」が乳幼児期の教育環境ならではのマルチモーダルな〈学びの〉道筋と様々なアフォーダンス・ネットワークを生きいきとかつ迅速に記録することを可能にした。何より写真やDVDは、進行中のスケッチ、水彩画、立体造形、身振り、劇、動き、デジタル画像をもとらえることができる。第6章で後述するように、多くの「学びの物語」はDVDからつくられ、いくつかの物語はDVD「そのもの」である。

　実践者のジュリーは、ある母親が自分の子どものDVDを家に持ち帰ったあと再び保育施設に戻ってきて、「私はそのビデオを11回見たの。もう終わりにするわ！」と笑いながら言ったと報告した。出来事のはじまりがあって中間があって終わりがあるというナラティブを構築しはじめたばかりの子どもたちは、順番に並ぶ写真や動画を見返すことによって大いに助けられる。「家事の達人は大忙し」という題の物語は、ラベーカが幼稚園でトマトのレリッシュ〈甘酢漬け〉をつくっているところ撮った写真で構成されており、子どもが「読む」ことのできる出来事の好例である（**学びの物語2.6**）。この「学びの物語」を読んだ親は次のように応答している。

　　こんにちは。今日、ラベーカは幼稚園でトマトのレリッシュをつくりました。彼女は興奮冷めやらぬ様子で、みんなに幼稚園で何をつくったか語っていました。彼女は私にレシピとつくり方をもれなく教えてくれました。私たちは、彼女が真摯に料理と向き合い、自分のレシピを完璧に把握していることをとてもうれしく思いました。彼女は、トマト、トウガラシ、酢、そして

玉ねぎという全ての材料が必要で、ストーブの上で調理しなければならないこと、そしてそれを味わうことができるように冷まして待つ必要があることを一つひとつ私に教えてくれました。

　ラベーカは今日、幼稚園から自分のレリッシュを持ってきてくれたんですが、本当においしかった〜……。私たちはみんな気に入りました。彼女は大きなビンを選び、自分で絵を描いてラベルをつくりました。私たちは、みなさんが今日のような出来事や他の全ての活動を通して、子どもたちの自信を高めようとしてくださっていることにとても感謝しています。どうぞ、がんばり続けてください！　みなさんは私たちの子どもの成長を本当によく支えてくれています！　ありがとう。

学びの物語2.6
▶巻頭資料 p.iv ①

家事の達人は大忙し

4　小括——物語ることで自らの学びの舵をとる

　キャサリン・エクレストンとジョン・プライヤーは、「学びの履歴」についての社会的および文化的な複雑さに関する多くの調査研究を検討して、次のように結論づけた。

　　総じて言うならば、これらの研究は、子どもが若者になり、さらに大人になって「〈学びへの〉復帰者」となるというように、正規に学ぶ期間が一層長くなっている人生の中で、アセスメントのしくみのあり方が、学びのアイデンティティや構えに重要な影響を与えることを示唆している（Katherine Ecclestone, John Pryor 2003, p.472）。

　様々な文脈の中で「今までやったことがなかったことをする」という、ダイアナの一連の「学びの物語」は、学びのアイデンティティや構えに影響を与えるようデザインされたアセスメントのしくみの1例である。注目に値する出来事の1つは、ダイアナの母親も「新しいことをやろう」と決めたことだった。学校のキャンプでダイアナの母親は学校全体で取り組まれている「参加」について自分も考え、子どもたちが絵の具で塗るモデルになることを申し出た。彼女は6人の熱心な子どもたちによってカラフルなキツネに変身した。実践者たちはこれを記録し、「私たち全員に参加のすばらしい実例を見せてくれたことを心から祝福します、ナタリア！」と結んだ。本章のしめくくりとして、ダイアナに関する一連の「学びの物語」の最後の物語を加えておこう（Box2.4）。
　ニッキーは、1年生と2年生の合同クラスで、物語の力を別の方法で利用していた。他の実践者もしばしばするように、グループごとに物語を読ん

Box2.4 ▶巻頭資料 p.ⅰ ②

何か新しいことを試みる

ニッキーによる記録

　今日、ダイアナは私に、参加という言葉について考えていて、「つくってみる、やってみる」というワークショップで空手を試すことにしたと話してくれました。彼女は、自分のホームベース［教室］からこのワークショップに参加しているたったひとりの女の子だったけれど、新しいことを試すことにしたのだから大丈夫だと思った、と言いました。

　彼女は、「私は他のホームベース［教室］の子どもたちのことは少しこわいと思ってたんだけど、そうでもなかったの。続けているうちにもう緊張している感じはなくなったの。空手のワークショップにひとりの女の子がいるの。キャンプの時から知ってる子だよ。その子は私がママと一緒にいた時、顔にペイントをしてた。それは私たちが私のママにペイントした時だったの」と言いました。

分析　ダイアナは参加という言葉への理解を深めつつあります。彼女は参加することが何を意味するのか、実際にやってみることで探究を進めているのです。失敗を恐れないダイアナの態度や所属意識の感覚は、彼女がこわさや緊張を感じる時でさえ、自分自身や他者を信じることを支えています。

で、子どもたち自身が物語を理解しわがものとすることを促している。ある時、彼女は『挑戦し続ける』（Jane Buxton 2002）という題の、自転車の乗り方を学ぶ男の子についての物語を読んだ。ひとりの子どもが、その物語を聞いている間に、ハイランドダンス〈スコットランドのダンス〉に挑戦するという彼女自身の状況とを比較しながら、次のようにコメントしている。

> ニッキー：……そして、彼が自転車に乗ることを学んでいる時、お父さんが彼を支えていることが分かります。新しいことを学ぶ時、誰かがあなたを助けてくれたり、どうしたらいいか教えてくれたりしたら、うれしいですよね。
> 子ども　：私がハイランドダンスで必要だったのもそれだったんだと思います。だって、ハイランドダンスはすごく難しいから。もし先生たちが、私がハイランドダンスをするのをずっと助けてくれたら、私は多分すぐに学校の舞台に立てるようになって、ハイランドフリング〈Highland Fling〉を見せることができると思います。

この対話は、本章ではアフォーダンス・ネットワーク（本章末の注 ◆2および ◆3参照）として紹介した次の4つの章のテーマをなぞるものとなっている。ニッキーとこのハイランドフリングの初心者は、自らを、学びをつくりだす学び手〈authoring learner〉として構築している。学びをつくりだす学び手とは、挑戦することに熱意を持ってこたえ、他者に支えられ、場の境界をまたいでつながりをつくりだし、自分もあのようになってみたいという憧れにひらかれたアイデンティティ〈aspirational identity〉を構築し、そこへ向かう旅路を自分で思い描く人のことである。ニッキーには、構えと知識のこうした複雑な絡み合いをわがものとしていく戦略がある。それが物語ることなのである。

◆1　キャロル・ドウェックの仕事は、動機や人格心理学といった分野にわたるもので、長年の研究に裏づけられている。本章で見たように、彼女の仕事は、教育とアセスメントの分野で非常に影響力がある。研究の詳細は、彼女の2006年の著作『マインドセット』と2000年の著作『自己に関する理論』で見ることができる（Carol Dweck 2006, 2000）。これらの研究をより社会文化的な視点からの検討したものに Carr 2001b がある。

◆2　「アフォーダンス〈affordance〉」という用語は、パメラ・モス〈Pamela Moss〉らが2008年に編集したアセスメントに関する文献の中でジェームス・ギー〈James Gee〉によって定義されている。次に見るように、そこでは知識と学びは個人と環境との関係の中に位置づいているという概念にも言及されている。

　　個人が自分自身を見つけるあらゆる環境はアフォーダンスで満たされている。「アフォーダンス」という用語（Gibson 1977, 1979 によって提唱された。Norman 1988 も参照）は、環境内のモノまたは機能によってもたらされる「行為可能性〈action possibility〉」のうち知覚できるものを記述するために使用される。むろんアフォーダンスはその存在を知覚できない個人には存在しない。しかし、アフォーダンスが認識されたとしても、行為者はアフォーダンスを実際の効果的な行動に変える能力を持ち合わせていなければならない（Gee 2008, p.81）。

◆3　アフォーダンス・ネットワークのこれらの側面には、活動理論の4つの側面である道具、分業、コミュニティ（共同体）、ルール（規則）と、いくつかの類似点がある。アセスメントに関連した活動理論の例は、ゴードン・ウェルズとガイ・クラックストンの『21世紀の人生のための学び』（Gordon Wells, Guy Claxton 2002）の中のユーリア・エンゲストローム〈Yrjö Engeström〉、リトバ・エンゲストローム〈Ritva Engeström〉およびアルヤ・サンティオ〈Arja Suntio〉が執筆した章に概説されている。ジョン・プライヤーとバーバラ・クロソードもまた、学び手と教師のアイデンティティの構築を目指す「形成的アセスメントの社会文化的理論」の議論において活動理論を適用している（John Pryor, Barbara Crossouard 2008）。本書第4章は、オークランド幼稚園の事例を中心に展開するが、本幼稚園で行われた研究プロジェクトの最終報告書でも、アフォーダンス・ネットワークを記述するために活動理論を援用した（Ramsey, Breen, Sturm, Lee, Carr 2006）。
　　しかし、活動理論における重要なプロセスの1つは、ネットワークの4つの要素の

間に生じるダイナミックな緊張関係であるが、本書ではそのプロセスを強調していない。プライヤーとクロソードは強調している（Pryor, Crossouard 2008）。例えば、プライヤーらは「教育者は、アセスメントする人、教える人、教科の専門家、学び手といった異なるアイデンティティを合わせ持ち、それぞれに異なる分業の仕方やルール（規則）を採用しながら生徒との相互関係を構築している」と書いている（同上書, p.10）。ただし、自分たちの活動理論の援用の仕方は、一般的な解釈とは微妙に異なるとも述べている。活動理論においては通常はあまり変動しないとされる目的ないし成果の部分が不安定化するためである。プライヤーらがその目的ないし成果として位置づけているのは、「他者とのやりとりを通してアイデンティティを再構成していくことを学ぶ」である。

◆4 「学びの物語」の初期の発展および初期の事例については、「学びの物語」をテーマにした2001年刊行の前著（Carr 2001a）と、マーガレット・カー、アン・ハザリー、ウェンディ・リー、カレン・ラムジーによる「テ・ファーリキとアセスメント：保育者・教師の変化に関する事例研究」という表題の第7章に詳しい（Nuttall 2003）。雑誌『アセスメント問題』所収の論文（Carr 2009）、および『ケイ・トゥア・オ・テ・パエ実践集』については、第1章末の注 ◆3を参照されたい。1998年にはビデオ3巻と専門性開発用・研修用の小冊子が実践者のために作成された。これらはDVDとして再刊された（Carr 1998）。

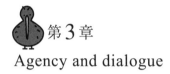

第3章

Agency and dialogue

行為主体性と対話

Box3.1

> ゼブが彼のサメを幼稚園に持ってきた時、私はその好奇心のレベルに驚いた。子どもたちがこうした生き物について探究することによって、そこに謎と関心が生まれ、子どもたちは自分の考えやアイディアを他の人と共有するようになる。関心のレベルは伝染し、好奇心は私たち全員の中でどんどんふくらんでいった（実践者ジャッキーによる省察）。

　アセスメントとそれに結びついた相互関係のあり方によって、学び手は、励まされるポジションに置かれることもあれば、意欲をくじかれるようなポジションに置かれることもある。結果として、学び手がその学びやアセスメントに対して自分から意欲的に取り組むよう勇気づけられることもあれば、意気消沈させられることもある。アセスメント実践を教室での学びの機会の1つとみなす論文の中で、ジェームス・グリーノとメリッサ・グレサルフィは、教室内で時間とともに発展していく相互関係と参加のパターンには、かなり安定したものがあるとして、次のように述べている。

　　教室のように時間とともに展開していく活動場面においては、相互関係のパターンは、それぞれの人の参加の仕方がある程度安定するように発展していく。私たちは、時間とともに変化する生徒の参加パターンについて考察する際に有用な概念として、「参加的アイデンティティ」（Holland他 1998）を提案してきた。アンデンティティの形成は、私たちが理解するところでは、個人およびその個人が相互関係の中に持ち込むものと、ある特定の活動場面において提供される資源および結果としてもたらされる機会との双方向的な関わりの中で進行していく（James Greeno, Melissa Gresalfi 2008, p.184）。

　第1章でもふれたが、イラム・シラージ-ブラッチフォードが指摘している通り、全ての参加者がいくらかの行為主体性〈agency〉を分け持っているような共同的なやりとり〈shared interaction〉ないし対話〈dialogue〉は、まれにしか起こらないかもしれない（Iram Siraj-Blatchford 2010）。保育者や教師との会話では、子どもたちは、話題や意図を理解することで精一杯だろう

から（Tizard, Hughes 1984; Carr 2000）。筆者らが「学びの知恵〈Learning Wisdom〉」と呼んだプロジェクトにおいて、実践者たちは、「学びの物語」が学んだことや心に浮かんだことを共同的に思考するための共通の道具になり得ることを学んだ。日常的に過去の「学びの物語」を見返している保育・教育の場では、以前の出来事について、その物語の主人公とともに話すことが重要になる。写真は、会話の手がかりを提供してくれる。第1章（p.40）にも登場した実践者のプルーは、たくさんの子どもたちとポートフォリオを見返し、学びについての会話が発展した後に、学びに関わる言葉〈language of learning〉とその落とし穴について次のように省察した。

　　私たちは子どもたちの言葉に起こっている全般的な変化に気づき、次のようなフレーズや単語が含まれる会話をよく耳にするようになりました。繰り返しやってみる〈practising〉、学ぶ〈learning〉、考える〈thinking〉、頭を使う〈using my brain〉といったものです。これは比較的短い期間で起こったのですが、たぶん私たちが言葉の選択に着目し、意識を向けていた結果ではないかと思うのです。一方で、私は言葉のダイナミズムを支える必要があると感じています。つまり、私たち自身や子どもたちを使い古された、ありふれた、ある特定の言いまわしに閉じ込めてしまわないように、言葉を豊かに使い続けていかなければならないと思うのです。

　もし、保育・教育現場の実践者が、目の前の出来事の中で展開されている一つひとつの行為を表すのにぴったりの言葉を探す努力を怠るならば、日々使っている言葉が「コーラス〈chorus　ここでは意味の乏しい言葉の繰り返し〉」になる危険がより高まり、言葉が持っている状況と結びついた意味が失われてしまうかもしれない。このプロジェクトにおいて、思慮深い会話を促した方略やそうはならなかった方略については、他所で詳しく議論した（Carr 2011）。
　よく練り上げられた共同的なやりとりは、第1に、学び手の関心と専門性〈expertise〉を認識すること、第2に、学びをともに綴ること〈co-authoring〉、第3に、学び手による自己アセスメント〈self-assessment〉、につながってい

く。これらはいずれも、学び手のアイデンティティ構築の中核となる学び手の行為主体性を特徴づけるものである。そして「学びの物語」はこの中で、媒介的人工物ないし「小道具〈prop〉」[1]としての役割を果たすことができる。「学びの物語」により、学び手は、自分が学びの「主人公」となっている物語を再訪することができ、自分自身の物語を書いたり書き取ってもらったりする機会を得る。写真は、しばしば出来事を思い出す手がかりになる。また、「学びの物語」は、前章のダイアナの空手物語のように、あたかも対話するように子ども（たち）に話しかける物語を書いたり、時には対話そのものを書いたりといった機会を実践者に与える。次節以降、こうした例を取り上げていこう。

　ところで、ポートフォリオの物語は、単独では教育的作用を発しない。なんらかの行為と結びつく必要がある。読み書きを学んでいる子どもたちの場合は、自分で自分の物語を書くことがそうした行為に当たる。それによって子ども自身が学びとその学びを記述する最良の方法を省察しているのである。その１例が、マイケルが書いたクロスカントリーの物語（**学びの物語3.1**）である。彼は、「息ができなくなって、死ぬかと思った」と書いた。この書式では、学び手を「将来の学びにとってどんな意味がありますか？」という欄に導いていく。マイケルはこう書き加えた。「やるっきゃない／労力なくして得るものなし／上り坂ではもっと力を出せ」。それに対し、実践者は手書きでコメントした。「自分のペースを守るのはいいことね。他のこと、例えば算数の試験でも同じようにするといいかもね」。この事例では、今後の計画を立てることが協働的な課題であった。

クロスカントリー

学びの物語		
名前　　　：マイケル		日付　：3月31日
活動/主題：クロスカントリー		教師　：スティンプソン先生

子どもの目標		指標
価値	キー・コンピテンシー	
誠実さ	コミュニケーションをとる人： 言葉や記号やテキストを使う	・コミュニケーションの道具を効果的に使用する ・共有したり応答したりする ・読み書き算 ・積極的貢献
最善を尽くすこと	粘り強い学び手： 自分の健康や安全を自分で守る	・自立心 ・課題に根気強く取り組む ・新しい状況にチャレンジする ・自信を持つ
好奇心	思考する人： 思考する	・問いを立て、答えを探す ・批判的かつ想像的な思考力 ・計画を立案する ・失敗から学ぶ
敬意	他者を思いやる市民： 他者とつながる、自ら参加したり力を発揮したりする	・協力する ・積極的に参加し貢献する ・他者の考えや信念を尊重する ・応答責任を果たす

ぼくは難しい時もペースを維持してクロスカントリーで「最善を尽くすこと」を達成した。

ぼくはあきらめずに達成した。

ぼくは粘り強く、賢く、ペースを守った。

息ができなくなって、死ぬかと思った。

エネルギーと繊維質のある健康的な朝食を食べて、自己管理した。

● 将来の学びにとってどんな意味がありますか？
　・やるっきゃない
　・労力なくして得るものなし
　・上り坂ではもっと力を出せ

● 校長からのコメント
　自分のペースを守るのはいいことね。他のこと、例えば算数の試験でも同じようにするといいかもね。

1　学び手の関心と専門性を認識する

　1990年代、シカゴ大学のミハイ・チクセントミハイと学生たちは、ノーベル賞受賞者を含む91名の「傑出した」人物へのインタビューを録画した。チクセントミハイらは、特に創造性に関心を持っていた。彼によれば、「これらの人々は、必ずしも早熟の天才だったわけではないとしても、自分たちの世界のある部分に対して早くから探索と発見にいそしむようになっていたようだ」（Csikszentmihalyi 1996, p.158）。彼は、傑人たちの創造的な人生を形づくった幼少期の特徴について、次のように述べた。

　　この見方によれば、人生が創造的なものになるかどうかはあらかじめ決まっているものではない。では何が決め手になるかと言えば、時間をこえて保持される意志であるのは確かだ。強い意志は、成功をもたらし、世界を意味づけ、宇宙の謎を解くあらゆる手段を行使する。……では、この力強い意志、とめどない好奇心はどこからやってくるのだろうか？　おそらく、この問いはあまりに還元的すぎて役に立たないかもしれない。……種がどこから来たのかは、それほど重要ではないこともある。より重要なのは、それが現れた時にそれを認め、それを育み、それが創造的な人生へと成長していくための機会を与えることである（p.182）。

　ここで4歳のゼブの例を紹介しよう。彼は魚のとりこになった。ゼブの記録は、「学びの知恵〈Learning Wisdom〉」と名づけられた2年間のアクション・リサーチ・プロジェクトからはじまっている。このプロジェクトのテーマは、学びへの「再訪〈revisiting〉」だった。ゼブの関心が育っていくためのアフォーダンス・ネットワーク（小道具）には、有資格の実践者、本、図

版とウェブサイト、子どもたちの学習活動の写真、様々な学びの物語、そしてポートフォリオが含まれていた。そう、魚も。（様々な種類の）魚と魚のパーツが、何週間にもわたって保育施設の実践者や親たちによって保育室に持ち込まれた。〈部屋の〉真ん中に置かれたテーブルは、それらの探索のために使われた。子どもたちは、知らず知らずのうちに魚と「仲よく」なっていった。実践者たちは、子どもたちが明白な関心を持っていることに気づき、認識し、応答し、明快で探究的な問いかけをし、会話になっていくように働きかけた。実践者たちは、写真を撮り、「学びの物語」を書き、写真や物語を再訪した時の対話を記録し、日誌をつけた。本章冒頭の引用〈Box3.1〉は、この時の実践者の日誌の一部である。Box3.2 は、実践者と４歳のゼブが彼のポートフォリオについて話し合っている場面の抜粋である。

Box3.2

ゼブのポートフォリオが会話を生む

ゼブと保育施設の実践者が彼のポートフォリオを見返しながらした会話からの抜粋。ゼブは魚についてのプロジェクトを先導した。この会話の中で彼は、意味生成〈p.165 訳注 参照〉を行っている。それは、幼稚園での経験を彼自身のものにしながら意味づけしたり、そのこわさや危険について感情のこもったコメントをしたり、記憶している情報と結びつけたりすることに見られる（ワニについて）。

ゼブ　　　：だから、ぼくは触りたくない、その歯に、だって〈cos〉ぼくたちは、だって〈cos〉ぼくは、その死んだ歯がどんな感じか分からないし。ぼくは、自分の歯を触るけど。
ジャッキー：なるほど。きみはサメの歯には触らなかったの？
ゼブ　　　：触らなかった。だって〈cos〉、かむと思ったから。
ジャッキー：かむ？
ゼブ　　　：うん。でも赤ちゃんのサメだったら、ちょっとかまれても、すぐに放してくれるよ。
ジャッキー：そうなの？
ゼブ　　　：えーと、ワニにかまれると、たいへん。だって〈because〉、ワニはよく分かっていないから、子どもを食べてしまう。でも大人は食べない。

Box3.3では、ゼブはスライドショーで何枚かの写真を見て、ポートフォリオへの自分のコメントを〈実践者に〉書き取らせている。

Box3.3

ゼブが自分のポートフォリオへのコメントを書き取らせた時の会話からの抜粋

ゼブ：これはぼくのシュモクザメ。この日はサメの日だった。ぼくたちはサメの絵をたくさん描いた。ぼくは火山が噴火して、それが海に落ちて、サメを殺したところを描いた。灰が海に落ちて、サメが死んじゃったの。

ゼブ：これは、ぼくが「ボブ・ザ・ビルダー〈Bob the Builder イギリスのアニメ〉」のシャツを着てサメを触っているところ。

ゼブ：ねえ、これなんて言うんだっけ？ そう、ブルーノーズ〈bluenose ナンキョクメダイ〉。うちのママってバカなんだよ、だって〈cos〉これをブルーコッド〈blue cod ギンダラ〉だって言うんだから。……ぼくの方が正しい……

ゼブ：……これ持ちたくない。だって〈because〉血が出てるから。ぼくはきれいなのだけ触りたい。ぬれてるのはいや。

ゼブ：目に触ったら、目から黒いものが出てきた。目はぐにゃぐにゃしてる。

ゼブ：フエダイは分からない。フエダイってどんなの？ （ジャッキー：**フエダイって、図版に載ってたやつじゃない?**）

ゼブ：これはぼくのイカ……イカルドが3匹。これはお父さんが持ってきた。だって〈cos〉、お父さんはくさいものをつかまえたから。ぼくはくさいのはきらい。（ジャッキー：**でも魚は好きでしょ**）うん。だって、そんなにくさくないもの。魚はくさくないけど、イカはとってもくさいんだ。イカを冷たくすると、もうくさくなくなる。（ジャッキー：**なるほど、なるほど、冷やされるとね。どうしてそうなったと思う?**）だって〈because〉、くさいなあと思ったら太陽があいつらを冷ましたんだよ。本当にすっごくくさかったんだよ。

ゼブ：これはすんごく重いやつ。マカジキ。カジキの仲間。人間も殺しちゃうよ。だって〈cos〉突き刺して、背中貫通して、殺しちゃうんだ。

ゼブ：[大きな骨を持ち上げる写真を見て] 頭の上まで持ち上げようとしたんだ。

ゼブ：[未整理の写真の中の1枚を見て] これもマカジキ。……（ジャッキー：**[きみが]身体の中を見たのね? 何が見えたか覚えてる?**）穴。それと血。ぼくは血を触った。（ジャッキー：**ほんと?**）でも、ぼくは自分の血は触りたくない。だって〈cos〉、もし誰かがぼくのお腹を（?）でつついたら、ぼくは死んじゃって、その人たちはぼくを触ったり、（?）したりして、そしたら、それはぼくが生き返っちゃうかもしれない。

ゼブの科学的な活動力は会話によって発達していく。キャサリン・エバーバックとケイス・クロウリーは次のように述べている。「あらゆる科学的活動の基礎となる専門的観察は、その領域の知識、理論、そして注意を怠らないという習慣〈habits of attention〉を総合させることが必要な複雑な実践である」◆2（Catherine Eberbach, Keith Crowley 2009, p.39）。

　ゼブは、そうした専門的観察のコツをつかんでいったと言えるだろう。まず、彼の魚についての「知識」は、彼が写真を見返し、魚について実践者と語り合い、情報源として〈多くの種類の魚が描かれた〉図版を眺めるにつれて発達していった。それは、認識すること、概念化すること、そして特徴をつかむことを促した。次ページの写真〈**学びの物語3.2 下段中央**〉のように、ゼブはテーブルに乗り、自分の身体と比べることによってマカジキの角の長さを測った。次に、彼は「理論化」の力を身につけたと考えられ、それは物語ること（順序立てて話をつくる；サメとワニ、火山が噴火して灰によってサメが死んだ）、比較すること（イカはくさいけど、魚はくさくない）、そして、因果関係についての会話で「because」や「'cos」のような理由を説明する言葉を10回も使ったことに見ることができる。3つ目は「注意を怠らない」ことについてだが、実践者は、折を見て、図版を見ることを思い出させ、「何が見えたか覚えてる？」と問いかけたりすることによって、ゼブの「注意」を方向づけている。彼は自分が知らないこと（「フエダイってどんなの？」）を受け入れる準備ができている。マカジキについての「学びの物語」で、この保育施設のもうひとりの実践者であるイボンヌM. は、「みんなのたくさんの質問に答えるために、私たちはインターネットでちょっと調べてみた」と書き添えている。

　人工物（モノ、言葉、物語）や活動（社会文化的実践）ないし社会的共同体に対するこうした関心やひらかれつつある専門性については、「学びの物語」について書いた2001年刊行の前著の第3章で、スザンヌ・ハイジ、アン・レニンガー、アンドレアス・クレップによる「関心」に関する初期の研究を参照して説明した（Suzanne Hidi, Ann Renninger, Andreas Krapp 1992）。ケイス・クロウリーとメラニー・ジェイコブスは、「専門性の島々〈islands of expertise〉」というアイディアを紹介している（Keith Crowley, Melanie Jacobs

おっきい、おっきい、もーっとおっきいサカナ

3月 イボンヌによる記録

　ゼブ、これまでいろいろな場面を見て分かってきたことだけど、きみは最近、幼稚園で探究する機会があったじつにたくさんの種類の魚や海の生物に好奇心をそそられているんだね。今日、きみはターリンのお父さんが幼稚園に持ってきてくれた大きなマカジキに近づいて、触って、においをかいで、探索することができたね。

　ゼブ、きみはほとんどの時間を部屋の真ん中に置かれたテーブルで過ごして、マカジキを触り、感じ、口を開けてみたり、シッポを持ち上げてみたり、目やエラやヒレを触ってみたりして、いろいろ試してみていたね。この大きな魚の頭やシッポは、ほんとに魅力的だったんだね。みんなとの話し合いにも積極的に参加して、自分の思ったことを伝えていた。それに、この魚が魚の図版のどれなのか、すぐに分かったね。

> 人間も殺しちゃうよ。
> だって突き刺して、
> 背中貫通して、殺しちゃうんだ

> 目に触れるよ。ぐにゃぐにゃしてる。

> あとちょっとで
> ぼくよりおっきい。

すごーく重い。
でも持ち上げられるよ。
頭の上に持ち上げられるよ。

マカジキはカジキの
仲間だよ。

　みんなのたくさんの質問に答えるために、私たちはインターネットでちょっと調べてみた。それでマカジキは時速110キロで泳ぐことができるって分かったんだよね。そして、それがどんなに速いのか話し合って、高速道路の車よりも速いってことに気づいたんだよね。きみとカーソンは、マカジキはパトカーよりも速いかどうかについても議論していたね。

　もう一度言うけど、ゼブ、今日きみはこの大きな魚の探究を本当に楽しんだね。活動に全て参加して、グループのリーダーもして、みんなが関心を持ったこの魚について知るために、調べたり一緒に活動に取り組んだりしたね。

##################今日のゼブについて気づいたこと##################

　きみを何週間も見てきて、本当に魚に関心があるんだって分かったよ。幼稚園にある様々な魚について探索したり調べたりするのにたくさんの時間を使っていた。今日、きみは学びのプログラムに参加し、自分の知識や経験をみんなに伝えるのを楽しんでいたように思った。きみは先生とたくさん話すことが好きだし、言いたいことがいっぱいあるね。きみが自分の能力や知識に自信を持っていることがすてきだし、まわりの人にその知識と自信を伝えることに熱心なのもすばらしいと思う。

2002）。すなわち、子どもたちは、偶然関心を持ったいろいろなことについて、かなり深く豊かな知識を発達させるものなのだということである。彼女らは、幼児が関心を深め発達させる際の家族の役割について、博物館に行った時のことを例に、次のように述べている。「専門性の島々は、家族にとっ

て、学びの習慣〈learning habits〉を身につけたり、はじめて抽象的・一般的な観念や概念、メカニズムといったものについての会話を深めていくためのプラットフォームになるものである」(p.334)。「専門性の島々」は、保育・教育の場にとっても、学びの習慣や理論を実践するためのプラットフォームになるだろう。チクセントミハイも類似のことを述べている。

　物事がどんな様子でどんなふうに動いているのかについて、好奇心や不思議に感じる気持ちや関心がなければ、おもしろい問題を発見することは難しいだろう。未経験のことにも物おじせず、周囲の様々な出来事にたえず注意を向ける柔軟な態度こそが、潜在的な新しさに気づくための大きなアドバンテージなのである。創造的な人々は、みなこうした特性をたっぷりと備えている (Csikszentmihalyi 1996, p.53)。

　オープンエンドで外部に開かれたカリキュラムは、こうした専門性の発達を促してくれる。ブリジット・バロンは、「関心、そして自分が学びたくて続ける学びは、発達の触媒になる」と述べている (Brigid Barron 2006)。彼女は、生態学的な観点から3人の青年のデータを分析し、進行中の「活動」が関心に火をつけ、持続させることを可能にすること、そしてひとたび関心に火がつけば、十分な時間と学びのための自由と資源があるかぎり、人々は「自ら学びの機会を発達させ、つくりだし」、知識をどんどん深めていこうとするものなのだ、と指摘している。

　バロンはまた、クロウリーとジェイコブスと同様に、関心にもとづいた学習活動は、場から場へと「境界をまたいでいく〈cross boundaries〉」ものだと結論づける (第4章 参照)。進行中の活動を記録するために「学びの物語」やポートフォリオを用いてアセスメントを行うことによって、関心が維持され (例えば、学びのエピソードを再訪することによって)、関心が場から場へと境界をまたぎ、育ちつつある関心を祝福する機会がつくりだされ、それによって「専門性の島々」がつながっていくのである。第5章では、こうした〈専門性の島々の〉つながりを「エピソードの意味のあるつながり〈significant chains of episodes〉」と呼んでいる。

2　学びをともに綴る

　また別の施設で行われた「学校への移行〈Transition to School〉」プロジェクトでは、クリーが保育施設を離れて小学校へ行く2、3ヵ月前の会話から、子どもたちの考えが真剣に受け止められていることが分かる。クリーとジェマ（保育施設の実践者のひとり）はクリーのポートフォリオを一緒に見返していた。ジェマはこの時の会話とその結末について、「音楽を入れたらどうかな？」というタイトルの「学びの物語」としてまとめ、報告している。

　　私たちは、彼女の学びの詳細が描かれた全ての物語に目を通しました。私（ジェマ）が彼女に、何か加えたいものがあるかどうかたずねると、彼女は「考えてみる」と言ったのです。数分考えてから、彼女は「思いついた。音楽を入れたらどうかな？」とこたえました。少し話し合ってから、彼女は幼稚園で聞いていたお気に入りの歌のCDがいいと言いました。そこで私は、彼女が好きな歌のリストを一緒につくろうかと提案しました。「でも、字書けないし、読めないし、どうしたらいいの」と彼女は少し強い口調で言ったのですが、すぐに「そうだ」と言って、「まず私が歌を聞いて、その中でどの歌が好きかを先生に教えるから、先生にそれを書いてもらうっていうのはどうかな」と提案してきたのです。ナイスアイディアだね、クリー。そして、その通りのことをしました［他の実践者は、他の子どもたちとも同じことをしていくつもりだと追加のコメントを書いた］（Hartley, Rogers, Smith, Peters, Carr 2012, 9章）。

　ゼブの例のように、写真は会話のやりとりの中心に来ることが多い。第1章で、ある子どもとの「知識を共有した歴史」の発展についてコメントした実践者のマリアンヌは、「いくつかの鍵となる問いをまじえつつ、あとは子

どもと一緒に子ども自身が語った通りに［学びの］物語を書くことで、子ども
もの見方や対話をしながら思考していく筋道が浮かび上がってくる」のだ
と、日誌の中でコメントした。**学びの物語3.3** でエマは、自分が積み木を組
み立てているところを撮った写真をもとに、物語を書き取らせた。

　リース、サッゲイトおよびロングは、ナラティブの質を規定する特徴のリ
ストを提示している（Reese, Suggate, Long 2010, p.32）。すなわち、時間に関す
る情報、因果関係に関する情報、位置に関する情報の３つである。〈この３つ
をエマの「学びの物語」で考えてみると〉「時間に関する情報」には、「最初は
……を使ってつくったの」「そしたら……に気づいたの」「それから私は」
「これが……に役に立った」、「因果関係に関する情報」には、「そしたら……
に気づいたの。それから私は」「車や道路がたくさんあるから火山が噴火し
たの」「地震が起こって、地震は地面を揺らすから、車はこわれた」、「位置
に関する情報」には、「本に載っている火山は、ホンモノみたいだった。こ
れが私が……火山をつくるのに役に立った」といったものがあげられる。

学びの物語3.3　　　　　　　　　　　　　　　　　　　　▶巻頭資料 p.vi ①

私の火山

　エマは自分が積み木を組み立てているところを撮った写真についての物語を書
き取らせた。以下は、その10枚の写真をもとに、（そしてそれに触発されて）エ
マとマリアンヌがともに綴った物語である。

　私の火山はおっきい火山。火山が噴火すると、積み木がおっこちる。ほら、
噴火した。ジャネットは私を助けるために、火山の本を持ってきてくれた。アヴァ
ロンとルーシーも、一緒に火山をつくっていた。私は最初は四角い積み木を使っ
てつくったの。そしたら火山は丸くなっていくことに気づいたの。それから私は、
下の方は丸い積み木にして、長細い積み木を丸いやつの中に入れた。建物や道
路を火山のまわりに置いた。本に載っている火山は、ホンモノみたいだった。こ
れが私がアヴァロンやルーシーと一緒に火山をつくるのに役に立った。私の火山
は噴火すると、地震も起こすの。火山が噴火して、地震が起きて地面が動いた
時、車も道路もめちゃめちゃにこわれちゃったの。
　車や道路がたくさんあるから火山が噴火したの。地震が起こって、地震は地面
を揺らすから、車はこわれた。赤い積み木は溶岩ね。火山の中に入ってるやつ。

························ここではどんな学びが生まれているのでしょうか?·····················

　エマは、今まさに発展させている火山についてのいろいろな考えを組み合わせ、理解を深めていくことに夢中になっていた。それは、最近みんなで歩いて近くのオ・フイアランギ山まで行き、関心をふくらませてきたことと関わっている。エマは、その山の溶岩について前から知っていることを〈みんなに〉教えてくれて、今日の積み木遊びを通して、彼女の知識を再び示してくれるとともに、山の形状や山の周囲にある道路や家へのこだわりで見せたような、新しい知識も得ていった。ジャネットは、本を持ってきて山の見た目などの情報を提供し、エマの理論〈theories〉が発展することを支えていた。エマも、それが役立ったと感謝していた。エマは、火山にとても関心を寄せていて、自分の考えやアイディア、理論を表現することに自信を持っていた。さらに、彼女は積み木を組み立てることと今日話した物語の両方において、客観的かつ想像力豊かに思考する構えを見せていた。

5月31日　　　　　　　　　　　　　　　　　　　　　マリアンヌによる記録

ジェローム・ブルーナーも、ナラティブの質の鍵となる特徴について述べている（Jerome Bruner 2002, p.34）。彼は、ケネス・バーク（Kenneth Burke 1945）を引用して、少なくとも、物語（フィクションでもリアルでも）には、「なんらかの目的〈Goal〉を、なんらかの手段〈Means〉を使って、認識可能な状況〈Setting〉の中で、なんらかの行為〈Action〉によって実現しようとする行為主体〈Agent〉が必要である。物語を駆動するのは、この5つの要素間にある不一致、すなわちトラブル〈Trouble〉である」と述べている。おそらく、エマの「学びの物語」には2つの行為主体がある。積み木を組み立てているエマ、そして「火山」である。ドラマとトラブルを引き起こしているのは、他ならぬ「火山」である（「火山が噴火すると、積み木がおっこちる。ほら、噴火した」「私の火山は噴火すると、地震も起こすの」といったように）。ブルーナーは、「ナラティブへの関心、とりわけ私たちの現実感や正統性を形づくる点で物語形式が持つパワーへの関心は、この10年ないし20年の間にどんどん高まってきた」と述べている（Bruner 2002, p.111）。

　メリッサ・グレサルフィは、概念や学びの構えを獲得する有益な方法としての「協働〈collaboration〉」に関する研究にふれ、次のように述べている。

　生徒が助けを求めたり、挑戦し合ったり、誰かを助けたりできるような集団は、全ての生徒がより深く学習内容に取り組む機会を創造する。……とりわけ、こうした行動によって、生徒は意味生成へのより大きな責任を担うことができるようになる。……自分たちのアイディアを説明したり理由づけしたりする行為によって、生徒たちはアイディア同士を結びつける機会を逃さずとらえるようになる（Melissa Gresalfi 2009, p.262-3）。

　彼女は、促進的な環境というのは、生徒が「説明することを期待され、義務づけられ、その権利を与えられている」環境であると書いている（p.363）。別のグループによる積み木にまつわる「学びの物語」（**学びの物語3.4**「イラリアとイザベラとキャサリンの『学びの物語』」）では、これはイングランド北部の事例だが、イザベラの親は「彼女は建物をしっかりつくるために、自分がどんなことをしたのか説明することができていました」とコメントしている。

第1章で紹介したイボンヌS.の「学びの物語」では、アバゲイルは説明することを期待されており、またその権利も持っていたが、それはゼブの科学的な意味生成に関する会話でも同じだった。ゼブが〈自分の経験を〉語る時に使う「なんでかというと〈because〉」は、説明し正しさを証明しようとしている例である。関心を持って聞いてくれる人に向けられたエマの語りも、その時そこにいなかった人にも分かるように説明し、自分の考えの正しさを証明しようとしている（「私は最初は四角い積み木を使ってつくったの。そしたら火山は丸くなっていくことに気づいたの。それから私は、下の方は丸い積み木にして、長細い積み木を丸いやつの中に入れた」「赤い積み木は溶岩ね」）。そして、実践者と他の2人の友だちから受けた援助がどう役立ったかについても具体的に言及している。

　ゼブとエマの事例は別々の施設のものだが、いずれにおいてもトラブルを引き起こす行為主体〈agent〉は火山であり、エマの事例では車に対して、ゼブの事例ではサメに対してトラブルを生じさせていた。そしてエマから見ると、物語の筋は組み立てられた積み木から生みだされた。ゼブの場合は、サメ物語が語り出されたきっかけは1枚の絵だった。

　同じように、**学びの物語3.5**「イラストレーター、著者、そして出版社に！」で、テヌサンの語りに勢いを与えたのは1枚の絵だった。この「学びの物語」はこうはじまった。「今日、私はテヌサンが描画テーブルにいるところを見た。彼は、ヘビを描いていると説明した。／ヘビなんて、おもしろい！イギーとコナーはモンスタートラックの絵を描いていた。テヌサンは、彼らの話を聞いて、自分の絵にモンスタートラックを加えることにした。／私は、テヌサンの物語を書かせてほしいと伝えた」。カレンR.は、著者としてのテヌサンが語ったお話を書き取った。そして、彼女とテヌサンは2人でそれを本にして、お昼前の「マットタイム」で子どもたちに読んで聞かせた。テヌサンは、この「学びの物語」の18ヵ月前から幼稚園に通いはじめていた。彼は入園してきた時は、英語を一言も話したことがなかったのだ。

学びの物語3.4

イラリアとイザベラとキャサリンの「学びの物語」

ニコラによる記録

　私たちが、「公園管理人パーシーさん〈Percy the Park Keeper イギリスのアニメ〉」のお話を読んでいると、きみたちは森の動物たちのための家をつくりはじめた。私は、きみたちのツリーハウスが広がって大きくなっていくのを見て、とっても楽しくなったわ。いろいろな動物たちのために、工夫して建物をつくろうとしていたね。協力して、どれも大きなツリーハウスになった。フクロウが止まるために高い場所も忘れずにつくったんだね。ツリーハウスがこわれないように、どの積み木を使ったらいいか慎重に選んでいたね。

·················ここではどんな学びが生まれているのでしょうか?·················

　イラリア、イザベラ、キャサリンはよく協力して、改良を重ねることに多くの時間を費やしていた。また、説明的な言葉の使い方もすばらしくて、ごっこの話の筋を互いに伝え合うことができていたね。

·················今後の学びの機会と可能性·················

　イラリア、イザベラ、キャサリンは、「公園管理人パーシーさん」のお話を聞いたり、動物にはいろんな住処があるということを学んだりするのを楽しんでいた。引き続き、森の動物が住む様々な環境について調べること、そして3人が環境をつくっていくために砂場の環境を提供してみるのもいいだろう。

親のコメント

　イザベラは家づくりが本当に楽しかったと言っていました。彼女は建物をしっかりつくるために、自分がどんなことをしたのか説明することができていました。

イラストレーター、著者、そして出版社に!

今日、私はテヌサンが描画テーブルにいるところを見た。彼はヘビを描いていると説明した。

ヘビなんて、おもしろい! イギーとコナーはモンスタートラックの絵を描いていた。テヌサンは、彼らの話を聞いて、自分の絵にモンスタートラックを加えることにした。

私は、テヌサンの物語を書かせてほしいと伝えた。こんな感じである……

ヘビがモンスタートラックをつかまえている。モンスタートラックは逃げる。ヘビはそれを追いかける。モンスタートラックは逃げてしまう。ヘビは道路に乗ってきた。

次に、ヘビはトラックがいるところに来て、つかまえる。ヘビは空に向かって飛んでいき、雲の中に入る。モンスタートラックはヘビに食べられて、ヘビのお腹に入ってしまう。

ヘビは動けなくなり、そしたらトラがヘビを食べる。次にライオンがヘビを食べる。

キリンは草を食べている。水も飲んだ。

シマウマも草を食べる。水も飲んで、泥も食べる。次に泥水も飲んで、動物園から逃げてしまう。誰かがテレビを見ていると、次にシマウマが家の中を走りまわる。家がこわれて、次に崩れる。人が家の中で倒れる。それで、シマウマは動物園に行く。

クモはバナナを食べている。そして水も飲む。それでお母さんのところに行く。次にお母さんのところに。次にお父さんのところにも行く。日没だ、もうここには行けない。

わあ! なんておもしろいお話なの! 私はテヌサンに、そのお話を本にしたらどうか、そこにキャラクターたちの絵を描いたらどうかと提案した。テヌサンは、次のページ、次のページへと作業を進めていった。

テヌサンは、キリンをどうやって描いたらよいのかちょっと悩んでいた。そこで、動物園コーナーからフィギュアを持ってきて、それをモデルにして描いた。作業を続け、まもなくテヌサンは全ての絵を描き終えた。

私がテヌサンの物語を活字にし（最初のペー
ジにぴったりの言葉がたくさんあった）、テヌサン
は文章のかたまりをふさわしい箇所にのりづけ
していった。さあ、ラミネーターと製本機の出
番だ。テヌサンは全てのページをラミネート加
工し、端っこに穴を開けて製本機で製本した。

テヌサンの本は、今日のマットタイムで最初
に読まれる本になった。彼の物語は、友だち
みんなと共有された。

················**テヌサンにはどんな学びが生まれていたのでしょうか?**················

テヌサンは、自分で見つけた課題に対して、とても熱心に取り組んでいく学び
手。彼の絵はとてもすばらしく、それにたくさんの時間をかけたことが分かる。
彼は自分のやりたいことが分かっていて、思い通りの絵になるまでやめなかった。
私たちは、彼の英語がどんどん達者になっていき、自分のアイディアや自分が
やっていることについて伝えたい、表現したいと思っていることに気づいた。今
日、テヌサンが物語を語りはじめると、彼のアイディアは発展し、どんどん複雑
な物語になっていった。

テヌサンは、イラストレーターになり、著者になり、最後は出版社になって、
本をつくった。（ラミネーターや製本機のような）様々な技術を適切に組み合わせ
て使いこなしていくことは、幼いテヌサンにとって意味のあるリテラシーの経験
である。最後はマットタイムで彼の物語が披露された。そう、テヌサンはプレゼ
ンターとなることで、自分の物語を私たちのファナウ〈whānau 拡大家族〉と共有
することができたのだ。

テヌサンは、文章というものが目的（記録し、読むこと）を持っていることを
知っているし、今日、私たちは彼のアイディアを書き記した。最初の原稿は下書
きで、次の原稿はコンピューターから出力された。物語を語ることを通して、テ
ヌサンは自らの創造的な思考を発展させ、アイディアを体系立てている。

屋外を探索すること、特に木登りについてのテヌサンの熱意は、絵を描いた
り、語ったり、書いたりといった彼の旅を確かに支えてきた。私たちは、何かに
登ることや水泳やランニングといった様々な野外活動の機会が保障されることは
貴重な経験であるということを知っている。このようにブッシュ幼稚園は、〈野外
での活動を充実させることで〉探索するための多様な機会をテヌサンに提供してい
るが、そうしたことは、屋内環境における子どもの学びにも直接影響を与えるこ
とができるのだと思う。これがテヌサンの本のページです。[*]

10月11日　　　　　　　　　　　　　　　　　　　　　　　　カレンによる記録

[*]一部写真、できあがったテヌサンの本の写真は 巻頭資料 p.ⅰ ⑤ に掲載。

3 学び手による自己アセスメント

　学び手としての子どもたちが、長期にわたる学びのプロセスの中で自己ア
セスメント〈self-assessment〉の力を身につけていくということの重要性に、
筆者らがますます確信を持つようになったころ、実践者たちは、子どもたち
にとって自己アセスメントの方法となり得るナラティブ・アセスメントに取
り組むための数多くの方法を発見してきていた。写真や物語を何度も見返し
たり、物語を書いたり書き取らせたり、物語が学び手に向けて書かれると
いったことである。

　例えば、「クロスカントリー」の物語のマイケルと同じ教室で、トーマス
は衣装制作の「学びの物語」を書いた。「将来の学びにとってどんな意味が
ありますか？」という欄に、彼はこう書いた。「ぼくは失敗から学ぶことが
大切だということを学んだ。ぼくははじめ上着の袖を間違って切り落として
しまい、もう一度つくり直さなければならなくなった。次に上着をつくる
時、どこをどう切るかにとても気をつけた。これからもがんばりたい」。親
による手書きのコメントには、「この衣装を見ると、グループでよく協力し
て衣装をつくったことが分かる。衣装は、『マウイと魚の物語』〈マオリに伝
わる伝説〉を理解するために申し分ない出来ね」とあった。**Box3.4** では、
もっと幼い学び手であるザックが、自身が身につけた新しい能力について、
学びにおける観察と模倣の役割とともに自ら説明している。

　そして、イングランドで記録された物語「オレって天才かも」は、次のよ
うにはじまっている（**学びの物語3.6**）。

　　トビー、今日私はおやつ用のテーブルからきみを見ていたの。すると、き
　みの叫び声が聞こえたのよ。「できた、できた、オレって天才かも！」って。

Box3.4

> 　ある保育施設で、デルウィン（実践者）はザックと一緒に彼のポートフォリオを見返しながら、ザックが道路遊び用の「とまれ〈STOP〉」のサインをつくっていた時の物語について話し合っている。ザックは、以前「働く人」を観察した経験と結びつけて、デルウィンに自分がなぜ「賢い」かを伝えている。
>
> ザック　　　：ぼくがこれを描いたんだよ！　「とまれ」っていう意味だよ（彼は、先日つくった大きな「とまれ」のサインについて語っている。私たちはそれを道路遊び用の標識にした。ザックは小さい紙に私が書いた文字をまねした）。
> デルウィン：きみはどうやってこの文字を書けるようになったの？
> ザック　　　：ぼくは賢いのさ。自分でできるようになったんだよ。働く人がやっているのを見て、ぼくもできるんじゃないかと思ったんだ。

学びの物語3.6　　　　　　　　　　　　　　　　　　　　▶巻頭資料 p. i ⑥

> # オレって天才かも
>
> 　トビー、今日私はおやつ用のテーブルからきみを見ていたの。すると、きみの叫び声が聞こえたのよ。「できた、できた、オレって天才かも!」って。私は、あなたがそんなに興奮するって、いったい何を成し遂げたのかと思ってかけつけたのよ。
> 　きみはドライバーと、ネジの入った入れ物を持っていて、そこにもう1つのネジを入れたところだった。私は、きみはブラウン先生のコンピューターを分解しようと一生懸命で、長い時間取り組んでいたことに気づいたわ。エンジニアのような手つきで基板にくっついた小さなネジをドライバーで引っこ抜いていた。道具を使う技術と能力に驚いたし、何よりコンピューターを分解しようと決めたのがすごいと思った。そう言えば、きみはよくモノをまわしたり回転させたりしていたね。つまり、それがきみの遊びのやり方〈pattern or schema〉なんだと思った。
>
>

まわす技術を実践し、洗練させて、トビー、きみはもう名人になったんだね!

　私が感心したことを伝えると、きみはこうこたえた。「オレって天才かも。頭も、手も」。きみは確かにコンピューターを分解する天才ね!　そのあと、クラスできみの技術のすごさについて話した時、きみはブラウン先生のコンピューターのどこが悪いかを説明してくれたね。リード線が外れていて、それをどうつなげばいいか知っているんだと。それで、彼女のために、明日それを直してあげると決めたんだね!

⋯⋯⋯⋯⋯**今日、私はトビーについて何を学んだのでしょうか?**⋯⋯⋯⋯⋯

　今日はトビーについてたくさん学んだわ!　彼の一生懸命な姿に魅了されたのよ!　私は彼の集中力、エネルギー、複雑さと満足を目の当たりにして、彼がどれだけ没頭して深い学びをしていたのか分かった。特に回転のシェマ〈schema〉には長時間熱中していて、技術がどんどん洗練されていき、最後には本物の道具を使いこなすほどになっていた。ねじり方、まわし方、とめ方、ゆるめ方をすっかり理解していた。そして、「内部がどうなっているか」について強い関心を抱いていた。

　彼は自分自身に問いかけ、問題解決をしている。私は、トビーが自分に自信を持ち、自分のことを、課題に正面から立ち向かい、挑戦してみる意欲にあふれた「天才」だと見ていることも分かった。

⋯⋯⋯⋯⋯**今後の学びの機会と可能性**⋯⋯⋯⋯⋯

　お母さんとお父さんはこのトビーの技術と自信に気づいているのかなと思った。おうちでのトビーの天才ぶりについても知りたい。またトビーと一緒に、彼の「回転」への探究がどこへ向かうのかを見届けるのが待ちきれないほどだ。もっと他の道具を使うようになるのかもしれないし、それで、他のモノの内部についても探究できるといいね。

9月　　　　　　　　　　　　　　　　　　　　　　　　　　ニコラによる記録

私は、あなたがそんなに興奮するって、いったい何を成し遂げたのかと思ってかけつけたのよ。……エンジニアのような手つきで基板にくっついた小さなネジをドライバーで引っこ抜いていた。道具を使う技術と能力に驚いたし、何よりコンピューターを分解しようと決めたのがすごいと思った。

ここでトビーは自己アセスメントを行っているが、その際、実践者はある種の「分割スクリーン〈split-screen〉」法を用いて、技術のすごさと「やってみよう」と自分で決断することのすごさとを、それぞれ彼に思い出させている。そして実践者は、トビーの「技術がどんどん洗練されていき、最後には本物の道具を使いこなすほどになっていた」プロセスについてコメントする際、「回転」のシェマ〈schema〉を援用して彼の持続的な関心を説明している。トビーは、「オレって天才かも。頭も、手も」というように自身について述べているが、それはゼブやエマやテヌサンが、絵を描いたり積み木を組み立てたりしたあとで物語を語ることができたことを思い出させる。

ジグソーパズルは、達成というフィードバックが得られるので、技術や決断についての実践者からの称賛や説明がなくても、子どもは自己アセスメントをすることができる。エンジェルの物語（**学びの物語3.7**）には、彼女が友だちを助けたり、もっと難しい課題を探して挑戦の度合いを高めていったプロセスが書かれている。これも、３日間にわたって、次々により難しい課題に取り組んで成功した短期間のエピソードである。一方、アデレードのレディー・グローリー・センターで書かれた物語「見ててね！」（**学びの物語3.8**）には、遊戯室の遊具そのものがアセスメントの役割を果たし、それを頼りに学び手が決断する様子が描かれている。

子どもは価値ある学びを表す言葉を覚え、それを使うようになる。２人の子どもによるセロテープを使った「ベトベト橋づくり」は、ジャッキーが書いた物語だが、これはそれぞれの子どものポートフォリオに綴られた。１つの物語が２つの場所に位置づいた〈personalised〉わけだ。**学びの物語3.9** はそのうちのエリザベス版である。エリザベスは、実践者に、自分とルーシーがいかに一緒にやったかを説明し終わったあとで、「協力し合っています〈cooperative ventures〉」と題された壁面の掲示を見て、「一緒にやった

学びの物語3.7

「できるよ!」

エンジェル　3月　　　　　　　　　　　　　　　　　　　　　ヘレンによる記録

　エンジェル、きみとネフは以前この海賊船のパズルを一緒に完成させた時、ネフがうまくピースをはめることができるように、きみがどうやって手伝ったか、熱心に話してくれたね。それで、全部自分だけで完成させようと決めた時は、この大きなパズルは挑戦だと思ったでしょうね。でも、それを成し遂げたのね。

　次の日、あなたは私にあのパズルを出してと言って、また自分ひとりでやってみようとした。そして、もっと難しくするために、パズルの箱にある写真を見ないで完成させるという目標を立てたけれど、それでもまた完成させたんだよね。さらにその次の日、一緒に物置きに行ってもっと大きなパズルを探して、さらに挑戦しようとした。

···················短期の振り返り···················

　エンジェル、きみは大きなパズルを心から楽しんで、ひとりでそれを完成させることに満足感を得たんだね。きみは自分で次々に目的を定め、それを達成した。ティノパイ〈tino pai よくやったね〉、エンジェル!

見ててね!

お母さんとお父さんへ

今日、キットはカラジョング〈Kurrajong〉登りを見つけました。キット、きみは手と膝を使って斜面を登ったね。

頂上に届きそうになるのを見ていて、ドキドキしたよ。頂上に着くと、きみは別の斜面へと続く赤いフレームを乗り越えようと決めたんだね。

手を伸ばして、赤いフレームをつかもうと、絶妙なバランスで何度か試したね。

そして、成功! きみをお祝いするために近くに座っていたステフとエリンを、きみは見上げたね!とっても誇らしげだった。

次に、きみは足を斜面から下ろして、赤いフレームを乗り越えた。ステフがやってきて、きみのそばに座り、きみが「足がはまった!」と言うのを聞いて、助けてくれた。

それから、もう片方の足を動かして赤いフレームを越え、板の上に乗っかった。ステフはきみの後ろにいて、きみの手と足が今どうなっているのかを伝えた。

足が乗り越えると、今度は腕を伸ばして板の上に手を乗せた。きみは振り返ってステフを見て、助けを求めた。バランスをとるのが難しいということが分かったんだね。

ステフが助けてくれて、板の上に両手をつくことができ、きみは赤いフレームから胴体を引っこ抜いて、斜面に降りた。

最後に、斜面から降りて、エリンとステフにニカッと笑って見せたのは、まるで「できたよ！」と言っているようだったよ。

·············これはキットにとってどんな意味があるのでしょうか？·············

　この経験から、私たちはキットが環境に対して徹底的に向き合っているということを理解した。彼女は、ここで自分のアイディアを実行しようと決め、一つひとつの経験にたっぷりと時間をかけた。キットは果敢に挑戦し、それぞれの段階でベストを尽くそうとしており、自分で必要だと感じた時に私に助けを求めた。彼女は自分の身体やその動かし方、曲げ方、伸ばし方、次の段階に進むために必要な動きをつくりだすことも学んでいた。

·············キットはどこへ向かうのでしょうか？·············

　彼女の環境に対する興味・関心が発展していくことを支えるために、私は新しい空間や経験を発見する機会を提供したいと思う。私はその発見の瞬間にキットのそばにいて、彼女が何を見つけ、何を成し遂げたか、そして彼女の挑戦について話し合い、彼女が必要とする時に助けに入れるようにしたい。そうすることで、ついに成し遂げた時の彼女の喜びを、彼女のそばで共有したいと思う。

ステファニーによる記録　　　　　　　4月

ベトベト橋づくり

ジャッキーによる記録 11月25日

今日、きみとルーシーはコラージュ・エリアで熱心に作業していたね。きみは、セロテープで橋をつくろうと知恵をしぼっていて、ものすごい集中力で計画を実行しようとしていた。その橋が、私の新しい橋の本に載っている写真にそっくりだったので、あなたたちに本を見せたのよね。きみたちって、ほんとにすごいエンジニアね!

……………この物語でエリザベスが学んでいることはなんでしょうか?……………

きみとルーシーは、とてもよく協力し合っていた。エリザベスへ。きみがお互いの考えを伝え合って、折り合いをつけていたのがとても印象的だったよ。きみは、相手にきちんと敬意を払うことができる寛大な心を持った友人なのね。だって、みんなに真っ先に「最初はルーシーのアイディアだったんだよ」って伝えていたから。橋をつくるために、2時間半も一緒にやっていたって気づいてた?きみは自分たちのプロジェクトを見つけ、集中していくためのすばらしい力を持っている。自分たちがどんなに一緒にやったかを私に伝えにきた時、壁面の掲示

のどの言葉にあたるのかを聞いてきたね。私は、これは協働って言うのよ。だから、ルーシーのところに行って、あなたは私と協働したのよって教えてあげて! と伝えた。きみは言葉が本当に好きなのね。秘密を教えてあげる。私も言葉が大好き!

·················· 今後の学びの機会と可能性··················

きみたちが自分に課す課題は、私が用意するものよりもはるかに大きいもの。私は、きみたちが次に、どんなおもしろくて創造的なアイディアに取り組むんだろうかと思うと、それを見るのが待ち遠しくて、今から楽しませてもらう準備をしているのよ。

·················· 親からの反応··················

お母さんから、きみがおうちにこの物語を持って帰ったことを聞いたよ。その時、おじいちゃんが来ていたそうね。おじいちゃんは、橋づくりにセロテープを6巻も使うというのは無駄づかいではないかと心配していたみたい。でも、ママによれば、きみはおじいちゃんにこう言ったそうね。「協働的で創造的なことをするなら、無駄づかいじゃないってジャッキーは言ってたよ」って。ママは、きみがそのような言葉を使って、自分たちが使った材料について説明できたことに本当に驚いていたよ! 私もそう思うわ!

〈working together〉」時のことはどんな言葉で呼ぶのかと実践者に質問した。実践者は、「私は、これは協働〈collaboration〉って言うのよ。だから、ルーシーのところに行って、あなたは私と協働したのよって教えてあげて! と伝えた」と記録している。後日、彼女の祖父が、橋づくりにセロテープを6巻も使うというのは無駄づかいではないかと心配していたと母親が教えてくれたのだが、その後のやりとりからは、協働という単語が、あたかも行為主体性を発揮して、エリザベスの言わんとすることを代弁する力強い言葉となったことがはっきりと見てとれる。ジャッキーは、この「学びの物語」の中で、エリザベスに向けてこう語りかけている。「ママによれば、きみはおじいちゃんにこう言ったそうね。『協働的で創造的なことをするなら、無駄づかいじゃないってジャッキーは言ってたよ』って」。

4　小括——学び手・家族・実践者の間の相互主体的関係

　本章では、アセスメントの一環として行為主体性が発揮され、対話が進め
られた事例を数多く紹介してきた。それは、触媒としてのポートフォリオを
用いることによって会話を共有すること（ゼブ）、他者に教えること（「『でき
るよ！』」）、学びの語彙を学ぶこと（「ベトベト橋づくり」）、物語を書き取らせ
クラスのみんなに聞かせること（「イラストレーター、著者、そして出版社
に！」）、「学びの物語」を書き取らせ、「学びの物語」に触発された物語を語
り直すこと（ゼブとエマ）、といった例に見ることができる。パメラ・モス
は、アセスメント実践において学び手にある種の著者性〈authorship〉を与
えることと、ポジショナル・アイデンティティ〈positional identity〉の発達
との関係について書く中で、「生徒は、評価される時にあてがわれた行為主
体性のあり様に応じてふるまうようになる」と警鐘を鳴らしている（Pamela
Moss 2008, p.239）。本章に登場した子どもたち――マイケル、ゼブ、エマ、
クリー、イザベラ、テヌサン、ザック、トビー、エンジェル、キット、そし
てルーシー〈とエリザベス〉――は、日々の保育・教育実践の中で与えられ
たのと全く同じ行為主体性、すなわち様々な考えを民主的に共有するという
行為主体性のあり様にもとづいてアセスメントされていた。
　ニール・マーセルは、彼の研究にもとづいて、教師が言葉を「彼らのやり
とり〈trade〉の主たる道具」としてどのように使っているかについて書い
ているが（Neil Mercer 2002, p.143）、彼の結論はこの章で論じてきたことと
関連している。

　　私たちは、子どもたちの教育的経験の質についてこう結論する。すなわち、
　それは、教師との対話が、子どもたちが教室でやっていることに対して、意

味のつながりがあるかどうか（つまり過去の経験の歴史によって文脈づけられた活動であるかどうか）、また理解可能で価値ある目的を生みだしているかどうかによって大きく影響を受けるものである（p.145）。

　学びにおいて対話が果たす役割の重要性について、マーセルは次のように述べている。「私たちは相互主体性〈intersubjectivity〉（ワーチ（Wertsch 1984）によって使われた社会文化的な意味合いとしての）がどのように追求されたり、維持されたりするか、あるいは教室の会話からそれがどう失われているかを記述する方法を必要としているのだ」（Neil Mercer 2008, p.38）。マーセルとカレン・リトルトンは、「相互主体性」についてより詳しく論じている（Neil Mercer, Karen Littleton 2007）。すなわち、「相互主体性とは、教えることと学ぶことの相互関係が、集団の中で展開されることを意味している。そこには、子どもと大人の双方が交渉したり、不一致があったり、情報を交換・共有したり、判断や意思決定を行ったり、互いの貢献を評価し合ったりといった過程が含まれている」（p.22）。

　本章で取り上げた例では、保育・教育現場の実践者が子どもの学びを写真に撮り、一人ひとりのポートフォリオに「学びの物語」を綴り、子どもたちと一緒にそれらの写真や物語を何度も見返して、子どもたちの見方に耳を傾け、そこに実践者自身の見方をつけ加えている時に、このような共同的なやりとりが維持されていた。行為主体性と対話に関するこうした考え方は、ノーザンプトンシャーのペン・グリーンセンターの例に見られたように（Whalley, Pen Green Centre Team 2001）、家族と実践者の相互関係にもあてはまる。次章で見るように、おもしろい物語が保育施設から小学校の教室や家庭へと越境していく時、それらの物語は他の場でもこうした〈共有された〉会話を継続する機会をつくりだすのである。

第3章　注 ─────────────────────────────

◆1　ニュージーランドの乳幼児保育カリキュラム「テ・ファーリキ」における1つの

原理は、「子どもたちは人々〈people〉、場〈places〉、モノ〈things〉との応答的で双方向的な関係を通して学ぶ」というものである。ブロンウェン・コウィーは、3つ目の言葉も"P"からはじまる言葉で表現できないかと考えて、〈幼児教育環境の〉アフォーダンス・ネットワークは「人々〈people〉、場〈places〉、小道具〈props〉」で記述できるかもしれないと提案した（Bronwen Cowie 私信 2011年2月）。この概念は、本章における「著者であること〈authoring〉」（ここには劇場の比喩が潜んでいる）というテーマにも沿うものである。ブルーナーによれば、「よい」物語とは、役者、場面、台本、そしてなんらかの「トラブル」がそろっていることである。『形成途上の学び』の中で、筆者らはこの比喩を用いて次のように述べた。

　　この研究で、子どもたちは学びのための自己台本〈self-scripts〉を発展させていた。多面的な自己像を育んでいる学び手の台本には、自分たちがこれからどんなことをしたり考えたりしようとしているか、どんなチャンスをつかみたいと思っているかが書かれている（Carr, Smith, Duncan, Jones, Lee, Marshall 2010, p.196-7）。

◆2　トム・ライスも参照しよう。異なる文脈ではあるが、ライスは本章でも取り上げている構え〈disposition〉と行為主体性〈agency〉という2つの概念について言及している（Tom Rice 2010）。彼は、ピエール・ブルデューの概念を援用して医者としての「ハビトゥス」を形成する上で鍵となる構えについて書いている。彼が着目したのは、研修医と研修医が手にしている聴診器との強い結びつきに見られる行為主体性のあり様であった。ここで紹介した子どもたちの多くは、「学びの物語」が収められているポートフォリオが、〈聴診器と〉同様の役割を果たしていると考えてみることもできるだろう。子どもたちのポートフォリオは、子どもたち一人ひとりがまぎれもなく学び手であることの証となっている。子どもたちはこれを、他者と関係を結ぶ時の道具として活用しているのである。
　キャロル・ハートリー、パット・ロジャース、ジェマ・スミス、サリー・ピータース、マーガレット・カーは、5歳のグーラヴにとって、ポートフォリオが、小学校での最初の年にコミュニケーションと関係性をつくるためのアフォーダンスとなったことについて述べている。彼は「ポートフォリオを、他の子と会話したり、自分の考えを伝えたり、過去の経験を思い出したりするために用いた。……彼は、新しい友だちに自己紹介する時にそれを使った。するとすぐに、多くの子どもが自分たちの『幼稚園の本』〈ポートフォリオ〉を学校に持ってきて、それを互いに見せ合うことによって、関係性を育んでいった」（Carol Hartley, Pat Rogers, Jemma Smith, Sally Peters, Margaret Carr 2012）。

第4章

Making connections across boundaries between places

場と場の境界を
またいでつながりをつくる

Box4.1

家族と友だち。そう、おじいちゃんが病気で入院していた時、子どもたちがポートフォリオを病院に持っていって、幼稚園でしていることをおじいちゃんに見せてあげていました。家に来る人誰にでも見せるのが大好きで、「ぼくが幼稚園でしてること見て」って、……ルイスは本にはあまり興味がなかったけど、自分のポートフォリオはよく読んで、本も読むようになって、もっと本を読んでって言ってきます。……以前は寝る前にお話を読んでなんていうことは一度もなくて、DVDを見たり、何も見ずに寝たりしていたと思います。でも、ルイスのポートフォリオを読むようになってからは、ポートフォリオを読んでもらう方が好きになりました。だって、どんなお話か知ってるから。自分が登場するからね（家庭でのポートフォリオについての4歳のケレンと3歳のルイスの母親カイリーへのインタビュー）。

　アセスメントの概念を「境界をまたぐ道具〈boundary object〉」として紹介した第1章で、アイデンティティとは「境界にまたがって重要な問題に取り組む中で、複数の矛盾するものの見方を取り入れながら、世界を生き抜く方法を見出す」という問題であるとするエティエンヌ・ウェンガーの指摘を引用した（Etienne Wenger 1998, p.274-5）。さらにウェンガーは、それは今日の教育の最も重要な側面の1つである、とつけ加えている。筆者らもこれに同意する。私たちが住んでいる世界は、私たちや私たちの祖先が育ってきた世界とは様変わりしている。だからこそ、第1章では、前の世代から引き継がれたものの上につくられる同時代の人との様々なつながりを強めることについて述べた。

　「学びの物語」とポートフォリオは、物理的に様々な境界を行き来すると同時に、その中に込められたアイディアも行き来する。すなわち、第1に、子どもの学びについて家族とやりとりをはじめるきっかけとなって、第2に、子どもたちが保育施設や教室といった保育・教育の実践現場で展開している学びとそれ以外の場で築いている生活（や自己像）とをつなげる機会を提供し、第3に、保育・教育の場の外のより広い世界とのつながりをつくっていくのである。

ケレンが妹のペイトンと一緒に自分のポートフォリオを見ている。ペイトンは彼女と父親が写っている写真を全て見つけ出そうとしている。

1 子どもの学びについて家族とやりとりする

　第1章で引用したジョン・ハッティ〈John Hattie〉による教育効果に関するメタ統合研究においては、親の期待は、家族に関わる他の構造的要因よりはるかに強く子どもの学びに影響を与えているということが結論づけられていた。「学びの物語」は、第3章で見たように子どもたちと話すおもしろい話題を提供してくれるのと同様に、その家族と話すおもしろい話題も提供してくれるのだ。そしてそのような会話では概して子どもたちへの期待について語られる。家庭と学校〈小学校内に設けられた就学移行クラス〉との境界が子どもの学びに与える影響は、イングランドのある就学移行クラスに新しく入った4歳児16人の経験を追ったリズ・ブルーカーの著書『小学校への移行：文化を学ぶ子どもたち』の鍵となるテーマである。彼女は家庭と学校との間の境界が及ぼす影響について、次のように述べている。

境界は様々な形で表れ、その影響は累積していく傾向がある。境界をつなぐための連絡手段（例えば、家庭から学校へ送る子どもについての情報伝達）においては、（家庭と学校での読書活動の頻度のように）そのどれか１つでも不利な条件に置かれた子どもは、その他の面でも不利益を被りやすい。……入学することで家庭や家族から離れた子どもたちは、このような［安心できる対等な］関係に必要なつながりを万全に築いたり、学校特有の気風に完全になじんだりする機会がより少なくなるのである（Liz Brooker 2002, p.163）。

　ノルマ・ゴンザレス、ルイス・モール、キャシー・アマンティが2005年に編集した『知識の蓄え：家庭、コミュニティ、教室での実践の理論化』（Norma González, Luis Moll, Cathy Amanti 2005）〈第１章末の注 ◆4参照〉では、メキシコ系アメリカ人家庭の子どもたちが家族や家庭から学校に携えてくる知識を視覚化するための多くのプロジェクトについて記述されている。
　教室と家庭での観察と家族へのインタビューを通して、家族がどのように知識を生み、身につけ、伝えるのかが調査され、その全てのプロジェクトで家族が持つ強みと資源とが強調されている。ニュージーランドでは、スチュアート・マクノートンが、家族内のリテラシー実践の多様性が学校でのリテラシー実践に取り入れられる過程について調査している（Stuart McNaughton 2002）。パット・トムソンは「見えない通学カバン」という言葉をつくり（Pat Thomson 2002）、クリスティン・ホールとともに次のように報告している。「子どもたちは知識や経験、学びの構えを詰め込んだ見えない通学カバンを持って学校に来る。しかし学校は、教育というゲームにふさわしい資源を多く持っている一部の子どもたちのカバンの中身しか利用しようとしない」（Thomson, Hall 2008, p.89）。
　「学びの物語」はしばしば、家族に書くことを促す。書くことに自信のない家族は書きたがらないのではないかと思われるかもしれないが、実際はそのようなことはなかった。「社会的困難◆1」地域にあるため補助金支給対象となっている幼稚園では、ポートフォリオの次の３つの特徴がより熱心な参加をもたらすようであった。すなわち、「学びの物語」が子どもを能力を備えた価値ある存在として位置づけていること、個々の子どもごとに作成され

〈personalised〉、家族に求められるコメントも自分の子どもに宛てて書くようになっていること、ポートフォリオは通園カバンに入って定期的に家庭に送り届けられるので、家族が子どもたちに物語を読み聞かせてくれることへの園の期待を明確に示すものとなっていること、である。

　ほとんどの家族は、年長のきょうだいやいとこの経験から、通園カバンについてすでに知ってはいたが、この通園カバンは、学びについてかわされるやりとりの単なる読み手から、わが子の学びについてコメントする書き手になるよう促す〈inviting〉ものだった（Clarkin-Phillips, Carr 2012）。子どもがポートフォリオを家に持って帰るたびに、実践者は家族からコメントを引き出すための工夫をしたし、家族もそれに応答して、わが子の幼稚園での学びについてよく分かったと書いた。ポートフォリオが並ぶ本棚の近くには、そこに座って子どもと一緒に読み返せるような座り心地のよいソファが置いてあった。

　トムソンとホールは、「知識の蓄え〈funds of knowledge〉」という概念が、コミュニティや家族の問題点やできないことに焦点を当てる見方〈deficit view〉を取り除いていく理由について書く中で、次のように述べている。「家庭やコミュニティの今のあり方を肯定することは、生徒の肯定的な社会的アイデンティティを構築するとともに、画一化されたカリキュラムがいかにあまたの方法で一部の生徒を排除し、他の生徒を特別扱いしているかということを教師に気づかせる」（Thomson, Hall 2008, p.88）。「学びの物語」もまた、学び手としての子どものアイデンティティの問題点やできないことに焦点を当ててとらえる見方を、家庭と幼稚園の両方から取り除いていく。

　カリル、タニア、ミシェルの幼稚園（**Box4.2** 参照）には、家庭やコミュニティで子どもが発揮している有能さや関心を〈園での実践に〉つなげるというテーマの「学びの物語」が幼稚園の玄関近くの掲示板に貼られていた。ジョージの芝刈り機に対する関心と知識、そして自分の芝刈り機を手に入れたいという思いについての２つの物語もそこに貼られていた。実践者はそれに１枚の写真を貼付した。その写真は、ジョージが注意深く見ていたもので、次のような文章が添えられていた。「あなたが、どうやって後部のキャッチャー〈切った芝が入る部分〉がくっついているのか不思議に思って

Box4.2

ある幼稚園の子どものポートフォリオに書かれた家族のコメント

ンガウルのポートフォリオ

8月 ンガウルは幼稚園に行くのをとっても楽しんでいて、すごくうまくやっています。先生方ありがとう。

翌年の5月 ンガウルは、ファナウ〈whānau 拡大家族〉のみんな、おばあちゃん〈nans〉、おじいちゃん〈koros〉、おばさん、おじさんたちに自分のポートフォリオを見せて楽しんでいます。ファナウは、ンガウルが経験してきた全ての学びについてとっても感心しています。ありがとうございます。

ンガカウのポートフォリオ

8月 このポートフォリオはすごいです。息子が園に通いはじめて数ヵ月の間に大きく変わったことを家族も感じていましたが、他の子どもたちとより多く関わるようになり、たくさんのことを学んで来たのだということが分かって、とてもうれしいです。ありがとうございます。

翌年の3月 ンガカウと私でポートフォリオを読み通していた時、息子は興奮した様子でその出来事について一生懸命説明してくれました。ンガカウが園に通いはじめてから、他の子どもたちや先生方と関わりながら多くのことを成し遂げていることが分かります。カリル、タニア、ミシェル、ンガカウに全く新しい世界を開いてくれてありがとう。彼の本はすごくいいです。

カルビンのポートフォリオ

8月 パパは、あなたの幼稚園の本、すごいねって言ってたわよ！ あなたがみんなの中に入って友だちと遊んでるのが見られてうれしいです。
ママは、あなたと一緒に本を見ながら、写真に写ってるみんなについて話すのが好きです。友だちと一緒に写ってる写真を見ながら、次に誰と一緒に遊ぶのかを話しているあなたを見てるのが大好きなのよ。

翌年の3月 カルビンのコメントより：パパが、ぼくの本は「かっこいい」って。そしてママが、パパとぼくがベッドでぼくの本を読んでる写真を撮ったんだ。

いたので、私たちはこの写真をじっくり見て、留めているのがクリップだろうか、何か特別なボルトだろうかと話し合いました」。実践者はこの関心をどのように深められるかについて、さらに以下のようにコメントしている。

　あなたとの話し合いが終わったあと、私はあなたの関心をどうやって広げられるか考えました。そして、[地域の]学校のBさんが乗用芝刈り機で校庭の芝刈りをしていることを思い出しました！　ジョージ、フェンス越しにBさんに声をかけて、芝刈り機を見せてくれるか頼んでみるっていうのはどうかしら。きっと芝刈り機に乗せてくれて、操縦する部分を見せてもらえるだろうし、キャッチャーがどうやって取りつけられているか聞いてみることもできるんじゃないかな。

　「ジャニスの北への大冒険」という物語には、最近彼女が幼稚園の外に出かけた様子と地図が添えられている。「ジェイデンが救った日」という別の物語には、ジェイデンが家の台所に入って「ママ、ママ、ふきんが燃えてるよ！」と叫んだ事件が、ジェイデンと母親によって語られた物語として記録されている。実践者たちはまた、個々の子ども用に「テ・ファーリキ」のカリキュラム領域と小学校の「キー・コンピテンシー」の両方に対応した「小学校への移行」用ポートフォリオを開発した。実践者たちは、園のポートフォリオの中から、ナラティブな方法で「小学校へのレディネス」が語られている比較的新しい「学びの物語」をいくつか選び、この「小学校への移行」用ポートフォリオに入れ直した。

　レジリエンスのある家族には、自らの力や可能性を肯定し、それらを重視する信念があることが明らかになった（Walsh 1998）。「学びの物語」は、その子どもの中にひらかれつつある人間的な力や可能性が前面に出るようにデザインされている。第2章で引用したジョン・プライヤーとバーバラ・クロソードの言葉を借りれば、そうすることで「学び手が、第1に、あんなふうになってみたいという自己像を抱き、それまでやったことがないふるまいや行動にあえて踏み出していくことを支える憧れにひらかれたアイデンティティ〈aspirational identity〉を新たに構築していくこと、第2に、自分がそ

うすることはその場において正統と見なされていると認識する」(John Pryor, Barbara Crossouard 2008, p.3) ことが可能になるのである。困難な養育環境に置かれているにもかかわらず学校で成功をおさめていく子どもたちについて調査したイラム・シラージ–ブラッチフォードらによるEPPE縦断研究の質的サブプロジェクトは、努力することには意味があるという信念の存在と、この信念が子ども本人にも共有されていることがこうした成功を後押ししているということを明らかにした (Siraj-Blatchford 2010)。

「学びの物語」は、持ち運び可能な形で記録することによって、「知性」が経験とともに成長していく様々な過程を目に見える形にしている〈reifying〉[2]。これに対して、多くの実践者や家族が抱いている単に生まれつきの才能を開花させるだけという発達観は、乳幼児期の教育の機会を妨げる可能性がある。神経科学の研究は、「神経組織によって決定される前」の乳幼児期の経験が、意欲や期待、関心の初期の発達で果たす役割について、新たな知見を提供しはじめている。2006年に刊行された学習科学についてのケンブリッジハンドブックの中で、ジョン・ブランスフォード、ブリジッド・バロン、ロイ・ピーらは、「神経組織によって決定される前の乳幼児期の学び」について書いており、次のように述べている。

　　1つ間違いなく立証されていることは、学びの経験が個人の脳を形成するのに役立っているということである。脳の発達は生物学的な所産であるだけではない。より正確に言えば、〈経験的要因と生物学的要因〉双方の複雑な相互作用によるものである (John Bransford, Brigid Barron, Roy Pea 他 2006, p.22)。

自分の子は他の子と比べ発達がゆっくりなのではないかと心配する親が、子どもの「学びの物語」に応答して次のように語っている。

　　とるに足りないささいなことがこのような驚きをもたらすことがあるなんて、驚きです。キアンの物語を見てとってもうれしくなって、お祝いのワインを買いに走りました。他人に自分の子どもが「できないこと」の数々ではなく「できること」を教えてもらうことが私にとってどんなにすごいことか、

言い表すことができません。キアンがコミュニケーションをはかれるように園がとった方法はとてもすばらしいです。これを知ってから、私はキアンを別の見方で見るようになって、一方的にではなく、一緒に会話をしようとするようになりました（Carr, Lee, Jones 2004, 第9巻, p.22）。

　別の保育施設では、アッシュの祖母が家での学びの物語をアッシュの通う施設に送り、家で見られた秩序だったパターンへの関心について述べつつ、彼のこうした関心が「境界をまたいで」、施設でも見られることはないかと問いかけている[3]（**学びの物語4.1**）。

学びの物語4.1

誰がしたの？

　きっとこの話を気に入ってくれるんじゃないかと思って……
　昨夜ウォーキングから帰ってきたら、玄関にほぼ完璧に並べられた靴に迎えられました。私は「誰がしたの？」とたずねました。どうも、自分の靴を片づけるように言われたアッシュが、ついでに全部の靴を玄関にきちんと並べてくれたようなの

です。このことが片づけや整頓といったことにつながっていったらいいなと思います。……というより、彼は最近、モノを組み合わせたり、一列に並べたりすることに熱中しているんですけど、そういうことの方に関係しているのかもしれません。園でもこれと似たようなことがありますか？

5月14日　　　　　　　　　　　　　おばあちゃん（ジョセリン）より

　このように、子どものポートフォリオに家族の方から写真や時には「学びの物語」そのものを提供してくれることがある。チェシャーにある学校では、ペイジの家族がビーチに旅行した時の写真を届けてくれた。実践者はその写真についてペイジに話を聞き、「学びの物語」を書いた（**Box4.3**）。

Box4.3

ペイジのビーチへの家族旅行

　チェシャーにある学校では、ペイジがビーチに行った時の写真を何枚か持ってきたので、実践者がその写真を手にしたペイジの写真を撮り、ペイジのコメントを添えて「学びの物語」を作成した。ペイジのコメントには、次のようなものがある。

> 「ママと凧あげをして、あたしがやって、それから〈then〉ママがやったの。車の中で少し飲み物を飲んで、それから〈then〉また車に戻ってちょっと食べた、それは海に入ったあと〈after〉だったの」
>
> 「これはパパと砂のお城をつくった時の写真。パパの帽子を見て」
>
> 「車のそばにいた時、自分で飛んでたの」（実践者：何が飛んでたの？　ペイジは柱に結んである凧の糸を指さす）
>
> 「これはカニの殻で、これがカニのはさみ」（人差し指と親指を開いたり閉じたりしながら）

　ペイジは家族やビーチでの出来事を教室に持ち込むことによって、次々と起こる出来事を「それから〈then〉」や「〜（した）あと〈after〉」という言葉を使って伝える力を発達させている。それは高度な集中力を必要とする。この点で写真が彼女を助けてくれた。彼女は実践者の注意を彼女にとって重要な鍵となるもの（パパの帽子）に向けたり、「はさみ」という言葉の意味をジェスチャーで説明したりもしている。実践者は、読む人に分かりにくいと思われる点を説明するよう促した（「何が飛んでたの？」）。

　ピートシャヤのポートフォリオの場合は、そこに参加する書き手の輪が広がっている。そのひとりである姉は次のように書き込んでいる。

　妹は学校でしたことをなんでも話してくれます。しっかり覚えていて、私が家に帰るとすぐに教えてくれます。……夜ベッドに入る前は、私にポートフォリオを読んでほしがります。お姉ちゃんの名前を書けるよって言って、とっても上手に書きます。

2 保育・教育の場での学びと
それ以外の場での生活（や自己像）とをつなげる

　子どもが自分の学びについて話す時、家の人や家での経験が登場するのは
よくあることだ。第1章と第3章にコメントを紹介した実践者マリアンヌ
は、「ジャックは、家族から語り継がれた物語をたくさん話してくれたので、
本当につながっているんだな、という感じがしました。……繰り返しジャッ
クと［会話を］共有するうち、私は、次第に、彼の家族のいろいろな人につ
いて知るようになっていきました。彼の関心や得意なことについて、そし
て、彼がよく、〈家族に語り継がれた〉昔に思いをはせることがあるのを知る
ようになりました。そうやって私たちは、幾層にも重なったその子の物語を
描くことができたのです」と述べている。

　縦断研究『形成途上の学び』の「自身を語る」の章には、そのように物語
ることが家族にとっていかに大切かということについて、ヤシンとアラリン
という2人の子どもの事例を通して具体的に述べられている。

　幼稚園でのヤシンと実践者たちの会話は、文化という文脈の中に位置する
自分というものを示している。ニュージーランドの外の世界であるインドに
は、彼のおばあちゃんと親類たちが住んでおり、ニュージーランドの彼の家
族は、ヤシンにスペイン語、アラビア語、中国語といった新しい言語に出会
わせ、地球市民としての感覚を育もうとしている。しかしながら、学校では、
文化的文脈の中で形成される自分というものについて物語る機会は得られな
かった。……アラリンの場合、ヤシンよりも少人数の教室で［家族について］
物語ることを学校でも続けることができた。彼女の教科に関連する知識と、
家で母親や祖父母と一緒に育んだ園芸への関心と知識は、学校カリキュラム

においても、ともに等しく価値あるものとされたのである（Carr, Smith, Duncan, Jones, Lee, Marshall 2010, p.192-3）。

　アラリンは学校でのニュースの時間のために家からおもしろい話題を持っていくあらゆる機会を逃さなかった。担任らは、時として彼女だけが「何かとっておきのニュースや自然科学にまつわるニュースを持ってこようとしていた。……彼女は本当にそうした話題への関心を持ち続けていた」（同上書, p.191）と述べている。家族や家での出来事に関するコメントを収めた「学びの物語」には、幼い子どもが構築しているアイデンティティの様々な面が集められている。例えば、拡大家族の一員や園芸家としての面である。
　イザベラとデビヤのポートフォリオ（**学びの物語4.2, 4.3**）の事例にはそれ以外の面が載っている。イザベラは孫であり、宝石職人であり、作家としての、デビヤは作家であり、長い伝統と文化を持つ家族の一員としての面である。

学びの物語4.2

やさしい行い

　朝一番、イザベラがちょうどドアから入ってきた時、私はおはようのあいさつをしてから、「イザベラ、今日は何をするの?」とたずねました。すると間髪入れずにイザベラは、「おばあちゃんにネックレスをつくってあげる。おばあちゃんは病院に行くの」とこたえました。

　イザベラは作業をはじめます。糸を通し終えると、私はネックレスを包んでそこにカードを添えてみないかと提案しました。

　イザベラはていねいにネックレスを包んで、私が下書きしたメッセージをなぞり、仕上げに自分の名前とキスマークと美しい写真を添えました。

イザベラは封筒を1枚もらって、プレゼントとカードを入れました。
なんてすてきなプレゼント。

大好きなおばあちゃんへ

　病院ではどうですか？　いい時間を過ごしている
といいな。きっとぜんぶ大丈夫だよね。
　手術が無事に済んだらいいなと思っています。そ
して私がお見舞いに行ったら一緒に楽しい時間を過
ごせますように。

　おばあちゃんのことが大大大好きな イザベラより

················**イザベラ、あなたにはどんな学びが生まれているの?**················

　イザベラ、あなたは今日の予定をはっきりと決めてきていて、何がしたいかを
しっかり分かっていました。あなたのやさしさと気遣い、おばあちゃんへの心の
こもったプレゼントづくりに感心しました。

　イザベラ、あなたはとってもやさしくて思いやりがある人。これは1つの例に
すぎません。幼稚園でお友だちにやさしくしている姿をよく見かけます。遊びに
入れてあげたり、難しいことをしている時に助けてあげたりして、みんなをうれし
い気持ちにさせてくれます。

　やさしさは、私たちがロスキル南幼稚園でとっても大事にしている構えの1つ
です。想像してみてごらん。やさしい行いがもっともっと増えれば、世界はどん
なに変わることでしょう!　イザベラ、あなたは世界を変えていくし、どこにいて
もあなたらしいやさしさを紡ぎ続けてくれることを私は知っています。

アロハヌイ〈Arohanui〉、カレンより

　　　　　　(アロハヌイはマオリ語で「大きな愛」という意味です)

学びの物語4.3

ヒンディー語を書く

9月13日 キムによる記録

今日の午後、デビヤがおばあさんと机に向かって座っているのに気づきました。見ていると、デビヤは紙に記号のようなものを描いていて、おばあさんが書き方を教えているのが聞こえました。

デビヤは顔を上げて私にほほえみ、おばあさんは私に、デビヤがヒンディー語を書いているのだと教えてくれました。おばあさんと私の会話では言葉があまり通じませんでしたが、デビヤのおばあさんがインドでヒンディー語の先生をしていたこと、そしてデビヤにヒンディー語の書き方を教えていることは分かりました。

デビヤは書き上げた字を誇らしげに見せてくれ、私はその文字に興味をそそられました。

デビヤ、あなたは2つの言葉を理解できる、とっても賢い子ね。私には英語以外のどんな言葉も使うことができないけれど、あなたはあっという間に英語を使えるようになるでしょう。

あなたがヒンディー語を書いたことを記録した1週間後、あなたのおじいさんも幼稚園に来てくれました。おじいさんと話せてとっても楽しかったし、私はあなたの家族の生活について少し知ることができました。おじいさんはあなたのことをとても誇りに思っていて、あなたは家族にとって特別な存在です。

私たちはおじいさんとおばあさんが幼稚園に来てくれるのが大好きです。それに、おじいさんとおばあさんも、きっとまた近いうちに来たいと思ってくれているのではないでしょうか。おばあさんは、お料理は好きですか？ 園であなたのお友だちと一緒にお料理をしたいと思ってくれるのではないかしら。あなたはどう思う？

境界をまたぐ道具としてのポートフォリオを強化する①
実践者の自己紹介と子どものDVD記録を加える

　カレンR. は、イザベラとデビヤの幼稚園の園長である。園の全てのポートフォリオのはじめには、彼女の写真つきの自己紹介ページがファイルされており、他の2人の実践者と事務職員の自己紹介も同じく1ページずつファイルされている。実践者たちは、子どもたちにそれぞれの情報や家でのことをたずねるのだから、自分たちの情報も加えるべきだと考え、この取り組みをすることに決めた。今では多くの園で同様の取り組みが行われている。カレン園長の自己紹介は次の通りである。

　　私はオークランドの南にある小さな田舎町ワイウクで育ちました。これが子ども時代を過ごしたところです。私のお母さんとお父さんは今でもこの町に住んでいて、きょうだいのジェイソンは今パースに住んでいます。私は18歳の時に家を離れて、クライストチャーチにある教員養成の大学に進みました。これが家を離れた最初の冒険でした。私はいつも旅に出たいと思っていました……イギリスやギリシャの島々、エジプト、それにトルコ。たくさんの国を旅しました。……私は9歳の時にネットボール〈バスケットボールに似た球技〉をはじめました。この写真に写っているのはおばあちゃんと私です。14歳の時にネットボールで優勝しました。じつは私は大の「コロネーション・ストリート〈Coronation Street イギリスの人気テレビ番組〉」ファンなのです。マンチェスターにあるこの通りに行ったことまであります。しかも2回も！……私はあなたとあなたの家族に会って物語を聞けることをとっても楽しみにしていますよ。これは私の物語です。物語ってすばらしいものです。他の人とつながって関係を築く助けになってくれます。さっそく物語をはじめましょう！

　子どもたちは実践者たちの子ども時代の写真を楽しみ、新入園児の家族は、この「履歴書」をきっかけに実践者たちと会話をはずませる。子どもたちのポートフォリオにはDVDも入っており、家庭で鑑賞される。本章の冒

頭に引用したのは、カレンR. 園長の幼稚園に通っているケレンの母親の言葉である。インタビューの中で彼女はさらに次のように語っている。「子どもたちは自分たちのDVDをいつも見ています。『ベン10〈Ben10 アメリカのアニメ〉』や他の番組なんかよりも、自分自身のDVDを好んで見ます」。第2章では、他の保育施設の実践者ジュリーが、自分の子どものDVDを11回も見た親の事例を報告しているが、それと同様である。再びカレン園長のコメントを紹介する。

　　DVDを何度も見返すことは、ポートフォリオを何度も読み返すのとはまた違ったよさがあると感じています。最近はまとめ買いすれば比較的安くDVDが手に入るので、子どもたちが遠足に行ったり幼稚園でグループ活動をしたりする時には撮った写真を全て、時には動画も一緒にDVDに収めます。子どもたちはそれを家に持ち帰ることができます。DVDをポートフォリオに保管しておくことを選ぶ子どももいれば、家に保管しておくことを選ぶ子どももいます。そうやっていつでもDVDを見ることができます。子どもたちが幼稚園で経験していることを見る機会をより広いファナウ［拡大家族］に提供できるようになって、家庭と幼稚園とのつながりがとても強くなることが分かりました。

境界をまたぐ道具としてのポートフォリオを強化する②
家庭の言語を取り入れる

　バイリンガルの保育施設であるファアマサニでは、実践者が注目した出来事の「学びの物語」を、一部英語で、一部サモア語で書いている。ニュージーランドとサモアの家にいるトゥヌファイの家族は、家族でしたことの記憶と（家族でサモアに戻った際の）サモア語の使いこなしぶりにひときわ強い関心を向けながら、トゥヌファイの成長を見守っている。トゥヌファイは、ルシ（実践者）とポートフォリオの話をする中で、最近サモアに行った時に撮った写真のことを話した。彼は写っている人の名前をあげていった。ルシは彼があげた人々の関係についてコメントし、それは「まるで家系図を描い

ているかのよう」だった。また彼はレゴブロックを使って自分が乗った飛行
機の模型をつくり、その旅について語った。家族のひとりがトゥヌファイの
ポートフォリオに次のようにコメントしている。「トゥヌファイはとっても
よく覚えています。彼は自分が行った場所の話ができます。サモアから戻っ
て1週間たった夕飯時に、〈サモアにいる〉親戚のことや彼らがしたことを話
しはじめました」。そして、彼女は、トゥヌファイがニュージーランド生ま
れにもかかわらず、サモアの家族がトゥヌファイのサモア語に感心したこと
をつけ加えた。同施設の事例「ペニアミナの橋」〈**学びの物語4.6**〉も本章の
後半で紹介する。

『ケイ・トゥア・オ・テ・パエ 実践集』には、ある母親が息子のジェット
がお風呂で遊ぶ様子を記した物語が収録されている（Carr, Lee, Jones 2004,
第3巻, p.23)。彼女はその物語を家庭で使っているマオリ語に翻訳し、息子
の保育施設の実践者に使ってもらいたいマオリ語の用語集を添えた。彼女
は、実践者にジェットとマオリ語で会話するよう促し、実践者の言語能力の
上達を助けている。家庭の言語は **学びの物語4.4**「他の子のお世話をする！」
にも取り入れられている。

学びの物語4.4

他の子のお世話をする!

关爱他人

二零一零年二月十八日
教师: 朱迪
今天，我们给孩子们做些家常的印度风味薄饼和咖哩饭，有咖哩羊肉蔬菜、咖哩蔬菜、番茄酱....味道美极! 食物
准备妥当，孩子们洗了手坐在院子的席子上，我们给孩子们装盘。
克莱尔选了一盘咖哩羊肉饭便做在沙池旁台阶上吃了起来。
看到她吃饭的表情就知道她有多喜欢吃这饭了!
马威坐在克莱尔身后的露台上，但什么也没吃。 我们劝他吃一点，但他不感兴趣。就在大家都在享用咖哩美食
时，克莱尔放下盘子起身到桌前选了一盘咖哩饭端了过去放到马威面前.然后她又回到座位继续吃了起来!!你是
这样一个细心善意的好姑娘，克莱尔。
克莱尔在这里学到了什么?
克莱尔表现出日益增长的与他人沟通和关爱他人的能力。她很快能注意到在大家享用美食时，马威是唯一没吃
什么的人。
克莱尔以一种社交和爱心的方式确保马威受到关爱。做的好，克莱尔!

他の子のお世話をする!

2月18日　　　　　　　　　　　　　　　　　　　ジュディによる記録

　今日は、お母さんやおばあさんたちが来てくれて、子どもたちのために一緒にカレーやご飯、ロティを料理してくれました。ラムと野菜のカレー、ベジタブルカレー、そしてトマトチャツネです。ウ〜ン、おいしそう!　食べる準備ができて、私たちがカレーをボウルによそっている間に子どもたちは手を洗って外のマットの上に座りました。

　クレアはラムのカレーとご飯を選んで、砂場のそばの段に座って食べはじめました。彼女がこの食事をどんなに楽しんでいるか、とてもよく分かるでしょう!

　メイブはクレアの後ろのテラスに座ったけれど、食べ物を取ってきていませんでした。私たちはどれか取るように声をかけてみましたが、彼は関心を示しません。みんながカレーをパクパク食べて楽しんでいる中、クレアは自分のお皿を置いて立ち上がり、テーブルのところに行ってカレーが載ったお皿を取ってきて、メイブの前に置きました。そして自分の食事に戻って食べ続けたのです!　クレア、あなたはなんてまわりに配慮のできるやさしい子なのでしょう。

·················· **クレアに起こっていた学びはなんでしょうか?**··················

　クレアは、他の子どもと関わったり気遣ったりする力をどんどん見せています。他の子どもたちがみんな食べることを楽しんでいる中で、メイブがひとりだけ何も手にしていないことに素早く気づき、理解しました。クレアはうちとけた心のこもった方法で、メイブのお世話をしました。よくやったね、クレア!

境界をまたぐ道具としてのポートフォリオを強化する③
物語に境界をまたぐ他の道具を加える

　家庭の言語が、「学びの物語」とポートフォリオの中で使われることによって家庭と保育・教育の場の間を行き来するのと同様に、子どもにとって重要な意味を持つモノもまた、境界をまたぐことができる。第1章で、家庭やその他の場所からの知識の構えが保育施設での知識と学びの構えに出会う時、どのように「アイデンティティがハイブリッド化し複数の所属意識が形成される」かに関するコメントを引用した（Vandenbroeck, Roets, Snoeck 2009, p.211）。子どもの出来事を綴ったポートフォリオは、このプロセスを形あるものとして〈reify〉構築することができる。すなわち、紆余曲折するこのプロセスについて話し合ったり、確認し合ったり、とらえ直したりすることを支える道具になる。エマニュエルの家族はスーダンの難民キャンプからニュージーランドにたどり着いた。エマニュエルはニュージーランドで生まれ、生後5ヵ月の時にファミリーセンターに来た。センターが難民の家族への支援や子どもたちへの保育を提供する間、親たちは語学教室に通うこともできた。第1章のセーラの物語「私は子ども図書館員」〈Box1.2〉を書いたこのセンターの実践者ロビンG. は、エマニュエルがセンターで過ごした1年目の様子を次のように振り返っている。

　　私は、エマニュエルのお母さんのタビサがバスケットから家の動物のおもちゃを1つ取り出して彼に渡し、ディンカ語（母語）で何か話しかけているのに気がつきました。そうすることで彼はセンターにいることに同意しているようでした。それまで私たちは、彼が園に着いた時から常にストレスをいっぱい抱えていて、近寄ることも言葉をかけることもできず、万策尽きて途方にくれていました。……タビサのやり方に気づいてから、私は彼とともに動物への関心を足がかりにすることができ、他のスタッフや子どもたちもまねをするようになりました。

センターでは、エマニュエルがよく家に持って帰るアフリカの野生動物の

おもちゃが入った「ケテ〈kete〉」（バスケット）を用意した。そして、彼とこの特別な動物たちの関わりについて、「学びの物語」のポートフォリオをつくった。この「境界をまたぐ道具」はエマニュエルの「複数の所属意識」を支えている。動物、そして彼と動物との遊びを記した「学びの物語」によって、エマニュエルの母親を介した「3つの回路を通じた会話」が実現した。Box4.4 のロビンの省察には、「学びの物語」から抜粋された写真がいくつか添えられている。

Box4.4

▶巻頭資料 p.ⅱ ⑧

ファミリーセンターでのエマニュエルの学びの旅路についてのロビンの省察

················エマニュエルが3歳の時················

　私たちが学んだことは、この強い関心、そして私たちとの応答を通して、エマニュエルは不安になることなく全てのスタッフと一部の子どもたちが彼に近寄ることを受け入れるようになったということです。これはつまり、彼と一緒にどんなことがしたいか話し合えるようになったことを意味します。動物たちはエマニュエルのものとなり、彼は、このセンターにおける動物のエキスパートになりました。……私がこれまで彼に話したことを、彼は全て理解しています。このことは、母親が私に教えてくれたことで分かりました。彼は母親になんでも家族の言語で話しているようです。例えば、動物のお医者さんになったらどう？　と彼に提案したことがありました。すると次の日、母親が私に「エマニュエルは動物のお医者さんになりたいんじゃないの。動物からは友だちだと思われたいのよ」と言ってきました。エマニュエルはこのメッセージを私に伝えるよう母親に頼んだのでした。

この3つの回路を通じた会話はおもしろいものです。そして、家庭からの知識の蓄えと、それがセンターで承認され取り入れられるプロセスについても思い起こさせます。彼は時々、動物から数歩離れて他の関心の対象を探索することがありますが、常に大好きな動物に戻ります。動物たちを

寝かせたり、身体を洗ってあげたり、お出かけに連れて行ったり。ある日、彼は屋外でキリンを乗せてあげるためのバスまでつくりました。彼は毎日バスに乗って来るので、時々、彼の特別な小さい動物が入った「ケテ〈バスケット〉」を家に持って帰ります。センターに置いて帰りたくないのです。

　彼はセンターのことを「ロデンの家」と呼びます。ロデンというのは、彼が私をディンカ語で呼ぶ時の名前です。彼にはファミリーセンターという概念はなくて、私の家に来ているのです（以上は、全て母親との会話より）。……エマニュエルは自分の（「学びの物語」と写真が入った）ポートフォリオを繰り返し見て、彼の動物たちを確認するのを楽しんでいます。

エマニュエルが 3歳半の時

　エマニュエルは今でも動物に関心を持っています。しかし、彼にとってセンターの世界はぐんと広がりました。センターの活動ではじめて一緒に図書館に行った時、他の子どもたちの集団と一緒に座っている様子が見られます。彼は物語に強い関心を示しています。英語は彼の第一言語ではないので、大きな集団の中に座って、英語で話されるたくさんの物語を一生懸命に

聞いています。[今では] 誰とでも話すようになり、自分がいろいろできるということを見せてくれるようになりました。……彼の英語はこのころから花開くようになりました。いつでも助けを求めることができるようになり、文章をつなげられ、他の子の名前を覚え、たくさんの友だちができました。自分の選択に自信が持てるようになり、午前のおやつの場所から自分の椅子を運んで、一緒に座りたい友だちの隣に置きます。

······エマニュエルが4歳の時······

　先日、スーダンのすばらしい女性（マルサ）がボランティアとしてセンターに来てくれました。彼女はエマニュエルの言葉を話し、彼にとってとてもよい刺激になりました。

　じつは、彼に絵を描くよう促してくれたのはマルサなんです。エマニュエルにどうすればいいかを教えてくれました。このサポートによって、エマニュエルがようやくこのセンターがどういうところなのかについての理解を深めたことに私は気づきました。……エマニュエルはおそらく動物のおもちゃと一緒にいることで、自分や家族が生きる上で感じる他のものへの恐れを、ある程度理解できるようにもなったのだと思います。

　実践者のロビンは、「私たちは、行為主体性〈agengy〉とは何かということについても考えをめぐらせています。例えばそれは、これまで過ごしてきたなじみの環境にふさわしいふるまい方をすでに身につけている子どもが、新たに出会った環境での別のふるまい方をもわがものにしていくということ

ではないかと」とコメントしている。これは、行為主体性というものを、ひとりの中に「アイデンティティがハイブリッド化し複数の所属意識が形成される」という面からとらえようとしている筆者らの立場とも重なっている。以下に改めて、このコメントを含むロビンの言葉を引用する。

　友だちと関わり楽しく遊ぶ方法［をエマニュエルは見つけました］。それは、ひとりで動物たちといるだけでは経験できなかったことかもしれません。彼は頻繁に動物たちのもとに戻ります。先日一緒にいた時、とても疲れた様子だったけど、午後にはずっと動物たちをお風呂に入れてタオルで拭いてあげていました。私たちは、行為主体性とは何かということについても考えをめぐらせています。例えばそれは、これまで過ごしてきたなじみの環境にふさわしいふるまい方をすでに身につけている子どもが、新たに出会った環境での別のふるまい方をわがものにしていくということではないかと。

　ダラムにあるナーサリーでは、5月5日、12日、そして18日の3つの短い物語を1つにまとめている。**学びの物語4.5** には、このうち2つの物語を抜粋した。これらの物語は、エビーの新しい場への所属意識の発達を描き出しており、「エビーは準備万端」という題は、彼女がギー（ぬいぐるみ）と「ブランキー」（彼女のブランケット）、そして家の動物たちの写真を「境界をまたぐ道具」として使ったことを表している。5月の初旬、彼女はリュックの中に入れて持ち歩けるものと手に持っておけるものを分別した。5月18日の最後のコメントに、同ナーサリーの実践者デビーは次のように書いている。

　エビーのこれから：エビーはナーサリーでの時間を受け入れ、新しいお友だち候補がたくさんいます……今はみんなのことを徹底的に調査中なのね、きっと！　彼女は、遊ぶこととギーを持ち歩くことにどうやって折り合いをつけようか試行錯誤していて、そのうちいつどこに置くのが一番か、うまい解決策を見つけることでしょう。

エビーは準備万端

エビー、あなたがママとパパと一緒に園に来てくれた時、とってもうれしかったです。きっとすてきな人だろうと思っていたけど、あなたはその期待を裏切りませんでした!

5月5日

ナーサリーに到着した時、あなたはお人形、ブランキー、そしてギーを携えて冒険への準備万端でした。そして勇敢にパパにさよならのキスをして、ぎゅっと抱きつきました。パパが立ち去ろうとした時、涙を数滴こぼしました。パパが戻ってきてもう一度抱きしめてから、迎えにくるからねとやさしく言ってくれました……なんてやさしいパパなのでしょう! ママは私たちに、年上の子どもたちと遊ぶのが大好きだって言っていたけど、見るもの全てがはじめてだったあなたは、何よりも先に新しい場を探検して、ギーのための新しいジャングル仲間など、どこに何があるかを確かめました。そしてギーのために小さなパーティーまでしましたね!

5月12日

今日あなたは、マーフィーと猫のチリーとティリーの写真を持ってきました。すごくカッコいいと思うわ! 新しい友だちをとってもうれしそうに見せてくれたけど、その写真を壁に貼るのは嫌でした……当たり前よね、あなたのペットだもの。そしてその写真を持ち歩きましたが、そろそろ全部を抱えて歩くのはちょっと難しいことに気づきはじめましたね! トビーが白雪姫のジグソーパズルをするのを手伝いたかったけど、そのために何を手放して置いておこうか悩んでいましたね! その時、私はリュックサックのことを思いつきました。「あなたのリュックに全部入れて、そしたらそれをしょってパズルもできるね」。「お片づけ上手のエビー」は、リュックに入れるものと手に持つものを分けはじめました。マーフィーとブランキーはリュックに入れることにしたので——このところ、お人形はお昼寝の時だけ取り出されるようになってきていて、お昼寝のあとには、リュックはそのままベッドに置いておくようになっているね——、あとにはギーと猫たちが手元に残り、ほどなく白雪姫のパズルが完成しました。万事成功!

3 保育・教育の場の外のより広いコミュニティとの つながりをつくる

　より広いコミュニティとのつながりをつくる「学びの物語」は、学び手や実践者、または家族によってはじめることができる。トゥヌファイと同じ保育施設に通うペニアミナのポートフォリオに収められた「学びの物語」では、橋の基本形（三角形の連なり）を見た経験と、施設にある材料（カラフルなアイスキャンデーの棒）を使って表現する機会を彼が自分で結びつけたことについて振り返っている。この物語の書き手は、ペニアミナとの会話について、特にサモア語の言語能力と橋についての記憶に注目してコメントしている（**学びの物語4.6**「ペニアミナの橋」）。

　「ラウクラ〈raukura〉の成長」という論文でブレンダ・ソーターとマナ・タマリキ・ファナウは、マナ・タマリキ・コハンガ・レオ・イノベーションセンターの研究プロジェクトが立ち上った経緯を以下のように書いている。

　　テ・タマイティ・ヘイ・ラウクラ〈te tamaiti hei raukura〉という観念とはすなわち、子どもを人々の希望と願望を具現化した優れた学び手としてとらえる概念である。……私たちの問いは、「テ・レオ〈te reo 言葉〉、ラウクラとしての子どもたち、ファナウ〈whānau 拡大家族〉、そしてパキ・アコ〈Paki Ako〉の双方向的な関係はどのように強化できるか？」というものである。……パキ・アコとは、私たちのコハンガ・レオで学びを記録してアセスメントするために使う方法を表す言葉である。マナ・タマリキは、「学びの物語」に適応するツールとしてパキ・アコを発達させた（Brenda Soutar, Mana Tamariki whānau 2010, p.38）。

ペニアミナの橋——O le auala laupapa a Peniamina

23rd June Teacher: Lusila

Ao fai fauga fale a Peniamina ma lelemia e faaaoga fasilaau o aisa poloka. Fai mai lelemia o lona fale la e fai. Sa fai mai Peniamina o lau auala laupapa lea o loo fai. O le vaa lea

o loo fealuai I lalo o le auala laupapa. Matua maualuga le fausia ina o lau auala laupapa. "O le auala lea sa vaai ai au." I fea o lau fesili lea. "I le pasi." Ina ua oo mai le matou pasi I luga o le auala laupapa i North Shore o Peniamina sa ia faailoa I tamaiti o lea ua matou I luga ole bridge (auala laupapa). I lalo o le auala laupapa o loo feoai ai vaa i luga o le sami. Sa faanoanoa Peniamina ina ua faaleaga e Uelese lana auala laupapa. Sa ou fai ia Uelese, Uelese faamolemole aua le faaleagaina le auala laupapa a Peniamina sa tigaina e fai. Na o le luelue mai o lona ulu ma ia toe tago toe tuu faalelei le fasilaau sa ia faaleagaina. Ua malie le loto o Peniamina ona faaauau lea o le fausiaina o lana auala laupapa.

Iloiloga

Ao fai le fale a Peniamina sa ia toe manatuina i le fauina o lona fale le auala laupapa sa ia vaai i ai i le aso na alu ai le matou tafaoga i le pasi. Na amata mai I le fauina o le fale, ae na toe suia i le auala laupapa ina ua uma ona fau le fale, ua le fale ae ua auala laupapa. Ao fausiaina lana auala laupapa e tele mea sa ia aoaoina mai I le galuega faatino sa ia faia. O lanu o fasilaau sa ia faaaogaina, o siepi, faapea ai ma le faatauaina o le gagana Samoa o loo faaaogaina i talatalanoaga. E le gata i lea ae o le mataala ma le faaaogaina o lona mafaufau e toe manatuina ai le auala laupapa sa vaai iai i le aso na alu ai tafaoga a le aoga, e ala lea i le fausiaina o le auala laupapa e foliga i le auala laupapa sa ia vaai iai.

Manatu o matua

　本書には3つのパキ・アコの事例が収められている。1つは本章で紹介し、他の2つはカウマトゥア〈kaumatua 長老〉であるテ・ファレフイア・ミルロイ〈Te Wharehuia Milroy〉教授の賢明な指導と助言のもとで行われた研究プロジェクトの最中にはじまったマラ・タプの事例〈māra tapu 聖なる庭〉で

学びの物語4.6

ペニアミナの橋——オ・レ・アウアラ・ラウパパ・ア・ペニアミナ

6月23日　　　　　　　　　　　　　　　　　　　　実践者：ルシラ

　ペニアミナとイエレミアは色がついたアイスキャンデーの棒を使って何かをつくっています。イエレミアは自分の家を建てていて、ペニアミナは橋をつくっていると言いました。「これは橋の下をくぐっているボート」とペニアミナが言います。「とっても大きな橋なのね」と実践者が言うと、「ぼくこの橋を見たんだ」とペニアミナが言いました。実践者が「どこで見たの?」とたずねると、ペニアミナは、「バスで。ノースショアの橋を通った時に。橋の下の海にいるボートを見たんだ」とこたえます。ヴェレセが手伝おうとしますが、ペニアミナはうれしくなさそう。そして橋をつくり続けました。

分析

　この橋づくりをしている間、ペニアミナはバスに乗っていた時に通った橋がどのようだったかを思い出していました。最初は家をつくっていましたが、それが途中でノースショアへの橋に変わったのです。ここには書かれていませんが、つくっている形や棒の色、サモア語の豊かな表現、橋の見え方についてのはっきりした記憶、そしてそれを見た場所についての多くの発話がありました。

ある〈第5章で紹介する **Box5.2** および **学びの物語5.2**〉。

　「テ・コヒコヒ・プテア〈Te Kohikohi Pūtea 募金〉」〈**学びの物語4.7**〉の物語は、次のようなことわざ、ないしは格言、「ファカタウキ〈whakatauki〉」ではじまる——「あなたのバスケットと私のバスケットで、人々は養われる」。2010年9月、さらに2011年2月に再び、ニュージーランド南島の中心都市クライストチャーチで発生した大地震は、甚大な被害と苦難を引き起こし、多くの人命が失われた。コハンガ・ファミリー——実践者、子どもたち、そしてファナウ〈拡大家族〉——は、「被害を受けたクライストチャーチのたくさんの家族にアロハ〈aroha〉[お悔やみ、愛]を送る」ため、伝統的

テ・コヒコヒ・プテア —— Te Kohikohi Pūtea

"Nāku te rourou, nāu te rourou, ka ora ai te iwi"

I puea ake te whakaaro ākuni pea he tū i te taone waiata ai tā tātou mahi hei kawe i te aroha o Mana Tamariki ki ngā whānau ki Ōtautahi e pani ana, me kore e tūpono he paku maramara hei āpiti atu ki te rourou a te motu e whakaritea nei.

Nō te ata o te tuatoru o Poutū-te-rangi, i kotahi atu tātou ki te pokapū o te taone ki te haka, ki te waiata. Te ātaahua, te wera hoki o te ra. Nō tātou tonu te whiwhi! Tīmata ana ngā mahi haka ka toia mai e koutou te minenga. Nā te rōreka o ō koutou reo pea te take? Nā te pūkanakana mai o ō koutou mata, nā te ātaahua o te piu o ō koutou tinana pea?

I kawea ake e tēnā, e tēnā te mānuka. Tū ana ko ihi, tū ana ko wehi! Whakamīharo ana te iwi i ā koutou nā mahi. Ko ō koutou mātua hoki ērā i puta ki te tautoko i te kaupapa o te rā.

Nāu, Moera, te rourou i pupuri. I kite au i tō urupū ki tāu nā mahi me te nui o tō hari. Tēnā rā koe! Nā kōrua, Te Rahikoi kōrua ko Rakei Te Kura, te pānui i pupuri e mārama pai ai te iwi he aha rā ia te take o tā tātou tūnga i te taone waiata ai.

Ka wani kē kōrua me tā kōrua mahi tahi.

Otirā, i ū koutou katoa, tamariki mā! Whakahī ana a roto i te rangatira o tā koutou tū, nā reira e taea ai te kī kua ea, kua tutuki pai te wāhi ki te kohikohi putea.

E $719 te huinga pūtea i kohia e Mana Tamariki i te 45 mēneti noa iho! Ka mau kē te wehi!

学びの物語4.7

テ・コヒコヒ・プテア 〈Te Kohikohi Pūtea 募金〉

「あなたのバスケットと私のバスケットで、人々は養われる」

　被害を受けたクライストチャーチのたくさんの家族にアロハを送るために、私たちは街の中心部に行って歌うことにしました。私たちのパフォーマンスでいくらかの寄付が集まり、全国的な募金活動の一助になることを願いました。

　2011年3月3日、ハカとワイアタのパフォーマンスをするために私たちはモールに行きました。とても気持ちのいい日で、お日さまがぽかぽかと照っていました。なんてついているんでしょう！　あなたたちがパフォーマンスをはじめるとすぐに通りがかりの人々が注目しはじめました。あなたたちの美しい歌声のおかげかしら？　プカナをしている時の表情のおかげかもしれないし、表現力豊かな美しい動きのおかげかも？

　モエラ、あなたは募金用のバケツを持ってくれました。責任感を持って、そしてうれしそうにこの役割を果たしている様子をちゃんと見ていましたよ。ありがとう！テ・ラヒコイ、あなたとラケイ・テ・クラは、見物している人にパフォーマンスの目的を説明するポスターを持ってくれました。あなたたちは力を合わせてすばらしい仕事をしてくれました。とても堂々としていました。私はあなたたちみんなの仕事ぶりを誇りに思いました。本当に、みんなってすごいです！　あなたたちは目標を達成しました。寄付が719ドルも集まりました。すばらしいです！　あなたたち一人ひとりがこの挑戦に取り組みました。とてもウキウキする心躍る経験でした！

な方法が採用された。北島にある自分たちの街の中心部に行って、伝統的な「ハカ〈haka〉」（儀式の際に演じられるはげしい動きを伴う踊り）や「ワイアタ〈waiata〉」（聖歌、歌）を披露したのである。この時の様子が、グループの取り組みについて作成されたパキ・アコに描かれている（**学びの物語4.7「テ・コヒコヒ・プテア」**）。このコハンガ・レオは、『テ・ファトゥ・ポケカ〈Te Whatu Pōkeka〉』の中で、自分たちのアセスメントの旅の物語について、他の事例もまじえながら、次のように書いている。

　　私たちは、アセスメントを完全に「使いこなす」ことはできないことを学びました。マオリの世界観にあるように、経験を積み重ねるとともにやり方

が上達し、私たちの理解は絶えず進み続けるものです。一つひとつの学びの物語が非常に多くの目的にかなうことに気づき、とても驚いています。ひとつの物語が果たせる役割には、万人の学びと教育的働きかけのアセスメント、言語的教材、過去の記録、計画を立てるためのツール、報告書、外部機関への証拠となる文書……まだまだ用途は豊富にあります（Ministry of Education 2009a, p.80）。

　カレンR. 園長の幼稚園でのデビヤのポートフォリオには、はじめて登園した日の「学びの物語」が収められていた。「幼稚園にようこそ」と題された物語にはデビヤが砂場で遊ぶ写真とともに、彼へ向けた次のような説明が添えられている。「これは、幼稚園でのあなたの冒険と学びについての物語を入れる特別なポートフォリオです。あなたの家族も物語を書いてフォルダに入れることができます」。本章のはじめの方で、彼が幼稚園で祖母とヒンディー語の文字を書いている様子についての初期の物語を紹介した。そこには、この出来事が記録された1週間後、祖父も来園したとのコメントが書き加えられていた。実践者のキムは続けて次のように書いている。「私はあなたの家族の生活について少し知ることができました」。
　実践者らはデビヤの活動の事例をたくさん記録し、彼の関心と探究の多くに含まれる文化的な意味に気づくようになった。デビヤはよく、インドへ行った時に訪れた寺院について、実践者に話している。彼はクジャクの写真を見つけて、それを描こうと苦心した。後日、デビヤがモザイクタイルをつくろうとした時、実践者は彼がクジャクのことに夢中だということを思い出した。デビヤはクジャクのモザイクタイルを完成し、その経過が写真と文章で記録された。父親は実践者に、デビヤの飽くなきクジャクへの情熱が「クリシュナ〈Krishna ヒンドゥー教の神〉」（いつも頭の上にクジャクの羽をつけて現れる）への大きな関心に由来していることを説明してくれた。ここでは、カレンと一緒にウェブサイトをひらいてお寺の写真を探し、デビヤが積み木でお寺をつくった様子を記した「お寺をデザインする」という題のより短い物語（**学びの物語4.8**）を紹介する。

お寺をデザインする

11月20日　　　　　　　　　　　　　　　　　　　カレンによる記録

　今日デビヤは神様、中でも「クリシュナ」を見たいと言ってきました。「先生のコンピューターで見たい。そしたら写真を印刷できるし」と彼は説明しました。私たちがウェブサイトを繰り返し見ていた時、私は最近届いた新しい積み木のことを思い出しました。とってもすてきでかわいい木製の積み木で、おもしろい形がいろいろあり、世界中のお寺や特別な建物に使われるのと同じような形です。デビヤにこの新しい積み木の箱を開けて見てみようと提案しました。その美しい形を見た時のデビヤのうれしそうな顔を想像できるでしょう。すぐに大好きなお寺をつくることを思いつきました。

　お寺の設計と建築にとりかかったデビヤは、様々なアイディアを試したり、こうしたらどうだろうかといろいろやってみたりしていました。先に印刷しておいた写真を見ながら、自分のアイディアや考えも取り入れて紙に描きはじめました。少ししてから、作成中のお寺の後ろに写真を置いて、「神様が入らないや」と言いました。次にプリンターで印刷した写真も試しましたが、やはり入りません。

彼の困っている様子が見てとれました。デビ
ヤは、神様はお寺の中に住んでいること、そし
て自分がつくったお寺には入りきらないことを
説明しました。私は、ウェブサイトにもっと小さ
い写真もあったことを思い出しました。そこで私たちはコンピューターに戻って、
デビヤにもっと小さな写真〈のあるページ〉を見せました。デビヤはこのサイズな
らうまくいくと考え、私たちはそのページを印刷しました。デビヤは〈積み木の〉
お寺のところに戻って写真を切り抜きました。まさにぴったりサイズでした!

……………………デビヤにはどんな学びが生まれているのでしょうか?…………………

　自身の学びの舵をとり続けるデビヤは、学びをさらに広げるために必要な情報
にアクセスできる場所を知っています。デビヤは「マンディール〈Mandir ヒン
ドゥー教の寺院〉」のウェブサイトを開き、特に関心を持っているものを繰り返し見
るのが好きで、ここで神々の写真が手に入ることを知っています。
　また、彼は関心を持つヒンドゥー教の神々についての自身の作業理論を展開さ
せ続け、自分の考えを友だちや実践者と共有しています。探究すること・調べる
ことに関心を持ち、知識への真の欲
求がみなぎっているのは確かです。
空間認知能力も発達し、どうしたら
2次元や3次元の物体を組み合わせ
られるか、そして自分のイメージに
あった大きさなどを探究しています。
　デビヤとマンディールのDVDを見
るつもりです。きっと新しい知識や
インスピレーションが得られるで
しょう。

4 小括──一人ひとりが育みつつあるネットワークと多面性

　本章では、学び手のアイデンティティの構築には、複数のコミュニティを
行き来しながらやりとりする経験が必要であるという仮説を検討した。エ
ティエンヌ・ウェンガーは、「私たちは、私たちが何者であるかを、私たち
の様々な所属の仕方を1つのアイデンティティへと統合する方法によって定
義する」と主張する（Etienne Wenger 1998, p.149）。筆者らは別のところで、学
び手は多面的な自己を持った存在とする見方を提示した（Carr, Smith, Duncan,
Jones, Lee, Marshall 2010, p.198）。さらに本書第7章では、こうした統合の仕
方を「バランス」のとり方としてとらえ直している。しかしながら、ウェン
ガーが『実践共同体』（Wenger 1998）の中で提示したもののうち、本章で議
論してきたことの多くを集約するのは、むしろ次の指摘である。ある場所の
ある状況における学びを別の場や状況に応用する能力は、その場の情報をい
かに取り込むかという問題ではなく、「むしろ根本的には、アイデンティ
ティの問題である。なぜなら、アイデンティティは経験をある文脈から別の

文脈へと運ぶ乗り物だからだ」（p.268）。

　ここでは、多様で複雑な環境や文脈の中で行われている様々な意味生成の間にどんな関連が見られるかを記録し、話し合うことが、こうした多面的なアイデンティティの構築に寄与するということを強調しておきたい。そして「学びの物語」は、この統合のプロセスを記録することで、学び手にとって強力な役割を果たす。本章に登場した子どもたちは、複数のコミュニティを行き来しながら、自身の理解を別の文脈に応用している。「学校への移行」プロジェクトに参加する実践者のエマは、この過程における「学びの物語」の役割について、次のようにコメントした。

　　（この男の子は）おそらく１週間くらい一言もしゃべりませんでした。でも、彼は自分のことが書かれている幼稚園の本［「学びの物語」のポートフォリオ］を持ってくるようになってからは、まるで新しい子が現れたかのようでした。これぼくだよ、ぼくのことだよ、まだ言葉でうまく説明できないけど、写真があるからそれを見せてあげられるよ、といった感じでした。振り返るといつも、小さなつぶやきや笑い声が聞こえます。子どもたちは男の子のまわりにひとかたまりになって座り、彼の幼稚園の時のポートフォリオを一緒に見ているのでした（エマ、新入生クラスを担当する実践者）。

　このように、ポートフォリオは新たな文脈の中で経験を意味づけ直す強力な道具〈recontextualising tool〉になり得る。本章では、「学びの物語」とその他の境界をまたぐ道具およびプロセスがともに境界を越えやすくし、多面的なアイデンティティと複数の所属意識、つまり、その場で新しいことに挑戦したり、自分の考えを言ってみたりするような豊かで複雑な可能性に満ちた自己像〈possible self〉の発達を支えていることが確認された。

　表4.1 は、本章に登場した事例において、子どもたちがどのように新たな文脈の中で自らの経験を意味づけ直していたかを整理したものである。（「学びの物語」やポートフォリオとともに）この意味づけ直しに関わった境界をまたぐ道具は太字で記した。例えば、写真、ネックレスに添えられた手紙、家で話されている言語、家庭からの知識の蓄え、旅した動物のおもちゃ、ギー

表4.1

境界をまたいだり新たな文脈の中で経験を意味づけ直したりする
道具やプロセスを分割スクリーン法を用いて分析する

教科に関連する知識の蓄え	学びの構えの蓄え	新たな文脈の中で経験を意味づけ直したりする際に、ポートフォリオとともに役割を果たした境界をまたぐ道具やプロセス
●ベイジ 出来事を順を追って思い出す：言語とリテラシー	その場にいなかった他者に物語る	説明することが期待されている**写真**
●イザベラ 材料としてビーズを使用：科学技術、デザイン、アート	やさしさを発揮して、入院中の祖母に贈り物をつくる	境界をつなぐ道具（**ネックレス**）に**手紙**を添えて、いくつもの境界を越えるための目印にする
●デビヤ ヒンディー語を書く：リテラシー	場の状況を敏感にとらえて、ほぼ英語のみが話される環境の幼稚園で、英語を話さない祖母と、家庭での言語であるヒンディー語を話したり、書いたりする	異なる**言語**の間を行き来するとともに、幼稚園の文化を「読み取り」、ヒンディー語を書くことが正統であり価値があることを知る
インドの神々と寺院についての専門知識：宗教的学びと文化的実践	マルチモーダルな手法を用いて、自分が得た専門知識を表現するためにウェブサイトや積み木を使う	**写真**を見本として使って、同じテーマで描画から〈積み木の〉組み立てに移行する
●エマニュエル 新しい国、新しい場について知る：社会的、文化的学び	新しい場に所属して、他者と関わったり、楽しく遊んだりする	家庭からセンターに、野生動物と**動物のおもちゃ**そのものについての知識と物語といった**知識の蓄え**を持ち込む
●エビー ままごととコーナーで遊ぶ：ドラマ	慣れ親しんだ場所から境界を越えて移動してきた道具の置き場を見つける	遊びと**ギー**を持ち歩くこととの両立を試行錯誤する
●ペニアミナ 色つきアイスキャンデーの棒で図形をつくる：数学	バスから見た橋を思い出し、棒を使って表現する	「**サモア語**を豊かに使って」説明したり、物語ったりすることを期待される
●コハンガ・レオの子どもたち 集団でのハカとワイアタのパフォーマンス：文化的実践	震災後の街を支援するためにハカとワイアタを行う際の役割を担う	非日常的な状況で、**ハカとワイアタ**にふさわしい威厳を保つ
●クレア カレーを食べる：食と栄養	自らの務めを果たして、他者の世話をする	彼女に伴って運ばれる**家庭で話される言語**

（ぬいぐるみ）、ハカとワイアタといったように。さらに、「分割スクリーン〈split-screen〉」法を用いた分析の一例として、8つの事例で使われた（そして、より強められた）教科に関連する知識の蓄えと、学びの構えの蓄えを分けてとらえることを試みた。

第4章　注 ───────────────────────────────

◆1　ここで言う「社会的困難〈地域〉」の指標には、失業率、移動・転居の頻度、ひとり親家庭の割合、25歳未満人口の割合の高さが含まれる。

◆2「具体化〈reification 目に見える形にすること、物象化〉」の概念は、学びやその成果の記録に関する議論に有用である。教育関係の文献では少なくとも2つの方法でこの用語が使われている。

　　まず、アンナ・スファードは、これはプロセスを名詞に変えていくという作業であると書いている（Anna Sfard 2008）。一方、『形成途上の学び』の中で筆者らは、3つの構えの名詞、すなわち双方向的関係〈reciprocity〉、レジリエンス〈resilience〉、および想像力〈imagination〉を動詞に戻し、それらがどんな行為を表しているのか分かるようにした（Carr, Smith, Duncan, Jones, Lee, Marshall 2010）。本書のトピックに関連して、2005年に刊行された『アイデンティティを伝える：文化的活動として学びを調べる分析ツールを求めて』に収録されているアンナ・スファードとアンナ・プルサクの興味深い論文も参照されたい（Anna Sfard, Anna Prusak 2005）。ここで彼女たちの立ち位置が次のように表明されている。「長い間考えた末、私たちは、アイデンティティをその人物の物語と等しいものとして考えるに至った。アイデンティティが物語という形をとって表現されていると言っているのではないことに注意してほしい。アイデンティティ自体が物語であると言っているのだ」と（p.15）。

　　一方、ウェンガーは「具体化〈reification〉」という概念を、ドキュメンテーションのように物質化することによって形を与える、つまり経験を具体的な物的対象に変換することを指すものとして使用している（Wenger 1998）。「そうすることで、意味を探る話し合いを組織していく上で何に注意したらよいかが明らかにできる」と言う（p.58）。さらに、ウェンガーは、「参加と具体化の両者の相補性は、意味が相互に関連し合っていることによって可能になる〈意味づけのための〉様々な取り組みに対して、わかりやすく、しかも内容に深みをもたらすような指針を与えることができる」と書き（p.65）、両者の適切なバランスの必要性について言及している。もし参加が優勢で

あれば（大事なものが具体化されないままであれば）、学びのジグザクした旅路をしっかりとらえ、個々の思い込みを修正していくには、材料不足になるだろう。もし具体化が優勢であれば（全てが具体化されたなら）、経験を共有し、その場で話し合いを通して考え合う機会があまりに少なくなってしまうだろう。

◆3『ケイ・トゥア・オ・テ・パエ 実践集』の第5巻『アセスメントと学び：コミュニティ』には、保育施設を家庭やコミュニティとつなげる「学びの物語」の事例が7つ掲載され、第3巻には「二文化併存」に関する物語が8つ取り上げられている。

第 5 章

Recognising and re-cognising learning continuities

継続している学びをとらえ、何度もとらえ直す

Box5.1

　不思議だなぁと思う気持ちは、どのようにはじまるのでしょう？　私たちはこのことに関心があります。乳児の不思議を探る旅を導くものはなんでしょうか。そして私たちはどうしたらその旅を支える存在になれるのでしょうか。私たちは、1〜3歳児や幼児と同じように、乳児〈年齢区分については p.20 参照〉もまた、まるで「研究者」のように、探究しながらまわりの世界を発見していく学び手としてとらえるようになりました。私は、乳児を研究者として見るという視点に立って、数ヵ月にわたりルビーを注意深く観察してきましたが、彼女は私たちにヒントを与えてくれていると感じました。今回新しく入ってきた0歳児たちが手足を存分に使って動きまわることができるよう、私たちはいつもそうしているように安全で探索しがいのある乳児［0歳児］用の部屋を用意しました。ここでは、様々な手ざわりの質感と出会うことのできる空間を探索することができます。はじめて来たその日から、家族も子どもたちも居心地のよさを感じ、この新しい環境について少しずつ知っていくことができます。きっといろいろなことが起こるでしょう。実際、ルビーがここがおもしろくて安心できる場所であることを自分で確認し、この場所への所属感が深まるのが見えてきた時、彼女の探究ははじまっていました（ロレーヌによって書かれたルビーの「学びの物語」の導入部分）。

　保育施設において探究がはじまり、維持できるようにするにはどうしたらいいかを考えてきたロレーヌは、長期にわたって継続している学びについて次のように書いている。0歳児が、思うままに手足を伸ばしたり移動したりすることができる、安全で興味深い場を提供することがそのよき出発点となるのではないか。そしてルビーの場合は、そうした環境への所属感が深まるにつれて、探究がはじまるのではないかと考察している。その後に書かれたルビーのポートフォリオには、この保育施設で5年近くにわたる彼女の探究を記録した数多くの「学びの物語」が収められている（**学びの物語5.1**「ルビーの探究」）。

　長いスパンで継続している学びを論じるということには、人生を切れ目なく見る視点、つまり過去の時点に立ち戻ることと、遠い先の未来と結びつけることが含まれる。つまり、可能性に満ちた自己像〈possible self〉や憧れにひらかれたアイデンティティ〈aspirational identity〉の視点から議論する必要があるということである。

ルビーの探究

ルビーは、探索に出かけています。彼女は以前からこの探索を計画していました。

今、彼女は乳児用の空間を大きくはみ出した目標を設定し、関心を持った場所にどんどん出かけていきます。

ルビーは様々な状況で挑戦を続けており、ウォールクライミングに挑戦することを楽しんでいます。最初のウォールクライミングの物語で、彼女は「私は壁のてっぺんに登ったのよ。風が吹いていてこわかった。てっぺんからは、遠くまで見えたよ。壁を登るのにがんばらなくちゃならなかったの」と言っています。

ルビーのフォルダーに入っているロッククライミングに関する「学びの物語」の中に、ルビーの母親は次のように書いています。「彼女の勇気は、一番大きな岩の上までついてきた弟のジャックにも、そして、高い所があまり好きではない私にも影響を与えました。このロッククライミングで得た自信は、彼女そして私たち家族をどこに導くのかしら?」

ジェイ・レムケはその論文「時間の尺度をこえて」を次の２つの疑問からはじめている——「一瞬の時間」がどのようにして「人生」へと積み上がっていくのだろうか。そして、私たちの共有された一瞬の時間はどのようにして「社会生活」へと積み上がっていくのだろうか（Jay Lemke 2000, p.273）。

　彼は時間尺度の表を作成している。その表では、秒単位から分単位のやりとりへ。次に、数分のエピソードから一時間、あるいは１回の「授業」のエピソードへ。さらに生涯にわたって続く教育における発達へと広がっていっている。彼は、より長いスパンのプロセスと、短いスパンの出来事は「境界をまたぐ道具〈boundary object〉」によって結びつけることが可能になると記している。そして、「境界をまたぐ道具」は多くの場合、時間と場と出来事を結びつける記録であり、それはモノとして扱えると同時に、なんらかの「サイン」あるいは「テキスト」でもあると書いている（p.281）。

　別の論文「長い時間と短い時間」においては、この考えをさらに発展させ、長期間にわたって発達を追跡する「トレーサー〈tracer〉」として特に価値があるのは、「時空をこえた、意味的なつながりに関する情報〈significant information〉をもたらし、その状況を踏まえた解釈を通じて、バラバラな出来事の間に一貫性をつくりだすのに役立つようなモノ」であると述べている。彼は、いくつかの共通の特徴を持った「エピソードの意味のあるつながり〈significant chains of episodes〉」[1]という概念を導入して、次のような問いを発している。「どのようにして私たちはいかなる特徴が重要なのかを知ることができるか」と。そして私たちはもう１つ上のレベルを見なくてはならないと述べ、「これらのつながりは、長期にわたるいかなるプロセスにとって重要なのか」と問うている（2001, p.21）。

　同雑誌の特集で、サーシャ・バラビとケネス・ヘイ、リサ・ヤマガターリンチは、本書第１章で簡単にふれた「中間にある学び」という枠組みを使って、個人と環境との相互作用の軌跡として、継続している学びをとらえることの重要性について、次のように書いている。

　　私たちが焦点を当てようとしているのは、個人あるいは複数の個人がなんらかの実践〈仕事や生活など〉に従事したり、なんらかの概念を理解したり、

ある資源の活用法を発展させたり、あるいはなんらかの文化的道具を創造するようになっていく出来事を跡づけるという問題である。そうした方法論的な挑戦において重要になるのは、〈人々のそうした〉実践や理解の仕方を、個人の頭の中にある抽象的な概念としてではなく、個人と環境との相互作用の軌跡として描き出すことである。そのためには、研究者は、行為者の行為だけでなく、そうした行為を行為者に強いている環境条件——それゆえそれは焦点的な問題である——も、同時に描写できるようにならなくてはならない（Sasha Barab, Kenneth Hay, Lisa Yamagata-Lynch 2001, p.71）。

　本章は、継続している学びをとらえ、何度もとらえ直していく上で、「学びの物語」は、以下の2つの点で有益であることを明らかにする。第1に、学びのエピソードを意味的に結びつけるという点で、第2に、継続している学びをより明確にとらえ、可視化する機会をつくりだすという点で、である。

1 学びのエピソードを意味的に結びつける「学びの物語」

　「学びの物語」は、「時空をこえた、意味的なつながりに関する情報をもたらすモノ」であり、また出来事の間に一貫性をつくりだし、より長期のプロセスに注目することによって学びのエピソードの間に意味的な結びつきをつくりだすことができる。前章で紹介したテ・コヒコヒ・プテア〈Te Kohikohi Pūtea〉（震災救援の募金活動）の事例〈**学びの物語4.7**〉は半日間続いたが、それを意味のあるものにしている長期にわたるプロセスはファカタウキ〈whakatauki〉——すなわち、各人の貢献が価値あるものとして認められていることと、他者を深く思いやる豊かな文化を持ったコミュニティに所属していること——の中に表現されている。こうした長期にわたるプロセスという視点に立つことによって、時間を遠くさかのぼる文化的な連続性に関連させることが可能になる。

　　子どもはかつて、そして今も、先祖を肉体化した存在、すなわちテ・カノヒ・オラ〈te kanohi ora〉：「祖先の風貌のよみがえり」である。子どもはかつて、そして今も、昨日との生きたつながりであり、明日への架け橋、すなわちテ・タウラ・ヘレ・タンガタ〈te taura here tangata〉：「時間をこえて人々をつなぐロープ」である。子どもは、カワイ・タンガ〈kāwai tanga〉：家系的きずなとして、今ここにある「家族のつながり」、すなわちファナウンガタンガ〈whanaungatanga〉を強める存在である。

　継続性のこうしたとらえ方は、〈マオリの保育施設の1つである〉テ・コハンガ・レオ・オ・マナ・タマリキで展開されたテ・マラ・タプ〈te māra tapu〉：聖なる庭プロジェクトにも見てとることができる。このプロジェク

トについてはブレンダ・ソーターが報告しているが、そこにはカウマトゥア
〈kaumatua 長老〉であるテ・ファレフイア・ミルロイ〈Te Wharehuia Milroy〉
からこの保育施設マナ・タマリキに贈られたカラキア〈karakia〉（祈りの詩）
の文章が紹介されている（Brenda Soutar 2010）。彼女によればこのカラキア
は次のように使われる。

　　それは庭での植え込みの列の目印を打ったり、植え込みを行う際に使われ
　　る。それはマナ・タマリキのファナウ〈拡大家族〉が持っている知識が私たち
　　のイノベーションセンターでどのように活用され深められるかを示す事例の
　　1つである。この知識は将来にわたって子どもたちに伝えられていくだろう
　　し、マオリ文化特有の知識獲得の方法や生活スタイルは今後も世代から世代
　　へと継承されていくだろう（p.35）。

　庭ができあがっていく間、この保育施設のカイアコたち〈kaiako〉（teachers）
はパキ・アコ〈paki ako〉（「学びの物語」を応用したもの）を書いたが、そこ
ではこのマラ・プロジェクトの中で形成途上にある知識について考察してい
る。これらの物語は、マラ・タプの内容を詳しく紹介するために、あるいは
「マオリ文化特有の知識獲得の方法や生活スタイルの世代間の継承」を強調
するために、長期的な視点から書かれている。**Box5.2** は、このうち、初期
に書かれたものの1つを抜粋したもの（ここでは英語に翻訳して紹介する）で
ある。
　1年後、リアはまた別の物語を書き、それは施設や家庭で子どもたちと繰
り返し共有された。このグループの物語は、やはり庭での子どもたちをテー
マにしたもので、次の3つの視点から書かれている。すなわち、第1に、言
葉の発達に向けた取り組みの一環として、第2に、マラ・タプ：聖なる庭プ
ロジェクトの発展の記録として、第3に、それとの関わりの中で子どもたち
が文化的な実践をわがものとしていく筋道を跡づけるものとして（**学びの物
語5.2**「アヌヘ・リンガ・レヘ！」）、である。この保育施設のカイアコたち
（teachers）は、自分たちの実践が宗教的・文化的・言語的・教育的・行政的
な意味でマオリ本来のものであり続けるために、「テ・ファーリキ」ととも

Box5.2

オ・ロンゴ 〈O Rongo マオリにおける農業の神〉

　　　　アミイが書いたパキ・アコからの抜粋。マオリ語から英語への翻訳。
[2人の幼児が「赤ちゃん人形」を連れて畑を散策しています。畑で働いているワーカ
おじさんにあいさつをすると、おじさんが畑を見せてくれました。ニンジンを抜いて、
洗い、庭に座って食べる前にカラキア・カイ〈karakia kai〉（食べ物に対するカラキアま
たは祈り）をしています]。

　……私はランギタフリとアピラナが畑になっているおいしそうな野菜をじっと見な
がら庭を歩きまわっているのに気づきました。2人はトマトにふれ、敬意を表して
「トマトさん、こんにちは!」とあいさつしました。ランギタフリは畑でのお約束に
ついて話しています。「アピラナ、気をつけて。トマトをとらないで、そのままに
しておいてね」。アピラナは言われたことを理解し、「そうね。まだ小さいもの。
これから大きくなるものね」とうなずきました。……今日、アピラナとランギタ
フリは畑のきまりについての知識を披露しています。……[2人は]カラキア・カ
イに由来する知識も披露しています。私は2人の学びをじっくり観察しました。た
とえ実際に得られる食べ物の分け前がほんの少しだとしても、2人がどのようにし
て自分の知識をこのような状況において適切に応用することができるのかを観察
したのです。アピラナとランギタフリはこの年齢の子どもの学習能力にふさわし
い段階にあります。

にマオリ学校の指針書「テ・アホ・マトゥア〈Te Aho Matua〉」を参考にし、かつ年長者のアドバイスにも耳を傾けている（Soutar 2010, p.37）。

　ジェイ・レムケが述べたように、「教室内の〈学びの〉ダイナミクスを、子ども個々人の活動やアイデンティティや軌跡との関連においてだけでなく、より広い学校や地域社会の文脈との関連においても考察することが必要不可欠である」（Jay Lemke 2001, p.18　強調は引用者による）。数学の授業について教室内を対象として行われる研究に関して書く中で、彼は次のように問いかけている。

　　なぜ私たちは、授業という時間の枠内で、授業が行われている教室の中だけで生徒を観察するのだろうか。なぜ、教室のドアを開け、ホールや他の教室やランチルーム、さらには街角や職場や家庭へと生徒についていって観察しないのだろうか。……私たちは短いスパンでの実践の意味的発展については問題にするのに、より長期的なスパンから見た意味生成の構えや態度やハビトゥス（Bourdieu 1990）の発達を問題にしない（Lemke 2001, p.20）。

　この本に登場する保育・教育現場の実践者たちはしばしば、意味生成の構え*の長期的な発達に目を向けている。

　ニッキーとスージーは、学校カリキュラムにおけるキー・コンピテンシーの1つ「参加する」とはどういうことかをめぐって子どもたちが話し合い、そこから導き出された独自の判定基準を使ってダイアナのポートフォリオに収められたエピソード相互の意味的なつながりを追跡している（第2章）。

　学びの物語3.1「クロスカントリー」の事例では、マイケルは自分の「学びの物語」を書く際の手がかりとして、学校カリキュラムの5つのキー・コン

＊　意味生成 meaning-making とは、人々がその行為する文脈において、出来事や諸関係、あるいは自己について解釈したり意味を理解していったりするプロセスを指す言葉。人間は既成の意味をコピー的に内面化する機械的な存在ではなく、その状況の意味を理解することに能動的に取り組んでいるという事実を強調している。自分で説明したり物語ること（例えば3章のゼブ）、またここで紹介されている事例のような、やったことがないことに挑戦することで自己に新たな意味を見出したりすることも意味生成の行為にあたる。（大宮）

アヌヘ・リンガ・レヘ！——Anuhe ringa rehe!

Ki ro pārekereke, whitikina e te rā
Mākuku i te ua, te waiora e i!

Nō mua tonu i tā tātou putanga atu ki waho, ka whakamārama atu au ki a koutou ko tā tātou i te rangi nei he huhuti kānga hei kai mā te whānau. "Kua pakeke ngā kānga ināianei?" te ui a Te Koomuri Aroha. "Ae, kua pakari. Kua pakari i tā koutou, otirā, i tā tātou maimoa, i tā tātou tauwhiro pai i te māra kai," tāku i whakahoki atu. "Tēnā rā koe e te māra!" tā koutou tamariki mā i tā tātou putanga atu ki waho, me taku mihi ki te rangatira o ō koutou nā whakaaro Māori, ki tā koutou whai whakaaro ki te tuku mihi atu ki te māra, ki ngā hua, otirā, ki a Rongo, ki a Haumia.

I kite atu tātou i a Pou Waaka i tawhiti, I te māra kai kē a ia e tatari mai ana ki a tātou.

Ahakoa tāku ki a koutou kia piri mai ki a au, auare ake! Ka tukuna e koutou te taura ka oma, korakora ana te haere, wehe ana i te rekareka! "Kia ora Pāpā Waaka", "Tēnā koe Pāpā Waaka", "Kia ora Pāpā Waaka" tāu Rakei Te Kura, te kākā o te rōpū Anuhe! Ka nui rā tō aroha ki a Pou Waaka, neha? Otirā, i roto i ngā wiki tata nei kua kite atu au ko koutou katoa tamariki mā e aroha nui ana ki a ia! Ka mau kē te wehi!

Nō te taenga atu ki te māra kai, hohoro ana tā koutou tautoko i a Pou Waaka ki te huhuti kānga, ka pīhoretia e koutou ngā pakere ka makaia atu ki te papa. Katahi te hunga ringa raupā ko koutou e kare mā!

I reira au e ata mātakitaki atu ana i a koutou, ā, i kite au arā anō ētahi I whakamātau i te kānga, i ngata. "Mmmmmm te reka hoki," tāku i rongo ai me taku whakamīharo ka tika! Hī ana ngā pewa, menemene mai

ana ngā mata i te reka o te wai kānga, warawara ana te hiakai i te wainene! Ka puku kata a roto i taku ohorere i kainga e koutou e mata tonu ana, mā te aha I tēnā e hoa mā!

Ka mihi ra au ki a koutou, e te rōpū Anuhe, anuhe ringa rehe! Me ā koutou mahi rangatira i te rangi nei! Mutu ana ngā mahi i te māra, heke ana a mōtuhi, mākuku ana a rae i te pukumahi, nanea ana a tia, puta ana a pito! "E noho rā e te māra!" tā koutou. Ka hoki atu tātou ki te whare o te kōhanga reo.

Nā Rea Te 16 o ngā rā o Poutū te rangi

アヌヘ・リンガ・レヘ！──あおむしグループのすばらしい手！

太陽の光に包まれた庭、雨上がりの畑で、心地よく、そして元気に

　外に出る前に、私は、今日はみんなが食べるトウモロコシを収穫する予定であると説明しました。「トウモロコシは大きくなったかしら」とテ・クウムリ・アロハがたずねました。「はい。大きくなっていますよ。トウモロコシが大きくなったのは、私たちみんなでずっと手入れをしてきたからですね」。

　外に出ると、あなたたちはみんなで「こんにちは、お庭さん！」とあいさつしました。畑や野菜やそれらを司る神ロンゴとハウミアにも話しかけるべきであるというマオリの考え方をとてもよく理解していることに感心しました。そして少し離れたところで、ワーカさんがあなたたちみんなを待っているのに気がつきました。

　そばにいてねと言ったのに、それは耳に入らないようで、みんなはロープを手放し、走り、駆け寄って、うれしそうに「こんにちはワーカおじさん」「ようこそワーカおじさん」「こんにちはワーカおじさん」と声をあげました。まるで、あおむしグループがオウムになってしまったかのようでした。みんなは、ワーカおじさんが大好きなのね。ここ数週間、みんなは彼のことが大好きであることがとてもよく分かりました。これはすばらしいこと！

　畑に到着すると、みんなはワーカさんが、畑からトウモロコシを収穫して、皮をむいて地面に捨てるのを手伝ってくれました。手が汚れてもへっちゃらね。

　私は、そこでみんなのことを見ていました。あなたたちの何人かが、トウモロコシを食べて、それが気に入ったのも分かりました。「う〜ん。すごく甘いね」と言っているのが聞こえてびっくりしました。よく見ると、みんなは、とびきりの笑顔で甘くてみずみずしいトウモロコシを味わっていました。とってもおいしかったのね。私は、みんなが生でトウモロコシを食べているのには驚いたけど、思わず笑ってしまいました。こんなに楽しいことはありません。

　あおむしグループのみなさん、あおむしさんのすばらしい手に感謝します！今日はなんてすばらしい仕事をしたことでしょう。庭で汗をかいて、懸命に働いたので、この活動を終えるころには、汗びっしょりになり、お腹はいっぱいになりました。「さよなら、お庭さん！」とみんなが言いました。そして、私たちはコハンガ・レオの部屋の中に戻りました。

リアによる記録　　　　　　　　　　　　　　　　　　　　　3月16日

ピテンシーを使っている（第3章）。この5つのキー・コンピテンシーは、彼の学校では学び手が構築する4つのアイデンティティとして構成し直されている。すなわち、コミュニケーションをとる人、粘り強い学び手、思考する人、そして他者を思いやる市民である。「学びの物語」の書式には、これらのキー・コンピテンシーに対応する学校独自の指標が盛り込まれており、マイケルは「粘り強い学び手」と「課題に根気強く取り組む」に焦点を当て、それらの言葉を取り込んで自分の物語を書いている。アセスメントの書式にはまた、4つの価値ある行動——すなわち敬意、好奇心、最善を尽くすこと、誠実さ——が記載されていて、彼は物語の中でこのうちの1つにも言及している。

　次に示す2ヵ所の保育施設では、いくつかの物語の中で——第2章のダイアナと同様に——勇気ある態度に焦点を当てている。その1つは、ニュージーランドの幼稚園のもので（**学びの物語5.3**「幼稚園での挑戦」）、もう1つは、ベルリンの保育施設のものである（**学びの物語5.4**「クリスティーナの学びの経験」）。

　ゼブの園の実践者たちは、彼の魚に対する関心や専門的知識の広がりと仮説をつくりあげる力の成長を追跡しているが（第3章）、それは事実上、「テ・ファーリキ」が掲げる学びの成果の1つである「生物世界と、生物の世話の仕方に関する作業仮説」の構築にあたる内容となっている。エビーがナーサリーに入園した直後の数日を追跡した物語（**学びの物語4.5**「エビーは準備万端」）は、「遊ぶこととギーを持ち歩くことにどうやって折り合いをつけようか試行錯誤」していた別々の日の物語を1つにまとめることで、実質的に、所属感と探究という価値ある長期間〈の育ち〉のプロセスをとらえたものとなっている。

　学びの物語5.5「本づくり職人のキーラン」は、イギリスのバークシャーで書かれたものである。この中で実践者デビーは、「乳幼児期における基礎的発達段階〈Early Years Foundation Stage〉」にある学びの環境の2つの要素（「幼児には屋内と屋外双方の空間が必要である。そこでは活動的な過ごし方も静かな過ごし方もできるし、考えたり、夢を見たり、観察したりできる」および「子どもたちは直接体験することから学ぶ」）に言及し、より長期にわたる発達

——言葉や語彙の発達——を促す環境の重要性を指摘している。この物語もその一部と言える。

　ニュージーランドのある保育施設では、実践者たちは「学びのスーパーヒーロー」になるための３つの資質要件について書いている[2]。「学びのスーパーヒーロー」になるとは、ある特定の行為を行うことを意味しており、認定されれば「学びの物語」にケープ型のアイコンが描かれる。３つの行為とは、集中する〈focusing〉（黄色のケープ）、繰り返しやってみる〈practising〉（青のケープ）、そして考える〈thinking〉（緑のケープ）、である。ケープをもらった子どもの物語はそのグループの仲間で共有される（「集中する」については、子どもたちのポートフォリオに収められた３枚のポスターのうちの１つ、**学びの物語5.6** 参照）。**学びの物語5.7**「新進の写真家」では、「集中する〈focusing〉」という言葉に、何かに全力を傾けて集中する学びという意味と、文字通りの科学技術的な意味の２つの意味を込めている。サミエルのカメラに対する関心と熱中が深まっていくとともに、カメラの扱いにも習熟していっていることがこの物語から分かる。

　ニュージーランドの「学びの物語」の多くのものが、５つのカリキュラム領域（に関わる学びの成果）の「一端を表すもの」とされた５つの行為を、〈アセスメントの〉指標として載せている。その指標とは、関心を持つ、熱中する、困難に立ち向かう、考えや感情を表現する、自ら責任を担う、である。これらの「行為の中の学びの構え」については、2001年刊行の前著において詳説している（Carr 2001a）。この枠組みにもとづいて数多くの研究プロジェクトが行われ、その結果、価値あるエピソードをとらえ深めるための手がかりとして、「学びの物語」とよく似た枠組み——第２章で、ニッキーとスージーが見出した「自ら参加したり力を発揮したりする」などがその１例——が生みだされた。**表5.1** は、意味生成の構えや実践や学び手のアイデンティティを長期間にわたってとらえるために開発された５つの枠組みを示したものである。実際にこれらの枠組みは、自分たちが作成したドキュメンテーションの中の学びを長期にわたって分析していくために、実践者たちよって活用されている（Ministry of Education 1996, 2007; Greerton Early Childhood Centre Team; Carr, Lee 2008; **学びの物語3.1**）。

幼稚園での挑戦 ── 木から木への移動

7月21日　　　　　　　　　　　　　　　　　　　ジョーによる記録

今日の午後、幼稚園に生えている2本の木のまわりでおもしろいことが起こりました。エイダンは、ジョスリンに近寄って、「ロープを使うと片側から反対側に移動できるよ」と話しました。すごいアイディアね!　そして、木と木の間に「ロープの橋」がつくられました。この大渓谷に架かる橋を渡りきることに挑戦しようと、瞬く間に、たくさんの子ども

たちが集まりました。ジョスリンはこの挑戦を成し遂げようとしている一人ひとりを励ますことができるよう、すぐ近くに待機していました。

……………ここではどんな学びが生まれているのでしょうか?……………

ジョージア、あなたは、今日はすばらしい勇気と自信を見せていました。木から木へとわたっていく友だちの様子を時間をかけて見ていたところがとてもいいと思います。あなたは行くぞ!　と自分のタイミングで決心すると、ついに挑戦しました。みんなの励ましを受けて、木から木への移動を慎重にやってみていましたね。

ジョージア、あなたの決断力と忍耐力が、「ロープの橋」をマスターするための原動力となりました。あなたは自分で自分の課題を見つけました。DVDを見るとその達成感がいかに大きかったかが分かります。カ・マウ・テ・ウェイ〈Ka mau te wehi〉──あなたって最高!

勇気=hautoa　　　　　　自信=maia!
忍耐=u-tonu-tanga　　　決定=hiringa

クリスティーナの学びの経験

8月8日 　　　　　　　　　　　　　　　　　ハトゥンによる記録

　今日、みんなが園庭にいた時、クリスティーナは滑り台にとても関心を持っていました。他の子どもたちがはしごを登り、楽しそうに滑り降りる様子を、彼女は長い間観察していました。しかし、彼女はまだ自分がそのいかにも大きな物体に近づく決心はしていませんでした。私はクリスティーナを見て、彼女がその滑り台の大きさに魅了されてはいるものの圧倒されているのが分かりました。しかし数分後、彼女はその魅力的な滑り台に向かって一歩踏み出すことにしました。

　最初、彼女はこわごわ、おぼつかない足取りではしごを登りました。頂上にたどり着いた彼女は、ここまで来たら、なんとしても滑り降りなければならないことに気づき、不安そうにしていました。彼女は勇気を奮い起こして滑り台に座って滑り降りました。

　地面に着くと、彼女はほっとすると同時に、当初の大きな不安を克服したこと、そしてそれはとても楽しかったことで喜びに満ちていました。この偉業のあと、その滑り台は彼女のお気に入りの場所となりました。その後も滑り降りるたびに、彼女は最初の時と同じように大喜びしていました。

　クリスティーナは不安を克服することを学びました。彼女は達成感を手にするとともに、すばらしい時間を過ごしました!

学びの物語5.4

クリスティーナの学びの経験——Lerngeschichte von Christina

8. August, Hatun
Als wir alle zusammen auf den Spielplatz gegangen sind, war Christina sehr an der Rutsche interessiert. Zunächst.beobachtete sie die anderen Kinder aufmerksam und sah ihnen eine Zeit lang zu, wie diese die Leiter. hinaufkletterten und anschließend freudig hinunterrutschten. Doch sie selbst wagte sich noch nicht so recht an das.gro ß erscheinende Ding heran. Ich sah Christina zu, wie sie einerseits fasziniert und andererseits überwältigt von.der Größe der Rutsche war. Nach einigen Minuten fasste sie den Entschluss doch eine Schritt auf die.geheimnisvolle Rutsche zuzugehen. Anfangs stieg sie ängstlich und wackelig die Leiter hinauf. Als sie oben ankam.konnte ich ihre Unsicherheit sehen, da sie jetzt, egal was auch passierte wieder hinunter muss. Sie packte allen.ihren Mut zusammen, setzte sich auf die Rutsche und rutschte hinunter. Unten angekommen war sie erleichtert und.zugleich voller Freude ihre anfängliche Skepsis überwunden zu haben und noch soviel Spaß zu empfinden. Nach.diesem Erfolg war die Rutsche an diesem Tag ihr Lieblingsspielgerät. Jedes Mal, wenn sie unten ankam, freute sie.sich als sei es das erste Mal. Christina hat gelernt ihre Ängste zu überwinden. Sie hatte ein Erfolgserlebnis und Freude.

学びの物語5.5

本づくり職人のキーラン

　キーラン、今日、あなたが園庭から教室に入ってきた時、とてもうれしそうでした。「ケンチントン先生、このボックスフォードの森を見て!」と自分で描いた絵を持ってきました。あなたがそれをどれだけ誇りに思っているのかが分かりました。あなたは、友だちのチャーリーと同じように、木と太陽を描いていました。私は「その大きな木のそばで遊んでいたのね。とってもすてきに描いたのね」と言いました。満面の笑みを返してくれたあなたを見て、その絵があなたにとって特別なものであることが分かりました。

　私たちは今週本をつくることを楽しんでいました。あなたはこの特別な絵を本にしたいのではないかと思いました。あなたがすぐに紙と色鉛筆を見つけて、私

と一緒に書き物用のテーブルについたことから、あなた自身も本をつくることに関心を持ったのではないかと思いました。あなたはすぐに描きはじめ、「大きな木に、ちっちゃな木」と言いながら、線を引いて幹を描き、渦を描いて葉や枝にしました。そして、「太陽と雨と虹が必要だ」と言って、円で太陽を描き、光の線を描き加えました。

あなたは、虹を描くためにさらにたくさんの色鉛筆を探してきて、アーチ型の線を多彩な色で描きました。私たちはしばらくの間、ボックスフォードで他に何を見たのかについて振り返る中で、チャーリーはワイヤのことを提案しました。それを聞いたあなたは、ある木から別の木につながるワイヤを描きました。「どうやって本をとじるのかな?」と私はたずねました。「ホッチキス」とあなたは言いました。それでホッチキスを探し出したのですが、ホッチキスの針が出てくるように、両手で強く押さなければなりませんでした。ちょうどあなたが書き終えた時に、チェンバレン先生が遊びに来て、あなたは彼女にあなたの本のことを何から何まで話しました。

················· **ここではどんな学びが生まれているのでしょうか?**·················

今日のキーランの森の絵には本当に感動しました。友だちのチャーリーが絵を描いているのを見て、自分も描くことにしました。一緒に絵を見ていた時に彼から伝わってきた興奮は、ボックスフォードの森での実際の経験が彼の学びと育ちにいかに大きな影響を与えているかを示していたように思います。「乳幼児期における基礎的発達段階」には次のように書いてありました。「幼児には屋内と屋外双方の空間が必要である。そこでは活動的な過ごし方も静かな過ごし方もできるし、考えたり、夢を見たり、観察したりできる」。そして「子どもたちは直接体験することから学ぶ」とも書かれています。キーランの姿はこのことを如実に示しています。キーランの「個別の遊びの計画」の目標の1つとしてあげられていたのは、彼が描いた絵について自信を持って話せるようになることでした。この活動は、彼に安心した状況下で大人と話す機会を与え、彼にとってとても有意義な方法で彼の言葉や語彙を発達させることを可能にしました。

················· **今後の学びの機会と可能性**·················

キーランは今日の自分がやり遂げたことを誇りに思っていたことでしょう。彼はきっとそれを繰り返したいと思うでしょう。私は、またボックスフォードに一緒に行く次の機会を楽しみにしています。キーランは写真を撮って、家で家族と共有するための本をもう1冊つくりたいと思うかもしれません。お母さんは、キーランの美しい絵をどう思うのかしら。

9月　　　　　　　　　デビーによる記録

学びのスーパーパワー「集中する」

この考えは、カイアコ〈teachers〉がガイ・クラックストンの著書『学びのパワーを構築する』〈Claxton, G. (2005). *Building Learning Power: Helping Young People Become Better Learners.* Tlo.〉を読み考えてきた中で生まれました。

This idea came from kaiako reading and thinking about Guy Claxton's book 'Building Learning Power'.

幼稚園でこんな展示を見たことありますか？

HAVE YOU SEEN THIS DISPLAY INSIDE KINDY?

·················学びのスーパーパワーを構築するとは·················

子ども自身が学ぶために何が必要かを考えられるようにすることです。

私たちは、全ての子どもが学びを導くスーパーパワーを持っていると信じています。幼稚園では、こうした能力を構築していくことを励まし支えていきたいと思っています。

もし、子どもたちが学びのスーパーパワーを自覚的に使えるようになれば、自分に備わった力を必要に応じて引き出し、発揮できるようになるでしょう。

この間私たちは、子どもたちとともに、学びのスーパーパワー「集中する」が使えるようになることを目指して取り組んできました。

「集中する」とは、1つの場所で長時間遊んだり活動したりすることです。「集中する」は、学びのスーパーパワーの1つです。なぜなら、何かを学ぶためには、考えるための時間が必要だからです。

学びのスーパーパワー
「集中する」

子どもの本の中にある「学びの物語」を読む時、このケープのマークを見れば、どんな時に子どもたちが学びのスーパーパワー「集中する」を構築し、利用しているかがすぐに分かるでしょう。このことを子どもたちに知らせ、これが学ぶ時に使える力であることへの理解を促していくことも重要です。

3・4学期

学びの物語5.7

▶巻頭資料 p. v ④

新進の写真家

　昨日、ナオミが子ども用のカメラを取り出してくれたおかげで、ママが出かけてしまったことで崩れた気持ちから立ち直ることができ、大半の時間を集中して過ごすことができたわね。今朝、あなたはカメラを指さして私に「ぼくはそれが欲しい!」と言いました。あなたにカメラを渡すと、あなたはすぐに写真を撮りはじめました。事務所で私の写真を2、3枚撮りました。私は撮った写真をもう一度見る方法を教えました。それからあなたは、他の子どもたちやおもちゃや幼稚園の環境の写真をたくさん撮りに行きました。活動の時間が終わりに近づいたので、写真をプリントアウトすることができず、翌日プリントアウトすることにしました。あなたは、またたくさん写真を撮りました。

学びのスーパーパワー
「集中する」

········ここではサミエルにはどんな学びが生まれているのでしょうか?········

サミエル、あなたは、子ども用カメラに関心を持って、何日もかけて写真を撮っているなんてすばらしいですね。カメラに関心を持ち、集中することが、幼稚園で安心して過ごせるようになることを助けているようです。あなたが自分から子ども用のカメラを取り出して使い続けているのを見ることができてうれしかったです!

フラットブッシュ幼稚園では、タマリキ(children)自身に、学ぶために何が必要かどうしたらよい学び手になれるかを考えてもらうようにしています。カイアコ(teachers)は、タマリキには学ぶことに役立つスーパーパワーがあると考えており、それを励まし、さらに発展させたいと考えています。これらのスーパーパワーの1つが集中することであり、これはタマイティ(child)が特定のおもちゃや道具で長時間遊んだり、活動したりし続けることを意味しています。サミエルが、学びのスーパーパワー「集中する」を使って、長時間カメラを使い、集中力を高め、没頭している姿を見ることができて、何よりでした。集中するということは、学ぶための重要な要素です。なぜなら、自分が何をしているのかを学び、考え、自分が決めた目標に取り組む時間をつくりだしてくれるからです。

··················今後の学びの機会と可能性··················

あなたが強い関心を示す様子を見て、私たちはカメラのバッテリーを充電し、すぐに使えるようにしておかなければならないと思いました。子どもたちがカメラの操作や撮影の技術に精通し、知識を深める機会を逃すことがないように。

アカネシによる記録　　　　　　　　　　　　　　　　　3月21日

表5.1
意味生成の構えや実践や学び手のアイデンティティを
長期間にわたってとらえるための5つの枠組み

ニュージーランドにおける乳幼児保育カリキュラム「テ・ファーリキ」	ニュージーランドの学校カリキュラムにおける「キー・コンピテンシー」	当初の研究プロジェクトにおける「学びの物語」の枠組み	保育園における「問題を問い、探究する文化」プロジェクト	ある学校における〈学びの〉道筋
安心〈Well-being〉	自分の健康や安全を自分で守る	熱中する	伸びつつある知力	粘り強い学び手：自分の健康や安全を自分で守る
探索〈Exploration〉	思考する	困難に立ち向かう	遊びを楽しむこと	思考する人：思考する
コミュニケーション〈Communication〉	言語や記号やテキストを使う	考えを表現する	対話に耳を傾けること	コミュニケーションをとる人：言葉や記号やテキストを使う
貢献〈Contribution〉	他者とつながる	自ら責任を担う	本物の仕事に出会うこと	他者を思いやる市民：他者とつながる
所属〈Belonging〉	自ら参加したり力を発揮したりする	関心を持つ	継続すること	自ら参加したり力を発揮したりする

2 「学びの物語」やポートフォリオを使って、継続している学びを明確にとらえ、可視化する

「学びの物語」やポートフォリオを通じて、継続している学びを明確にとらえる、あるいは可視化する方法としては、次のようなものがある。① 物語の中に見出すことによって、② 学びを分析することによって、③「学びの物語」において次の計画を考えることによって、④ 数多くのエピソードや写真を時系列順に並べてみることによって、⑤「学びの物語」について学び手やそのグループと会話することによって、である。

継続している学びを可視化する①
物語の中に見出すことによって

「学びの物語」は、エビーが通うナーサリーの実践者（第4章で見た **学びの物語4.5**「エビーは準備万端」）のように短いエピソードを複数集めたり、**Box5.3**「決定的瞬間はあの時！　そして今！」のように過去の出来事に言及したりするなどして、長期にわたる1つの物語として構成し語ることで、その物語それ自体の中にすでに内包されていた継続している学びが明らかになる場合がよくある。

継続している学びを可視化する②
学びを分析することによって

ケイラのポートフォリオは、彼女の長期にわたる探究を描き出し、その学びについての注釈を加えている。彼女のポートフォリオは、主任保育者の

Box5.3

「決定的瞬間はあの時! そして今!」

ジョーがケイラのポートフォリオの中に書いた物語

ほんの2週間前、私はケイラが友だちのオリビアに助けてもらいながら、ブランコに挑戦している物語を書きました。今日、外を歩いていると、ケイラがブランコに逆さまにぶら下がっていて、足を宙に浮かせ、満面の笑みを浮かべているのが見えました。大急ぎでカメラを構えて、ケイラのアクロバットを撮影しました。

ジョーが書いた次のような受け入れの物語からはじまっている。「これから一緒にたくさんの学びの旅をしていきましょう」。3年半後、ロレーヌは、ケイラが友だちに、難易度の高い体操の技を教えるという「学びの物語」を書いている。学びの分析の中で、ロレーヌは次のように書き加えている。

ケイラ、赤ちゃんの時からあなたがこんなふうにやってきたのをずっと見てきたわ。自分の力の限界までがんばって、自分の力を試してみる機会をいつも探していたわね。そして努力し実行することによって、自分のスキルを磨いてきたのよね。ここには人生において必要なすばらしい学びの構えがあるわ。

ロレーヌは、ジャクソンのポートフォリオに「まとめ」の物語を書いている（**学びの物語5.8**「ジャクソンの研究はますます複雑になっていく！」）。そこには彼が赤ちゃんの時、ホースから水が流れ出る実験をしている（ビデオテープからとった）写真が載っていて、最後には次のような「ジャクソンのプロフィール」がつけられている。

　ジャクソンのプロフィール：現在４歳。彼は、目標に向かって前進を続ける
　　　実験的なエンジニア会社のCEOで、時間と努力を情熱的に注ぎ込んで、
　　　現時点で知っていることの限界をこえて技術を使いこなす存在です。
　未来への期待：21世紀に必要なスキルは、その時代の仕事が今はまだ発見さ
　　　れていないため、明確ではありません。これらの仕事をつくりだす人に
　　　なっていくために必要な構えは、ジャクソンによってすでに実践されて
　　　います。このページを見るとそれがよく分かるでしょう。

学びの物語5.8　　　　　　　　　　　　　　　　　▶巻頭資料 p.vii ③

ジャクソンの研究はますます複雑になっていく！

　現在、ジャクソンの活動は、ミニカーを走らせる実験を中心として展開している。毎日何時間もかけて、どんどん複雑なデザインのものをつくったり、こわしたりしながら、見事な高速道路をつくり上げている。

ジャクソンの研究はずっと前にはじまった……

　ジャクソンは赤ちゃんのころからずっと頭の中で「研究」をしてきたようだ。赤ちゃんの彼に出会った日の朝からすでに彼の好奇心には際限がなかった。彼は、1時間以上草の上に座ってホースで遊んでいたのだ。彼は、ホースの端に指を入れたり、放したりすることで、水の流れを試していた。私はこの時の様子を記録した短いビデオを繰り返し見るのだが、そのたびに、何度も試してみる努力を惜しまない彼の強い意志に惹きつけられる。そうやってジャクソンは、指の圧力が水の噴出の仕方をどう変えるのかということについての理論を構築していたのだ。

エメット通りの小さな実験者ジャクソン

　ホースのエピソードからこの立派な積み木建築までは、どうつながっているのだろうか。それは、好奇心を持つという構えと、自分の目標を達成するために何度も何度も試行する意欲を持って練習し、努力を重ねているからだとジャクソン自身が教えてくれている。こうした構えは内発的に動機づけられていて、ある文脈から別の文脈へと応用することが可能である。

　こんな幼い子どもの意思がこんなにも強いなんて！「テ・ファーリキ」が目指す子ども像である「子どもは有能で豊かな可能性を持っている」を象徴する出来事として、特に赤ちゃんの姿の事例をあげるならば、まさにこれであろう。

　その時も、そして今も引き続き大切なことは、実践者が、子どもたちが関心を広げるものを見つけられるよう援助したいと強く願うことである。子どもたちが研究するために必要な時間と空間を確保し、関心を広げる環境を整えることで、子どもたちが「学ぶことは楽しいということを学ぶ」ことを支える場ができあがる。子どもたちの研究は、熱意を持続させ、問題を設定しては解決し、さらに自らの理論を検証するための社会的空間を構築しようとする構えによって推進される。これはまさに、ジャクソンが絶えず行っていることである。赤ちゃんを運ぶ伝統的な方法「テ・アオ・マオリ〈Te Ao Māori〉」は、学びの環境が、個々の子どもたちが世界を探究していくことを真に支援するものとなっているかどうかを伝える優れた比喩でもあると私は思っている。

マオリのブランケットは、強度を持たせるためにハラケケ〈harakeke〉で編み、暖かくするためにアホウドリの羽毛がつめられている。そのブランケット（テ・ファトゥ・ポケカ〈te whatu pokeka〉）はとてもしなやかで、あらかじめ決められた形に子どもをあてはめていくのではなく、赤ちゃんが成長するにつれてブランケットの方が子どもの形に合うようになっていくのだ。私はこの比喩が大好きである。これは長い間ここグリートンで培ってきた学びの文化を説明するものでもあるからだ。

　ジャクソンは、まさにそうして自分自身の学びを形づくっているだけでなく、他の子どもたちをどんどん自分の実験に引き込んでいる。情熱的な学び手としての彼の姿が他の子どもたちを惹きつけ、夢中にさせているのだ。彼は誰でも受け入れるというスタイルのリーダーシップを発揮して、ミニカーをうまく走らせる高速道路の建設という一大実験場をつくりだした。私は早速この様子を映像に撮り、彼がつくりだしている学びの社会的な側面を彼自身に見せた。
　彼には今、「同僚」の技術者が大勢いて、ともに驚くべき技術を磨き上げている。彼には、「活動中のエキスパート」のように熱心に観察している仲間から一時的な協力者まで、様々な「見習い」がいる。まずは、注意深く観察するところからはじまるという技術習得の原則の通りである。

　年長の子どもが経験の浅い年下の子どもを援助し、エキスパートと一緒に参加することで技術を伸ばすことを可能にするトゥアカナ・テイナ〈tuakana teina〉と言ってもよい。

　実験したり試行錯誤を繰り返したりするジャクソンの情熱的な姿はあまりにかっこよく、見ている誰もがまねをするようになる。数日後の午後、私は7人の男児が活発に関わり合い、積み木が置いてある事務室のそばで一緒に仕事をしていたことに大変驚いた。男児たちが互いに関わり合い、高速道路をつくってはこわしを繰り返していたのだ。車を試験走行させてみると、車が道路から落ちて、あちこちに行ってしまった。それぞれの曲がり角には見張りの子がいて、何か起こるたびに対応するといったことが至るところで展開していた。私はその一部始終を見ていたのだが、全てが調和的に統一されていた。このような明確な目的を持って、この国も同様に運営されることを望みます！
　ジャクソンは大手企業のCEOで、同僚たちは想像力を広げ、目標を達成するために懸命に働くというビジョンのもとで取り組んでいた。彼は、学び手のコミュニティや、共通の目的と行動を実現するために形成された「カウパパ・ファナウ〈kaupapa whānau〉」とも呼ばれるコミュニティをつくりあげた。ジャクソンは

ここグリートンのコミュニティにおいて、学び手でもあり教師でもある。つまり、全体を調整したり実際に仕事をしたりするそのどちらにおいても、リードしたり、協働したり、前に進めたりしている。

　ここはなんてすばらしい場所なんでしょう。学びの最先端で、次々にやりたいことが生まれ、さらに学ぶためには失敗を恐れない……そんな場所なのです!

キア・カハ〈Kia kaha 強くあれ!〉、ジャクソン。

あなたの友だちのロレーヌより

未来への期待
　21世紀に必要なスキルは、その時代の仕事が今はまだ発見されていないため、明確ではありません。これらの仕事をつくりだす人になっていくために必要な構えは、ジャクソンによってすでに実践されています。このページを見るとそれがよく分かるでしょう。

作品の初期のころの写真
2月以降、この建物はなんて複雑になったのでしょう!

ジャクソンのプロフィール
　現在4歳。彼は、目標に向かって前進を続ける実験的なエンジニア会社のCEOで、時間と努力を情熱的に注ぎ込んで、現時点で知っていることの限界をこえて技術を使いこなす存在です。

継続している学びを可視化する③
「学びの物語」において次の計画を考えることによって

　ジュリーは、スカーレットがコル〈koru マオリのアートで用いられる模様〉のパターンを発展させていくプロセスを、2つの連続する「学びの物語」の

学びの物語5.9　　　　　　　　　　　　　　　　　　▶巻頭資料 p. ii ⑩

スカーレットのコルと蝶々と花の本

··············スカーレットのコルと蝶々と花の本··············

❶　　　　❷　　　　　　❸　　　❹

❶ 私は、先日スカーレットがコルの形を描くのが好きなことに気づきました。

❷ ある時、スカーレットはコルを描きながら、私に「私はマオリなの」と言いました。私は、彼女にとってコルを描くということが、マオリの文化と彼女のアイデンティティをつなぐ助けになっているのだと確信しました。

❸ スカーレットはジョージがスパイラルバインダーを使って私と本をつくるのを見て、自分もそれをつくりたいと思いました。

❹ 彼女は自分の本をつくるに際して、どうしていったらよいのか、自信を持っているようでした。

❺ 私はスカーレットに、コルの形に対する興味を深めていけるような機会を提供したいと思います。

ジュリーによる記録　　　　　10月21日　❺

中でたどっている（**学びの物語5.9**）。1つ目の物語には、スカーレットがコルの形を使ってパターンをつくるというすばらしい実験をしている様子が描かれている。ジュリーは、スカーレットがこれらのデザインを他のアートの素材として応用しようとするかもしれないと予想し、そのための準備をしたいと書いている。実際、2週間後、スカーレットは彫刻されたコルの絵を描

┄┄┄┄┄┄┄┄┄┄ **スカーレットの驚くべきコルアート** ┄┄┄┄┄┄┄┄┄┄

❶ 私はスカーレットにコルの絵をスクリーンプリントしたいかたずね、彼女に小さなコルの彫刻を見せました。

❷ スカーレットは全部で36枚の彫刻の絵を描きました。「大きいのはママ、そして、パパ。これは子どもたちよ」── 「それは、あなたの家族を描いているようね」

❸ それから、彼女はすてきなスクリーンプリントを2、3個つくりました。

❹ スカーレットは100%自分のプロジェクトに専念し、その作業に没頭していました。型を抜くのは難しかったけれど、彼女は強い関心を持って、意欲的に挑戦しました。

❺ 明日、私はスカーレットに、ペンやペンキを使って、重ね刷りをしてみたいかどうかたずねてみようと思います。彼女はきっとやってみたいと言うでしょう。

ジュリーによる記録　　　　　　　　　　11月8日　❺

き、たくさんのコルに「ママ」「パパ」「子どもたちみんな」などと、家族の名前をつけていった。その後、2種類のコルのパターンを印刷した。1枚の写真には、彼女がパターンを切り抜いた紙を持ち、もうひとりの子が完成したスクリーンプリントを持っているところが写っている。

継続している学びを可視化する④
エピソードや写真を時系列順に並べてみることによって

　キャシーが書いた以下の一連のエピソードは、図書コーナーを心地よい場として選び、次に本に関心を持つようになり、読書にはスキルが必要であることに気づき、さらには読書の活動に伴う友だちとのやりとりに参加していくといったベイリーの成長が見られた一つひとつの場面を「学びの物語」として記録していったものである（**Box5.4**）。実践者の当初の関心は、ベイリーの読み書き能力が育ってきたことに向けられていたが、このように物語として綴っていくことで、学びを促す上で重要な役割を果たした環境的な要素も書き込まれ、ベイリーの成長ぶりを学びの文脈として説明することが可能になった。この一連のエピソードには写真が含まれており、文章の中でも言及されているが、ここでは写真を除いた文章のみを紹介する。

Box5.4

> ベイリーは自分が安心していられる場所を見つけ、他者と関わり、ニュージーランドのカリキュラムの英語レベル1の段階に至っています。
>
> 　下記は、3月から7月までのベイリーの読書への関心の高まりを描いている一連の「学びの物語」である。
>
> **3月**　年初以来、ベイリーはいろいろなことにたくさん参加するようになり、教室に慣れてきています。今朝、彼を担当している助手の先生が私に、イースター休暇のあと、学校に来ることをとても楽しみにしていると言っていました。
> 　　今日、ベイリーは教室に入ってくると、図書コーナーにあるソファにまっすぐ向かいました。ここは彼のお気に入りの場所です。写真を

見ると分かるように、彼はここで過ごすことが心地よいようです!

彼が手に持っている本は、彼が毎日本棚から選ぶお気に入りの本です。彼は本を開かずに表紙を見て楽しんでいるようです。

6月 ベイリーは、教室の中の図書コーナーを楽しんでいます。特に少し疲れていて、ひと休みしたい時には、好んで向かっています。学校に入学してからずっと、彼はまずお気に入りの本を1冊選ぶことを習慣にしています。赤いカバーの本が気に入ったようです。

昨日の昼食時間、助手の先生と一緒に図書コーナーで静かな時間を過ごしていた時、彼は、新しい本を発見しました。今日、読書の時間に、彼は本棚から同じ本を選び、ビーンバッグソファの上で、本を楽しむために心地よい体勢をとりました。彼は本の冒頭から読みはじめ、各ページの絵を注意深く見ながら、ひとりでページをめくっていました。時々、彼は絵を見るために本を逆さにしたりもしていましたが、次のページを見るためにもとに戻していました。

7月 今日の昼食後、ベイリーは学校の様々な日課について理解してきている姿を見せてくれました。教室に入ると、助手の先生と一緒にスケジュール表のところに行きました。そして、「読書」の写真を見つけると、おもむろにそれをはがして、読書コーナーのあたりをじっと見ていました。この活動はどこでやるのかぼくはちゃんと知っているよ、と言っているかのようです。

その後、彼と一緒に本を読みたいと思っている2人の女の子が近づいてきました。3人はくつろいで、2、3冊の本を一緒に楽しみました。ベイリーは彼女たちの本に関心を持ち、彼女たちの指示に従ってページを見たり、時には自分でページをめくったりしていました。時々集中が途切れることもありましたが、彼女たちが上手に彼の関心が本に戻るようにしていました。

最も長い間彼が関心を向けた本は、彼自身の本『ぼくはベイリー』でした。

チャーリー-ブルーの描画の発達は、アカネシ、ジョアン、ナオミによって書かれ、集められた5つの「学びの物語」の意味のあるつながりの中に見出すことができる（**学びの物語5.10**「チャーリー-ブルーの物語」）。

チャーリー-ブルーの物語

積み木の動物を描くことの探究

　チャーリー、今日の午後、あなた
は私と他のタマリキ〈子どもたち〉の
遊びに加わって、木製の積み木の
動物からインスピレーションを得た
り、見本にしたりして絵を描きまし
た。私がすばらしいと思ったのは、
あなたが、何か新しいことに挑戦す
ることに熱心で物おじしないという、
優れた学び手の特徴である重要な
学びの構えを示したことです。この
学び手としてのふるまい方は、あな
たが絵を描きはじめた時にすでに気

先生、私は、ワニを描いたよ

づいていましたが、あなたが好奇心を持ち、常に新しいことを学び、試してみた
いという態度をずっと示し続けていることはすばらしいことです。私はこうした多
くの例にもっと注目していきたいと思います。

アカネシによる記録　　　　　　　　　　　　　　　　　　　6月19日

チャーリー-ブルーのおうち

ジョアンによる記録　　　　　　　3月15日
　チャーリー-ブルーは大きな絵を描くつもりで
した。描きはじめた当初、彼女は「何を描きた
いのか分からない」と言っていましたが、筆を
取って紙の上でじっと構えると、ぐっと集中して
いました。水色を使って四角をつくり、外側に
線を引きました。次に、紫で長い線といくつか
の短い線を描き、赤を使って、紫の横にそれを
つないで四角にし、それから真ん中に点を描き

ました。彼女はこの絵を描いた時、とても集中していました。絵が完成した時、彼女は「これは大きな建物で、たくさんの窓、ドア、壁があるのよ」と言いましたが、あとでリネットと話した時、彼女はそれを「学校」だと言いました。

ここではどんな学びが生まれているのでしょうか?

チャーリー-ブルーは何を描くか考え、どうやってこれをやり遂げられるかを考えるのに多くの時間を費やしました。彼女は自分の色を注意深く選んでいました。
あなたが、絵の細かなことまで考える様子を見ることができて本当によかった。

今後の学びの機会と可能性

チャーリー-ブルーは成長するにつれて、すばらしいアイディアを生みだしています。それが彼女に自信を与え、自らの学びとなっています。

鳥のために絵を描く

アカネシによる記録　　　　　　　11月3日

今日、私の叔父が切り倒した木から連れてきたクロウタドリを見ました。あなたは、元気のなさそうなクロウタドリに、心配していることを伝えるために、絵を描いたらどうだろうというすてきな考えを思いつきました。これをきっかけに、他のタマリキ〈子どもたち〉も一緒に鳥の絵を描くことになりました。

ママはどこにいるの?

鳥たちの様子が急に弱々しくなってきたので、SPCA〈動物虐待防止協会〉に連れて行こうと思いました。さよならを言う時間と、あなたの作品を共有する時間を確保するために、集まりの時間を設けました。そして、あなたは、小鳥の歌を歌うことを提案しました（私たちは鳥たちを驚かせないように静かに歌いましたよ）。

鳥たちのお母さんはどこにいるんだろうと質問したことで、あなたが鳥たちの様子を見て何を考えていたかに気づかせられました。もしかしたら、あなたは少しだけ鳥たちの状況を自分に置き換えて考えたのかもしれません。これは、ソーシャルスキルや、他者、他の生き物に対する共感や同情を身につける上で重要なことです。

　チャーリー-ブルー、鳥を注意深く観察し、鳥を元気づけるために絵を描くという今日のあなたの行為に表れている共感はすばらしいものです。私たちは、鳥がどうしてお母さん鳥から離れてしまったのか、きっとお母さんに会いたがっているはずだと話し合いました。今日もリーダーとなって芸術作品をつくることを通して、他の子どもたちを励ましてくれてありがとう。

ありがとうチャーリー-ブルー

　チャーリー-ブルー、あなたが私のためにつくってくれた全てのすてきな作品に感謝したいです！　ここに、あなたが私のためにつくってくれた作品のいくつかの写真があります。私は最近、チャーリー-ブルーがとても思いやりのある性格であることについて、そしてあなたが他の人のためにいろいろなものをつくっていることについての物語を書きました。私はあなたに大きな感謝を伝えたいです！

ナオミによる記録　　　　　　　　　　　　　3月22日

繰り返しやってみたたまものね!

学びのスーパーパワー
「繰り返しやってみる」

アカネシによる記録　　　　　　　　3月23日

　チャーリー-ブルー、私はあなたがいつも私や他の子どもたちや友だちや家族のために絵を描いてくれることに感動しています。今日も例外ではなかったわ。あなたはカラフルな絵を持ってきて、全ての子どもたちのために、それをかけておきたいと言いました（ドアハンドルにつるす）。

　あなたの絵について教えてほしいとお願いした時、あなたはクジラ（コメントについては次のページ参照）について、そしてそれを描くために何回もやってみたことを説明してくれました。

ここではチャーリー-ブルーには
どんな学びが生まれているのでしょうか?

　描画、コラージュ、書字、着彩などのアートは、チャーリー-ブルーにとって、大きな関心事であり続けています。先日スコットと話していたら、あなたは毎日絵を描いたり色を塗ったりするのを楽しんでいると言っていました。私は「彼女は芸術家になるのではないかと思うわ」と言うと、彼も全く同感でした。彼とジュールは、あなたの関心をもっと深めていくために、あなたに特別な誕生日プレゼント（絵を描くイーゼル）を贈ろうとしていたので、とてもすてきだと思いました。

　チャーリー-ブルー、あなたがもっと細かくクジラを描くために何度も繰り返し挑戦していると聞いてすばらしいと思いました。それにはちょっと時間がかかりましたね。学ぶことには、時間と繰り返しやってみることが必要だということね、チャーリー-ブルー。でもそれはあなたには言わずもがなのことかもしれない。「……何回も何回もやってみたから。家ではできなかったの。だから、何回も何回もやってみたの。それでクジラを描くことができるようになったの」というあなたの言葉は、あなたがすでに、学びのスーパーパワー「繰り返しやってみる」をしっかり理解していて、自分の学びの中でそれを使うことができている、ということを表していると思います。

あなたが物語を見たり読んだりすることを楽しんでいるのはもちろんだけど、私たちも同じくらい楽しんでいるのよ。だから、ここにどんなものを書きたいかについても一緒に話せることでしょう。

完璧なクジラの絵を描く
（数字の順に、読んでください）

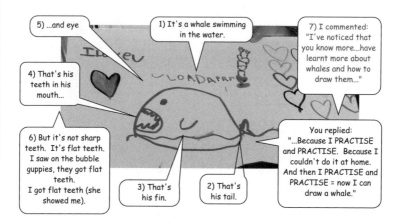

1）1頭のクジラが海の中を泳いでいる。

2）これはしっぽ。

3）これはひれ。

4）これはクジラの口の中の歯……

5）……そして、目

6）でも、とがった歯ではないの。平らな歯。バブルグッピーズ〈Bubble Guppies 幼児向けアニメ〉で見たんだけど、歯が平らになっていたの。私の歯も平らなのよ（私に自分の歯を見せながら）。

7）私は、次のようにコメントしました。
「あなたがクジラについて、たくさんのことを学んで知っていること……それをどう描いたらいいのか知ってることが分かったわ……」
あなたはこたえました。
「……何回も何回もやってみたから。家ではできなかったの。だから、何回も何回もやってみたの。それでクジラを描くことができるようになったの」

継続している学びを可視化する⑤
「学びの物語」について学び手やそのグループと話し合うことによって

　語り合いは、第3章で見たように、子どもたちが自分自身にとっての意味を説明するとともに、実践者がエピソードとその保育・教育の場で価値あるものとされている学びとのつながりを明確に伝える機会をもたらす。また、学び手がポートフォリオが学びの旅路をトレーサーとして跡づけていることに気づき、とらえ直すことを可能にする。前章で祖母のためにネックレスをつくったイザベラを紹介した。彼女は、何ヵ月にもわたってデザインを探究し、モザイクやビーズを素材にした制作に果敢に挑んだ。以下の会話は、彼女がキム（実践者）と最近の「学びの物語」を見ながら、モザイクに関する計画について説明していた時のものである。彼女は、この知識やスキルを使って誰か他の人のために物をつくることに会話の焦点を移している。

　　キム　　　：[写真を指差して] あなたはこれを誰か特別な人のためにつくったの？
　　イザベラ：[実践者の方を見てほほえみながら] そう、妹のためにつくったのよ。[間をおいてうなずく] 私はママとパパにもつくらなくっちゃいけない [指折り数えながら]。
　　キム　　　：そうなの。
　　イザベラ：私は2つつくらなくちゃ。[両手を出して、2つずつ指を上げて]
　　キム　　　：2つ。それがあなたの計画なのね。
　　イザベラ：そう。
　　キム　　　：それはすてきな計画ね。[イザベラ、ほほえむ]

　彼女は実際、翌月、2つのモザイクを完成させた。自分の関心があることや好きなことに立ち戻ることができた時、子どもたちは、一見して明らかというわけではないが、いつも過去と現在との間に結びつきをつくりだしている。そして、第4章で見たデビヤのポートフォリオがそうだったように、複数の物語がこうした継続する関心をとらえていることはよくあることである。

3　小括——複雑さと見えにくさの中に息づく意味生成の営み

　本章では、ポートフォリオを、「エピソードの意味のあるつながり」を保管できるものとしてとらえることが有益であることを明らかにした。その際に思い浮かぶイメージは、特別な行事の時に、子どもたちが、あるいは子どもたちのためによく制作される紙の輪のイメージである。しかし、これらは「つなぎ直すことが可能なもの」としてとらえた方が有益だろう。と言うのは、私たちは出来事を記録したあと、しばらくたってからそこで起こったものをとらえ直したり、あるいは様々な読み手の視点から見直したりすることがよくあるからである。「意味づけ直すことができる学びのエピソードのつながり」は、学びの確かな一貫性を描き出す。つまり、似たようなトピックやスキルや学びの構え、あるいは文化的な実践の単なる繰り返しと見えていたことの中に、継続的に深まっていっているものが見えてくるのである。

　子どもたちのことをよく知っている実践者は、一人ひとりの子どものポートフォリオの中の〈子どもたちが行っている〉様々な意味生成のつながりに気づくことができるだろう（Giudici, Rinaldi, Krechevsky 2001）。そしてそうした実践者のコメントはそこで進行中の学びをよりはっきりと目に見える形にするだろう。一方、子どもがどんなトピックに関心を寄せているか明確ではないこともしばしばある。キムはトミニコとの会話を書き留めているが、その会話だけでは学びのエピソードの輪をつなぐことは難しいように思われる。しかしその会話は、ポートフォリオそのものがトミニコにとって有意義な道具として機能していることを描き出している。トミニコは、自分のポートフォリオから、（自分が通う幼稚園という）枠づけられた世界〈figured world〉とその可能性に関する意味のある情報を入手している。その会話は次のようにはじまっている。

けさ、トミニコと一緒にカウチに座って会話をしていた。「キム、あなたにはボーイフレンドがいるでしょう」と彼は私に言った。「いるよ」と私はこたえた。「彼の名前はスティーブでしょ。知っているよ」「見たことがあるよ」。これを聞いて、トミニコはどこで彼に会ったんだろうかと考えた。「そうだ、彼がバーベキューの手伝いをしに来た時に見たの？」と言うと、「そうだよ、それにぼくの本の中にもいたよ。ちょっと待って、見せてあげる」。彼は走ってポートフォリオを取りに行った［それから彼のジグソーパズルとスパイダーマンについて話がはじまり、次にキムのボーイフレンドについて会話をした（その物語は実践者が自身の休日の過ごし方について書いたものだった）］。

第1章で論じたように、学びの旅路は、学びの構えと教科に関連する要素が絡み合い、結びつきながら進むものであり、ポートフォリオは、意味生成の構えと同時に、特定のスキルや知識の領域に関する課題をマスターするプロセスも追跡することができる。ベイリーの学びに関する記録はその一例である。

2001年刊行の前著では、前景化したり後景化したりするというとらえ方が有益だった。ある時には熱心さが、ある時には知識やスキルが、さらにある時には場面への感受性が前景化される。別所で取り上げた事例だが、ブランコの技をマスターしたダニエルは、「どうやってできるようになったの？」と問いかける実践者に、「あなたが私に教えてくれたでしょ。覚えてる？」と応答した（Carr 2011, p.260）。彼女は、学びにおける、教えてもらうことの役割に気づいている。同様に、第3章に登場したザックは、「とまれ〈STOP〉」という標識の書き方を習得し、それを実際に働く人のふるまいから学んだことを認識していた。こうした絡み合い、結びつき合うものを記録することは実践者に難問を突きつけることになる。と言うのは、学びとその環境とは複雑に関わり合うものだからである。

エドウィン・ハッチンズは、実験室の外で展開される活動の中で見られる認識の教科横断的な性質に言及しつつ、「荒れ地で育つ認識」という考えを導入した（Edwin Hutchins 1996）。そして第2章でも見たようにデイヴィッド・パーキンスらはハーバードのプロジェクト・ゼロにおいて、学びの環境

とは「考え深い取り組みを促すあいまいな目印しかない状況」という意味で「手がかりのない荒れ地のような」環境と名づけた（Perkins, Tishman, Ritchhart, Donis, Andrade 2000, p.270）。ゴンザレスとモルとアマンティは知識の蓄え〈Funds of Knowledge〉プログラム（第4章および第1章末の注 ◆4 参照）について書いた中で、「確かで明晰な分析の視点は、煩雑な日常生活をなんとか記録しながら、諸概念をそれらに関連づけることによってのみもたらされる」という見解を表明している（González, Moll, Amanti 2005, p.1）。さらに、この煩雑さというものは、「われわれが理論化しようとする日常の実践そのものであり、それらは予測不可能で、そしておそらくは直観にも反するような形で生じる、見通しにくい実践」であると述べている（同上書, p.1）。第6章は、継続性と複雑さに関するこの議論を続けて、「学びの物語」の4つ目の意義について検討する。すなわち、学び手がその場における文脈の中で、徐々に複雑さを増していく方法を駆使して知識と構えをわがものとしていく筋道を記していくことである。

第5章　注 ─────────────────────────

◆1　ジェイ・レムケ〈Jay Lemke〉は、「学習科学誌」の学習科学の方法論再考に関する特集号にコメントを寄せて、「行為にとって適切なエピソード〈action-relevant episode〉のネットワーク」の中に存在する継続性というアイディアを紹介している。おそらく、「行為にとって適切なエピソード」というのは「学びの物語」と共通するものがある。サーシャ・バラビ、ケネス・ヘイ、リサ・ヤマガタ–リンチはこのテーマに関する論文において、授業の研究プロジェクトにおけるエピソードを、時間や実践や資源や人々と結びつける複雑な方法論を展開している。バラビらは次のようにコメントしている。

　　私たちの研究の方法論的な関心の中心にあるのは、学期をまたいで展開する学びの軌跡をどのようにしてとらえるかにある。言い換えれば、コースの終了時に生徒が既成の知識をどれだけ有しているかを記述することではなく、そのコースの途上で生みだされつくりだされる知識に関心があるのである。実際、状況論的な視点から見れば、学びの文脈と無関係に知識が存在しているという考えは疑わしく思えて

くる（Sasha Barab, Kenneth Hay, Lisa Yamagata-Lynch 2001, p.64）。

バラビらはこうしたアプローチを用いて、教室での経験を、1つの「かたまり」として、あるいは「行為にとって適切なエピソード」として分析することに着手する。学びとは、参加することと他者と関わること──これが本書のテーマである──に他ならないと述べ、次のようにつけ加えている。

　　私たちの考えでは、知ることと学ぶことは、参加が発展していくダイナミズムを別の側面から言い表すことに他ならない。知識に裏づけられたスキルを身につけ使いこなせるようになるということは、こうした視点から見ると、（物質的、心理的、社会的）世界との関係を打ち立て、変化させていくための個々人のポテンシャルが増加していくこととして定義できる（同上書, p.66）。

◆2　この学びのスーパーヒーロープロジェクトは、イギリスでの「学びのパワーを身につける〈Building Learning Power〉」プログラムから誕生した本『学びのパワーヒーロー』と共鳴し合う関係にある。その本への序文でガイ・クラックストンは、「学びのヒーロー」としての教師というとらえ方を強調しながら、以下のように書いている。

　　（子どもたちは）、両親や教師が学んでいるやり方を使って学ぶことを、学んでいく。もし夕食のテーブルを囲んで議論することを愛する人々の中で育つなら、子どもたちは議論する習慣やルールや楽しみを吸収していく。もし実験したり、質問したり、粘り強く学ぶ大人を見て育つなら、こうした習慣が刷り込まれていく。もしロールモデルとなる大人が考えることに時間を費やさず、あるいは努力が実を結ばないと直ちに怒りを見せるなら、子どもたちはそうしたものを学ぶだろう。それゆえ、幼児のまわりにいるわれわれは精いっぱい学ぶよう努力しなくてはならない。特に子どもたちが私たちを愛しあるいは尊敬しているならなおさらである。彼らのヒーローは、子どもたちに最も影響を与えやすい習慣を持っている人間なのだから（Guy Claxton 2009, p.1）。

子どもたちの学びを、本人やその家族と対話しながら記録する実践者たちもまた、保育・教育の場における学び手たちに様々なロールモデルを提供しているのだということをここに銘記する必要があるのではないかと考えている。私たちが学びのエピソードについてメモをとり、データを集め、写真を撮っている時、子どもたちは私たちを注視している。大人は、学びに関心を寄せるモデルとして子どもたちの前に立ち

つつ、自らも熱意と好奇心を持って、意味的に結びついているエピソードについて対話して、気づいたことを共有したいと強く願っている。そうした大人は、様々な視点から学びの成果をとらえることに情熱を持つ人間のモデルともなり、家族の見方や価値観を認め尊重するだろう。「学びの物語」を学び手とともにつくることができる場合には、大人は、意味のあることについて協働しながら読み書きするというリテラシーのモデルにもなっている。こうした学びの習慣もまた、人から人へと伝わり広がっていくものなのである。

第 6 章

Appropriating knowledges and learning dispositions
in a range of increasingly complex ways

知識と学びの構えを
わがものとする

──徐々に複雑さを増す多様な方法を駆使して

Box6.1

> 私たちは、カイラが椅子に座りながら、何度も自分のポートフォリオと他のタマリキ［子どもたち］のポートフォリオを読み返していることに気がつきました。自分のポートフォリオを見ては、それを持ち歩くのが日課のようでした。カイラのお気に入りの場所は、緑色の椅子でした。彼女は自分のポートフォリオをお気に入りの毛布のように抱きしめていて、片時も離すことはありませんでした。……そして、私たちは、カイラがポートフォリオを媒介にして、実践者や友だち、時には園を訪問する人たちとの関係を築いていることにも気がつきました。カイラは、まだ語彙が少ないながら、私たちが理解できるように、ジェスチャーなども使って、なんとかコミュニケーションをとろうとがんばっていました（実践者テルマによる記録、4歳になったばかりのころのカイラについての省察）。

　本章では、学び手が知識や構えをわがものとしていく〈appropriate〉複雑な過程、そしてこうした子どもたちの複雑な学びを記録し、支える「学びの物語」のあり方について、これまでの議論を引きつぎながら、さらに探究していく。

　「専有〈appropriation〉」という言葉は、第1章でふれたようにジェームス・ワーチ〈James Wertsch〉の言う「わがものとする」という意味で用いる。同じく第1章では、「徐々に複雑さを増す多様な方法を駆使して知識と学びの構えをわがものとする」とはいかなることかについて、ナイラ・スワド・ナシール〈Na'ilah Suad Nasir〉らの言葉「世界を概念化し、世界を表現し、世界を評価し、世界に関与することに関するコミュニティ特有の様式」を用いて定義した。第4章では、「場面〈settings〉」「場所〈places〉」「コミュニティ〈communities〉」にまたがって進む学びの旅路を記録し、構築する上での「学びの物語」とポートフォリオの役割を説明した。本章では、多様な「モード〈mode 方法、形式、様式〉と言葉〈language〉」を用いて進む学びの旅路の記録と構築を扱う。

　多様なモードと言葉とは、子どもたちの学びにおいて、他者とコミュニケーションをとり、意味を生成し、概念化し、表現するためのものである。キャリー・ジェウィットは、〈写真、映像、造形、描画など様々な表現を一元的にとらえる〉マルチモーダルな表現と、「ジャンルの技術革新と再編成」と

のつながりについて、次のように述べた。

　マルチモーダルな表現とグローバリゼーションは、強く結びついている。世界中で大量生産される新しい形式によって、ジャンルやモーダルリソースの技術革新と再編成を行う現場に新しい基盤が提供されることになる。こういった新しい形式は、地域の職場やコミュニティ、公的機関において、人々が共有して使うものから徐々に個人が所有し、使いこなすものへと再構築される（Carey Jewitt 2008, p.243）。……マルチモダリティは、画像、ジェスチャー、視線、姿勢、音、筆記、音楽、スピーチなどが状況の中で様々に組み合わされ形成される中で、意味を生成する過程に関わっている。マルチモーダルな視点からは、画像や行為などは、意味を生成するための体系的な表現装置と見なすことができるので、「モード」と呼ばれる（p.246）。

　第3章で、トビーは「オレって天才かも。頭も、手も」と主張した。また、ゼブ、エマ、テヌサンの物語は、絵を描いたり、積み木を組み立てることからはじまった。これは、子どもたちが発達の途上にあるための姿ではない。社会文化的な学習観からすれば、これらの姿は、子どもたちがモードや実践のレパートリーそのものを発達させているのであり、それらは人生を通して使用可能なものとしてとらえられる。そしてまたシーモア・パパートが、ジェスチャー、動作、ダンス、描画、造形の中に表現された具体的思考について書いているように、「子どもたちが具体的に思考し、太平洋諸国やアフリカの村民が具体的に思考するのと全く同様に、パリあるいはジュネーブの最も洗練された人たちも具体的に思考する」のである（Seymour Papert 1993, p.151）。これらのモードの発達は、幼児期にはじまるが、様々なモードを楽しみ、繰り返し、使いこなす構えも同じく幼児期に発達する。「学びの物語」について書いた2001年刊行の前著では、パパートが幼児期のコンピューターと教育について書いた初期の論文（Papert 1980, 1993）を引用して、次のように指摘した。

　シーモア・パパートは、行為と「具体性」の重要性を強調し、学校におい

て「具体から抽象へと可能な限り早く確実に移れることに過度にこだわること」を批判した（Papert 1993, p.143）。彼は、そのことを「形式論理的方法は、いつでも使えるものだが、いつも最もよいものであるとは限らない」（同書, p.146）と表現した（Carr 2001a, p.14）。

　本章では、〈学び手が〉こうしたマルチモダリティを形成するにあたって「学びの物語」が果たしている役割について、２つの方向からたどっていく。第１に、ここ10年間で起こったデジタル革命に伴って意味生成、概念化、表現領域に生まれつつある新しいモードについてである。「学びの物語」が実際にこの動向をどうとらえ、対応してきたかについて明らかにしていく。第２に、学びのエピソードのつながりを意味づけ直す営みについてである。〈「学びの物語」を用いて〉異なるモードや（最も広い意味での）言葉に積極的に光を当てていくことで、より多様な人々がエピソードの意味づけ直しの場に参加できるようになっていくということがわかってきた。実践者、研究者、または親が関心を向けるのは、その意味づけ直しの場で、どんなことが気づきや認識、あるいは応答の対象とされるかである、という点を改めて確認していく。

1　意味生成、概念化、表現の新しいモードと「学びの物語」

　「学びの物語」は、今や新しいデジタル技術との関わり抜きに語ることはできない。ここでは、次の３つの点を取り上げる。すなわち、①「学びの物語」の作成方法の変革、② 情報通信技術（ICT）を用いた子どもたちの学びの旅路をたどること、そして③〈１つのモードや言葉にとどまらずに〉イメージベースで思考する価値を認め、励ますことである。

① 「学びの物語」の作成方法の変革

　「学びの物語」は、保育現場でICTが爆発的に普及した初期に、情報収集と子どもの学びを記録するための便利なツールとして発展してきた。

　私たちが「学びの物語」をはじめた当初は、ポラロイドカメラに興奮し、ICTが子どもの学びのデータを収集し、思考し、描く方法を変えたことをよく覚えている。本書と「学びの物語」について書いた2001年刊行の前著との違いは、この点にある。本書では多くのカラー写真を収録しているが、それらは筆者らの考えを提示し、語る上で大きな助けとなっている。「学びの物語」も同様である。2001年刊行の前著では、「自分たちに合ったアセスメントの書式を作り出す」の節で、あらかじめフォーマットされた用紙に手書きで書き込まれた様々な「学びの物語」を紹介した（Carr 2001a, p.144-50）。写真も使われてはいるが、用紙に直接貼りつけるので、手間も時間もずいぶんかかった。と言うのも、当時はフィルムを町の写真屋に持っていき、現像してもらう必要があったからである。そうした当時の状況とは異なり、今や「学びの物語」は、画像データをもとにつくられることが多く、その「読まれ方」も大きく変わってきた。実践者は写真をスライドショーとしてDVD化し、時には音楽や解説をつける。こうしてつくられたDVDは一人ひとりの子どものポートフォリオに入れられる。

　ネイサンの遊びを描いたスライドショーは、彼のポートフォリオに入れられており、幼稚園でも自宅でも繰り返し見ることができる。同園の実践者のひとりであるジェーンは、次のように述べている。

　　ネイサンのスライドショーを見ていて気づいたことがあります。それはスライドショーを編集する作業そのものが学びを振り返る機会になる、ということです。私がスライドを整理すると、ネイサンはそれを見て、1枚1枚の写真について説明し、もう一度それをして遊びたいと言ったんです。この時彼が語った内容もスライドショーにつけ加えられました。その結果、ネイサンはそのスライドショーを見るたびに、いつもその時のことや、もう一度やりたいと思ったことも思い出し、実際にもう一度することもあります。今で

も時々そうすることがあるんです。

　10年前、ウェンディ・リー、カレン・ラムゼイ、アン・ハザリーの３名は、下記のようにコメントした。

　私たちにとって非常に興味深いことでした……。ICTがいかに実践者たちのドキュメンテーションを支えるのか……、デジタルビデオやスチールカメラはコンピューターとつないで使用され、特に子どもや家族にとって、ドキュメンテーションやカリキュラムへのアクセスを容易にしてくれました。「学びの物語」の中に、何かの完成品を撮ったいわゆる「記念写真」ではなく、「活動中の姿」を示す一連の写真が収められている時は特にそうでした（Lee, Hatherly, Ramsey 2002, p.10）。

　カレンR. は、後に幼稚園におけるデジタル化とアセスメントの実践過程をつなぐ事例を、次のように報告している。

　2001年の１学期。昨年、私たちは子どもたちの学びを記録する際に写真をより多く使用しました。その結果、学びの物語は、子ども自身にとっても意味のあるものとなり、自分たちの学びを見返したり、友だちとその時の経験

を共有したりすることを可能にしました。子どもたちは、とても意欲的に話し、写真を眺め、文字を書いていました。同時に写真は家族、とりわけ英語を第一言語にしていない家族にとって非常に大きな力となりました。2001年の4学期には、私は正式に〈幼稚園の実践に関わる〉委員会のメンバーにデジタルカメラの必要性を話していました（Carr, Hatherly, Lee, Ramsey 2003, p.199）。

幼稚園では、大規模なガレージセールを開催し、その収益で十分な数のデジタルカメラを調達することができた。しかし、1学期には、コンピューターはまだなかった。2学期になって、実践者たちは幼稚園でのコンピューター活用の可能性を探るため、パイロットプロジェクトへの参加を申し込み、そのプロジェクトの対象に選ばれた。カレンR.は2001年の2学期に次のように記している。

> 私たちは、この1年間、「学びの物語」のアセスメントシステムを開発することに取り組み、子どもたちの学びを記録することに情熱を注いできました。コンピューターとデジタルカメラが使えるようになったおかげで、このアセスメントシステムをさらに高いレベルに引き上げることができたのです！（同上書, p.200）

第4章では、まさにその「高いレベル」の事例を紹介した。デビヤのポートフォリオにあるお寺をデザインする物語（**学びの物語4.8**）は、デビヤが積み木でお寺をつくるにあたって、ウェブサイトの写真を参照したことを記録している。またデビヤのポートフォリオには、彼の一連の作業を撮ったDVDが入っていて、さらに彼の「学びの物語」は、他の子どもたちが見返し、一緒に活動の計画が立てられるように、壁に貼ったりパワーポイントで見られたりする形式も合わせてつくられていた。

学びの物語6.1「マンディール〈Mandir ヒンドゥー教の寺院〉」は、もう1つのデビヤの「学びの物語」である。これは、デビヤがイングランドにあるお寺のDVDを他の子どもたちと一緒に見ながら、自分のアイディアを説明し、

共有しているもので、デビヤがコンピューターのスクリーン上の画像を見な
がらお寺の絵を描き続ける様子を描いたものである。

② 情報通信技術 (ICT) を用いた子どもたちの学びの旅路をたどる

　現在では、とても幼い子どもでさえ、自分で写真を撮ったり、実践者に書
き取ってもらったりすることで、自分の「学びの物語」をともに綴ることが
できる。また、パワーポイントや本、動画をつくることもある (Carr, Lee,
Jones 2009, 第20巻)。

　先のマンディールの「学びの物語」では、デビヤがコンピューターの画像
と自分の絵を組み合わせていた。ICTを用いた子どもの活動は、しばしば学
びのエピソードと一連のものとしてポートフォリオに収められる。

　筆者らも出版にたずさわった『ケイ・トゥア・オ・テ・パエ 実践集』に、
ニッサという女児の学びを取り上げた「写真家はただ今仕事中」という物語
がある (Carr, Lee, Jones 2009, 第20巻, p.18-19)。ニッサは、あたかも実践者が
「学びの物語」を作成するように、クラスの学びのエピソードを記録してい
た (Box6.2)。

マンディール 〈Mandir ヒンドゥー教の寺院〉

11月24日   カレンR. による記録

　私はかなりの時間、デビヤと一緒にマンディールのDVDを見る機会をうかがっていました。このDVDは、私がイングランドに住んでいた時に訪れたお寺で入手したものです。いよいよ2人で見ようと座ったら、ケレンとイザベラもやってきました。どの子も、次にどんな画像が出てくるか、期待をふくらませています。

　以前、私はデビヤに私がお寺に行った時の写真を見せたことがあったのですが、デビヤはマンディールの中の様子をとても見たがっていました。デビヤは神様がどのように見えるかに関心があったのです。私たちは何度もマンディールのウェブサイトを訪れ、神様の写真を見ました。しかし、その時はまだ、神様が実際にお寺の中ではどのように見えるのかがわかる写真を見つけることはできませんでした。

スクリーンに神様の画像がはじめて現れた時、デビヤの目が光り輝きました。お経が流れてきたのを聞いたデビヤは、神様の画像を見ながら頭を伏せるようにしてお祈りをしました。DVDのナレーションがはじまり、私たちはお寺が建設された時の物語を聞きました。その間ずっとデビヤは友だちに物語のポイントを説明し、自分のアイディアや考えを伝えようとしました。

　デビヤは、お寺と神様の美しさについて何度も話し、クリシュナ〈Krishna ヒンドゥー教の神〉を見た時は特にうれしそうにしていました。

　DVDが終わりに近づいたころ、デビヤはいなくなり、すぐに紙とペンを持って帰ってきました。デビヤはもとの位置に座り、絵を描くことに没頭していきました。

　そこからは周囲の友だちに構うことなく、デビヤは絵を描き続けました。DVDが終わった時、デビヤはもう一度見たいと言い、今度は自分の絵とコンピューターのスクリーンを交互に見ながら詳細を確認していました。

　絵を描くのを終えると、デビヤは最初に描いたお寺が神様には小さすぎたと説明し、もう一度新しいお寺を描きはじめました。

デビヤは、左の写真のお寺は最初に書いたもので、右の写真はお寺が完成してオープニングパーティーをしているところの絵であると説明しました。
　DVDはこの日の最後まで上映され、デビヤは絵を描き続けました。

·················**デビヤにはどんな学びが生まれているのでしょうか?**··················

　私たちはみなデビヤの描画、特にヒンドゥーの神に関する彼のアイディアと思考を絵にすることへの情熱を知っていました。デビヤは毎日絵を描いていると言ってもよく、友だちや実践者と自分の考えを共有することにとても熱心に取り組んでいました。私がイングランドのニードソンにあるマンディールを訪れた時、最初に思い浮かんだのはデビヤと彼の情熱でした。デビヤの存在により、私はヒンドゥー教への関心を持ち、より一層知識を深めることになりました。
　マンディールのDVDは、私たちの知識を深め、デビヤの「お寺の内部はどのように見えるか?」という疑問にこたえをくれました。
　デビヤがDVDで見たものを描きはじめるのは驚きではありませんでした。それよりも、いつデビヤが自分のアイディアを絵で表現しはじめようと決心するのかが重要でした。デビヤの絵は非常に精緻で細部に至るまですばらしいものでした。この絵を見れば、デビヤがDVDで見ているものについて深く考えており、自分のアイディアや考えを絵にすることに自信を持っていることが分かります。デビヤは自分の描いた絵を評価しながら、再び描きはじめることもあります。
　デビヤはまた、大きさや対称性、パターンなど、描画を通して、数学的な概念も探究しています。デビヤは2次元または3次元の視点でお寺や神を描くことができ、時には両方のスタイルを描画で表すことができます。

　私はデビヤの話を聞いて、彼のアイディアや絵に対する理論、そして情熱を発展させ続けることを楽しみにしています。

Box6.2

写真家はただ今仕事中　（「学びの物語」の要約）

　ロビンL.（実践者）と子どもたちは、ある子どものリクエストにこたえて、パイクレット〈ホットケーキの一種〉をつくっている。ロビンL. は次のように書いている。

　私はその活動を写真に撮りたかったのですが、あまりにも忙しくてできませんでした。私が顔を上げると、ニッサがカメラに電源を入れて立っていました。ニッサは私たちが調理する様子を写真に撮りはじめました。ああ、助かったと思った私。てっきりジェーン〈実践者〉がニッサに写真を撮るようにお願いしたのだと思っていたら、ジェーンは驚いた様子で、ニッサにそう頼んではいないと言いました。これには私も驚きました。ニッサが自分からカメラを持ってきて、写真を撮りはじめたことを知りました。

　ニッサはボタンをカチカチ押しながらカメラのレンズをズームインしたりズームアウトしたりして、人物だけでなく調理の様子もきちんと入るよう撮影していました。ニッサはいろいろなアングルから写真を撮りました。私は調理の様子を記録するために写真を撮らなくては、と考える必要はありませんでした。彼女に任せるだけでよかったのです。ありがとう、ニッサ。

　その数日後、ロビンL. は、ニッサが自分で〈ダンボールの〉家を建てる様子を写真に収めていることに気づいた。

③ イメージベースで思考する価値を認め、励ます

　ガンザー・クレスは、『新しいメディア時代のリテラシー』の中で、「物語られた世界」は、「描かれ、表示された世界」とは異なると指摘した（Gunther Kress 2003, p.2）。彼はさらに次のように述べている。

　　「語って伝える」のではなく、「描いて見せる」という、世界を読み取り、解釈する新しい形式は、意味を構築した者とその意味を再構築する者（書き手と読み手、画像の制作者と鑑賞者）との関係性に従来とは異なる影響をもたらす（p.140）。

　「学びの物語」は、「物語られた」世界と「描かれ、表示された」世界という２つの世界をまたいで取り組まれていると言えるかもしれない。「学びの物語」では、印刷された文字を使って、子どもの学びを「物語り」、同時に写真やパワーポイント、スライドショーやDVDによって、子どもの学びを「描き、表示する」。２次元の描画や３次元の造形といったイメージベース・モード〈image-based mode〉を駆使した表現や概念的思考のエピソードをいくつかつなげていくことで、その子どもが今探究している「テーマ」がはっきりと浮かび上がってくることがある。ルーシーとエリザベスがセロテープで橋をつくったあと（第３章の「ベトベト橋づくり」〈**学びの物語3.9**〉）、しばらくしてから、ルーシーは粘土で橋をつくり、実践者はその写真を撮った。これは、ルーシーが立体構造の造形モードのレパートリーを増やしたことを描いた物語の一部となった（右写真）。

▶巻頭資料 p.ii ⑦

次ページに示した複数の写真は、ジェシーが撮影したものである。それらは、実践者たちが「写真のスクラップブック」と呼んでいるシリーズの一部である。実践者マリアンヌは、ジェシーの写真について「学びの物語」の中で、次のように述べている。

　ジェシー、あなたが撮った写真を一緒にダウンロードした時、私はその中に色のついたバランスブロックを写したとってもおもしろいシリーズがあることに気づきました。それで私は、あなたが以前モザイクスクエアの写真をたくさん撮っていたことを思い出したの。その時、あなたは図形の細部やデザインにすごく関心を持っているのだと私は考えていました。でも、今回のバランスブロックの写真を見て気づきました。あなたは、自分が見下ろして、自分の足も入れる興味深い構図で写真を撮ることに関心を持っていたのね。

　ジョー・コルバートは、幼児教育の領域で最初に教育省から資金提供を受けたe-ラーニングの協力研究員となった実践者である。コルバートは教育省のプログラムに参加し、一定期間、幼児教育施設でのe-ラーニングについて探究した。彼女は、「リテラシー」という言葉で通常想起される意味や場面を広げることに関心を持った。文字を書けない子どもであっても、他の方法で物語を記録できるならば、押しつけがましい方法によらずに子どもたちの生活にリテラシーを織り込むことができるのではないかと考えたのである。そこで、コルバートは、4歳児5名とその実践者とともに、ICTの使用によって、子どもたちが自ら物語ることへの関心を高める方法を試行した。キャスパーというひとりの子どもは、「キッドピクス〈KidPix〉」を使ってスライドショーをつくり、「アイムービー〈iMovie〉」に写真を挿入するのに必要な手順を驚くほど早くものにした。ジョー・コルバートは次のように報告している。

　6月中旬までに、私は幼稚園にUSBマイクを導入しました。キャスパーはUSBマイクを使ってみたいと言い、歌を歌うことができるかどうか私にたずねました。キャスパーはおもしろい音や言葉遊びが大好きでした。USBマイ

▶巻頭資料 p.viii ⑤

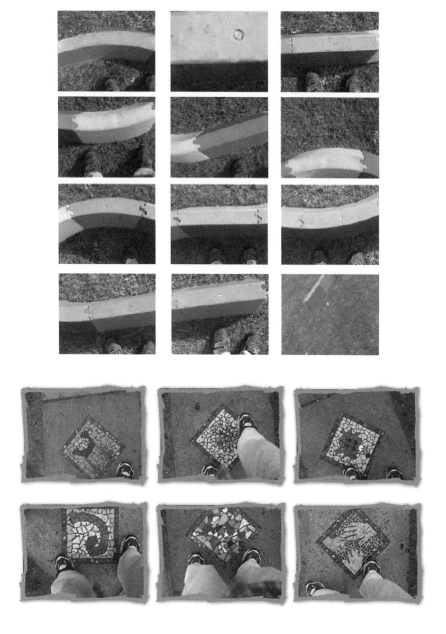

1 意味生成、概念化、表現の新しいモードと「学びの物語」 213

クを使えば、キャスパーのつくった音と言葉のほとんどが録音でき、それを
織り交ぜて彼が作詞したオリジナル曲をつくることができたのです（Jo
Colbert 2006, p.3）。

　その保育施設のナディーンという実践者は、キャスパーが曲づくりをした
プロセスについて、「学びの物語」に次のようにコメントしている――「次
の週、キャスパーは、『ぼくが話すことをマイクで録音できるかどうか』と
たずねてきました。私が『できるよ』と言うと、実践者より先に自らラップ
トップを開き、『ガレージバンド〈GarageBand〉』というアプリを起動して、
曲を選び、自分の話を吹き込みはじめたのです」（同上書, p.3）。キャスパー
の作品の１つに、ミスターボーンボーンというものがある。それは、キャス
パー自身が物語を語り、ドラムのリズムの効果音と自分の絵の写真を加えた
ものである。キャスパーは、それを「クイックタイム〈QuickTime〉」ムー
ビーで見られるようにして、家に持ち帰った。

2 異なるモードや言葉がひらく学びの意味づけ直しの可能性

　イタリア北部レッジョ・エミリア地方のプログラムでは、記号システム〈symbol system〉は「100の言葉」とされ、意味生成やコミュニケーションにおいて重要とされている。カリーナ・リナルディは、「人々が自分自身を表現し、対話するために使用する百や千の言葉、記号、そしてコード」を聞くことについて書いており、「人生とは自己表現そのものであり、それらを聞くことのできる誰かとの対話である」とも述べている（Carlina Rinaldi 2006, p.65）。筆者らは、レッジョ・チルドレン・プロジェクトとその関係者、そしてレッジョ・チルドレン・プロジェクトの共同パートナーであるハーバード大学のプロジェクト・ゼロから、子どもの学びを可視化するための多くの考え抜かれたすばらしい方法について学んできた[1]（Giudici, Rinaldi, Krechevsky 2001）。

　本章冒頭では、カイラについて書かれた実践者の省察の一部を紹介した。カイラは、意味生成とコミュニケーションのために100の言葉を活用する姿が見られた。ここでは再び彼女の事例を通して、ポートフォリオや「学びの物語」が、学びを記録し支える媒体としてどのように機能するのか、そして、子どもの中に生まれた専門性と好奇心が、保育施設の中でどのように複数のモードや「言葉」に広がり、ふくらんでいくのかを考察していく。

　カイラは就学1年前に、コル〈koru〉模様（マオリのアートにおけるその意義については、第5章のスカーレットの事例〈**学びの物語5.9**〉を参照）、タ・モコ〈tā moko〉（タトゥー）、そしてそれらの背景にあるマオリの文化的文脈についての知識を深め、対話をすることで言葉を覚えていった。これらは様々なモードで表現されている。例えば、話し言葉、絵や写真（これらは彼女のポートフォリオ、本、インターネット上に収録されていたり、施設の壁面に掲示

されていたりしている）、マオリの歴史と文化に根ざした彫刻作品、身近な人の身体に彫られていた模様やその写真、線画、絵の具を用いた描画、文字、粘土細工や協働制作で表現されたタ・モコなどである。同時に、この施設の実践者たちは「学びの物語」の中で、カイラの自信と好奇心、活発さ、忍耐強さ、社会性と関心が増していく事例を描いた。

　実践者テルマは、カイラが関心を持った最初のきっかけは、マオリとイギリス王権の間でとりかわされた1840年のワイタンギ条約〈Te Tiriti o Waitangi〉の署名を記念するお祝い会であったことを、次のように記している。

　　ワイタンギのお祝い会には、多くの来場者がありましたが、ロリーはタ・モコ（タトゥー）と快活な性格により目立っていました。カイラは、たっぷり20分間もロリーのモコを注視して座っていましたが、これをきっかけにカイラにすばらしい変化が見られはじめました。その後、数ヵ月にわたって、カイラの子どもたちの中での立ち位置が変わったのです。すなわち、それまでひとりで学んでいたのが、子どもたちの中心で学ぶようになったのです。そ

れは、学びのコミュニティの周縁から中心に移った姿でした。何週間もの間、そういったカイラの姿を見られたのはとてもすばらしいことでした。カイラは、好奇心と知識欲をふくらませ、積極的に学び、まわりの子どもたちも分からないことがあると、エキスパートのカイラを探し求めるようになりました。……カイラは、コルを描くことだけでなく、本やインターネットの利用、コファイファイ〈kowhaiwhai〉模様（集会場の垂木模様）を描くこと、マラエ〈marae 宗教的遺跡〉、パズル等々のエキスパートにもなっていきました。彼女は、タ・モコと母親のタトゥーを比べ、ロリーのタ・モコと彫刻とのつながりを見つけました。辛抱強く取り組んだ結果、カイラの技能と言葉と社会性はみるみる成長しました。まわりの子どもたちもカイラの成長に気づき、詳しい知識を身につけている彼女に助けてもらいながら学びを深めました。カイラは今やまわりの子どもたちを手助けする存在になったのです（テルマ、実践者）。

　ここまでの話は、カイラの「学びの物語」からの抜粋と2人の実践者テルマとフハナによる省察をもとに Box6.3 に短くまとめた。
　この「学びの物語」には、カイラの学びに関する多くのエピソードが結びついている。カイラの話し言葉の発達に関するエピソードには、彼女を担当する言語聴覚士が大きな関心を寄せた。しかし、それだけではなく、カイラは、コル模様とタ・モコについていくつも類似点や相違点を発見し、関心と専門性を深めていった。カイラの描画は精巧になっていき、同じトピックで繰り返し粘土遊びに取り組んだ。また次第に、安心して協働制作の活動に取り組むこともできるようになっていった。これらの学びは複雑に絡み合っているため、その絡まりを解いてすっきりと理解することは難しい。この絡まりこそ、学び手としてのカイラが時間をかけてアイデンティティを構築していく過程を映し出すものになる。
　この「絡まり」の概念に関連するのは、クリス・レッパー、デニース・ウィリアムソン、ジョイ・カレンによる研究プロジェクトである（Chris Lepper, Denise Williamson, Joy Cullen 2003）。このプロジェクトには多くのエキスパートが、追加的学習ニーズを有する2人の子どもの事例について、

Box6.3　　　　　　　　　　　　　　　　　　　▶巻頭資料 p.viii ⑥

カイラの物語

「学びの物語」とテルマとフハナの2人のカイアコ（teachers）による省察からの抜粋

11月 〈カイラの〉話し言葉

　私たちは、カイラの言葉、その発音と話し方に大きな改善があったとコメントしました。私たちは、ポートフォリオを読み返すことが、カイラの言語発達の向上につながったのだろうと思いました。そして、ポートフォリオを読み返すことを何度も繰り返したことが、語彙の獲得だけでなく言葉に対する自信を深めたように思えたのです。また私たちは、ポートフォリオを読み返すことが、カイラのアイデンティティや、知ること、存在すること、行為することの感覚に好影響を及ぼしたのではないかと思いました。カイラは「学びの物語」のどの部分を繰り返し読み返していたのでしょうか？　カイラはどの子よりも頻繁に自分のポートフォリオのみならず、他の子どもたちのポートフォリオや壁面のドキュメンテーションを読み返していました。こうしたことで、カイラは、この施設の中での立ち位置を確かなものとし、自信を深めていったのではないでしょうか？

翌年の2月 コル模様とタ・モコ 〈タトゥー〉

　カイラのタ・モコに対する最初の関心は「魅力」と題された「学びの物語」の中に描かれた。その後の数週間には、カイラがこのページの写真を何度も見返す様子が見られた。

3月 写真

　市長が施設を訪問した時、カイラは市長に自分のポートフォリオを見せた。実践者はその姿を写真に撮り、休日の間に壁面に貼っておいた。カイラがイースター休暇を終えて施設にやってきた時、ひとりの男児がその写真のことをカイラに伝えた。テルマは、「これ

はとても特別な瞬間でした」と振り返っている。それまで施設の男児たちはほとんどカイラと関わったことがなかったからである。

4月 本を参考にしながら描く

　カイラは、タ・モコの模様を描きはじめた。「ファエア！〈Whaea〉（敬愛の念を込めた保育者・教師の呼び方。通常は親しみを込めて「おばちゃん」と訳される）私の描いたコルを見て」と言うカイラ。

フハナ（実践者）：「カイラは、最初全くペンに関心を持ちませんでした。何も
　　　　　　　　　せず、ただ施設のいろんな場所に行き、じっと座って観察
　　　　　　　　　していたのです。だから、これは彼女にとってまさに飛躍
　　　　　　　　　の瞬間でした。今やカイラはペンを欲しがります。しかし、
　　　　　　　　　なんでもいいわけではありません。特定のペンです」
テルマ　　　　　：「赤いデザインを描くための赤いペンです……この時から、
　　　　　　　　　カイラは仮面づくりに励むようになりました。ある本にマオ
　　　　　　　　　リの彫刻が載っていて、それが仮面と同じ形だったからで
　　　　　　　　　す」

4月、5月 仮面づくり、絵の具を用いた描画、粘土を用いた造形
　カイラは、他の子どもたちと一緒にタ・モコの模様を施した仮面をつくった。そして、コル模様をモチーフにした壁面描画を協働制作した。その壁面をそのままにしておくと、子どもたちは折を見て模様を加えていった。その後も、カイラはこのコル模様を粘土で表現したり、他の子どもたちと絵の具で描いたりしていた。

6月中旬 本とジグソーパズルを参考にする

　カイラは、タ・モコの写真が載っていた本に、テ・ファレヌイ〈te wharenui〉（伝統的なマオリの集会場）の写真を見つけた。「ファエア、マラエ〈宗教的遺跡〉だよ！　このジグソーパズルあるよね！」とカイラは叫んだ。カイラたちはそのパズルを見つけ、カイラはひとりの実践者にそのパズルにあるデザインの名前をたずねては、その名前をマオリ語で何度も繰り返し言った。フハナはその学びを「学びの物語」にした（6枚の写真とともに）。

6月下旬 彫刻の模様

　別の「学びの物語」には、実践者と子どもたちが近隣の高等教育施設にあるファレヌイを訪れた時のことが描かれていた。「学びの物語」の中で、テルマはカイラについて次のようにコメントをしている──カイラはとても興奮していました。私たちはカイラがタ・モコへの関心とコルのデザインへの関心を結びつけるのではないかと思っていました。カイラは、彫刻を探しに行き、見つけるとすぐに私にその彫刻のコルのデザインを教えてくれました。「ファエア見て、コルだよ」。カイラは笑顔を浮かべながら、ファレヌイの中を、彫刻を中心に見てまわりました。

音楽とリズム

　この「学びの物語」について、テルマは、カイラは角ばった形ではなく円形のデザインを好んでいたように見え、そう言えばコル模様も流動的でリズミ

カルであったと省察した。テルマは、カイラがテ・レオ・マオリ〈te reo Māori マオリ語〉への自信を深めたことについて、それらが音楽的でリズミカルだからではないかと書いている。そして、実際カイラは音楽と歌唱を楽しんでいるということもつけ加えた。

6月下旬 読み書き能力

　テルマの省察より──コル模様と螺旋模様は、カイラの読み書き能力とも関連するようになりました。それらを通じて、カイラは文字の形態に関心を持ち、自分の名前の頭文字を書きはじめました。カイラは、文字の名前は知らなくとも、アルファベットの「e」の形はコルみたいであると指摘しました。カイラは学校に行くようになったら自分のアートを読み書き能力と関連づけるだろうと思います。カイラにその準備ができていることは確かです。

　この「学びの物語」には5枚の写真が添付されている。

7月 友だちと一緒に描画と造形に取り組む

　カイラは、協働プロジェクト活動の一環として、他の子どもたちと一緒にコファイファイ模様（集会場の垂木模様）をカードの一片に描いた。この様子が「学びの物語」には5枚の写真とともに書かれている。これを書いたフハナは、省察を次のようにしめくくっている──「カイラはマオリのことを探究することを通して、かつて自分自身や自分の能力に抱いていた確信のなさを打ち破ることができたのではないかと思います。今やカイラは以前あれだけ見返していた自分のポートフォリオを手元に置いていません。タ・モコのことを知る前は、ポートフォリオが唯一、彼女が知識を調達できるものだったとも言えるのではないでしょうか？」

「学びの物語」も含めたポートフォリオを検討するために参集した。専門職、教育支援者、そして家族は、それぞれに異なる「言葉」に関心を寄せていた。それに対して「学びの物語」は、読み取れる学びの「絡まり」をそのままの形で保持していた。研究者たちは、「学びの物語」を使えば全てのエキスパートに向けて「話す」ことが可能になるかもしれないということに驚きを感じていた。彼らは——

> 学びの物語が、複合的ニーズのある子どもに関わる保育者、特別支援のスタッフ、セラピスト、親、教育支援者を含むチームの全員が共同して実践を行うことを促す手段となり得るかどうかを探究していたのである（Lepper, Williamson, Cullen 2003, p.20）。

母親のひとりは、以前に自身の子どものアセスメントに使われていた言葉は「全く耳なじみのない専門用語」だったとコメントした。

もし、学びの物語が最初からあったならば、私たちは彼ら（専門職の人た
ち）が使用する全く耳なじみのない専門用語で苦労することはなかったで
しょう。その点、学びの物語があれば、みんなが同じフィールドに立つこと
ができます（同上書, p.20）。

　同書ではさらに、「チームで保育実践を行う際、共通の『アセスメント／
計画』ツールを使用することで、チーム内において、様々な『言葉』を持ち
寄ることを尊重し、お互いに協力し合う雰囲気が促され、実践の中で大切に
したい理念がしっかりと共有されるようになる」と指摘している（p.22）。
言語聴覚士は、子どもの学びをナラティブに、しかも自分の専門領域の人に
も通じるような表現で書くことができた。そして、学びの物語に描かれた日
常場面から、子どもが実際の生活の中で、どのような言葉を話しているかを
知ることができたと語った。これは2人の子どものみを対象とした研究だっ
たが、興味深い問いを生じさせた。複合的追加的な学習ニーズのある子ども
たちの実践において、「学びの物語」が媒介となり、様々に異なるアプロー
チをいかに統合していけるかという課題である。そのためには、それぞれの
専門職が知りたいと思っていることが見えてくるように、様々な要素が鎖の
ように絡み合って書かれている状態をある程度解きほぐしつつも、同時に、
そうした専門職とは異なる文化に生きる子どもと家族にも理解できるよう
に、物語の形は保持し続けなければならない。この課題について、教育省は
さらに研究を続け、後に学校における特別な教育的ニーズを持つ学び手のた
めのナラティブ・アセスメント実践事例集を載せた書籍を出版している
（Ministry of Education 2009b）。

3 小括——周囲の環境との関係の中で生まれ、共有される学び

　本章では、「学びの物語」は、いかに学び手が知識と構えをわがものとする際に用いる方法の複雑さを損なわずにとらえ、記録していくことができるかということについて述べてきた。そして、「学びの物語」が21世紀のデジタル革命によって、どのように変化したかに注目した。デジタル技術は、「学びの物語」の作成方法、そして、人々の対話や「リテラシーを用いる」方法を変えた。

　また本章では、学びというものは様々な言葉や資源のアフォーダンス・ネットワークの中に分散して生まれ広がっていく〈distribute〉ことを明らかにした。このことは、資源と言葉のレパートリーは、思考とコミュニケーションに必須であり、幼児が記憶を想起したり、説明したりする際の「認知負荷」を軽減するという意味で、「分散認知〈distributed cognition〉*」(Salmon 1993) や「分散知能〈distributed intelligence〉」(Perkins 1993, p.89) といった概念が提起されたこととも関連している。デビッド・パーキンスは、ある人物とその人のまわりにある資源を「パーソン・プラス」と名づけた。そして、第1章では、ワーチが「道具によって媒介されて行為している（諸）個

---

* 知識や認知システムを、個人の内的処理過程（頭の中）に還元せず、周囲の道具や他者とのネットワークとして理解する考え方。状況論的認知論の立場をとる E. ハッチンズらによって提唱された。こうした見方によれば、幼児の生活空間の理解や行為は、単に幼児個人の能力発達だけでなく、園舎の建築や環境構成（家具の配置や道具の利用可能性など）、仲間関係（集団規模、同年齢・異年齢、グループ編成などを含む）、保育方法（自由な遊びを基調とするか、保育者主導の活動設定を基調とするかなど）といった要因と不可分のものとして認識される。分散された認知の観点は、教育・保育におけるユニバーサル・デザインやICT活用、（障害などを持つ個人への）合理的配慮といった概念ともつながっている。（川田）

人」に加え、用いられている文化的道具やそれに媒介されている行為に着目することによって、「『中間にとどまる〈live in the middle〉』ことを可能にし、行為、権力、権威が文化を通していかなる機能を果たしているかに注意を向けることを可能にする」(Wertsch 1998, p.65) と述べた。

　カイラの「学びの物語」がそのことを証明している。カイラの学びにおいて、「学びの物語」を含むポートフォリオも媒介された手段となり、彼女がタ・モコに関する専門的な知識を増やしていくと同時に、タ・モコのエキスパートとして仲間から認められるという学び手のアイデンティティを育む上で役割を果たした。アン・ブラウンらは、自ら関心のあるトピックを選んで、「居住エキスパート〈resident expert その場にいるエキスパート〉」になっていく子どもたちがいる教室を分析し、そこで見られる「分散された専門性〈distributed expertise〉」について論じている (Brown, Ash, Rutherford, Nakagawa, Gordon, Campione 1993, p.202)。カイラを担当した実践者は、「まわりの子どもたちも分からないことがあると、エキスパートのカイラを探し求めるようになりました」と述べている。

　本章は、学び手のアイデンティティを力強く構築していくことを目的としたナラティブ・アセスメントの意義——すなわちナラティブ・フォーマットが備えるアフォーダンスと、それを使用することでつくりだされる学びの機会——について4つのテーマに沿って論じた最後の章にあたる。続く第7章では、個々のエピソードのつながりからいったんズームアウトし、バランスをとる行為と人間的な力の成長について考察していくことにする。

第6章　注 ─────────────────────────────

◆1　2006年に出版された『レッジョ・エミリアとの対話：傾聴、研究、学習』には、カリーナ・リナルディの著作、講演録、インタビューが収録されている (Carlina Rinaldi 2006)。レッジョ・エミリアの理論と実践には、南太平洋の島国で二文化主義を掲げるニュージーランドの「学びの物語」と共鳴する側面が数多くある。ここでは、3つの側面に言及する——第1に、ドキュメンテーションの力、第2に、有能で力強い子ども観、そして、第3に、様々なモード——レッジョ・エミリアでいう「子どもたちの

100の言葉」を用いて意味を生成していくのは子どもたちの関心と熱中だとする見方、である。ドキュメンテーションとアセスメントについて書いた章でリナルディは、ドキュメンテーションは「活動の想起、すなわち省察を生む可能性を持つツール」であるところにその価値があると述べている（同書, p.63）。加えて、レッジョ・エミリアの学校では、ドキュメンテーション（ビデオと音声の録音、記録）が収集され、時には分類化され、体験したことを読み返し、再訪し、体験の新しい意味をつくりあげるという点について、次のように述べている。

　　実際、ドキュメンテーションは〈私たちの実践の〉実質的な目標の不可欠な一部であり、常に私たちの営みを特徴づけてきました。それは、意味の探究です。すなわち、子どもたちが、そして私たち自身も、人生の意味を探究（し共有）する上で重要な役割を果たすべき場としての学校の意味を見出していくこと、いや学校の持つ意味を新たにつくりだしていくことを、私たちは目指しています。
　　子どもは誕生とともに、人生の意味と人生における自己の意味を探究しはじめ、子ども自身がそのことを強く願っています。だからこそ、私たちは子どもには有能さと力強さがあり、希望を持ち、尊重される権利があると主張するのです。子どもは決して、弱々しく、貧しく、能力がないと見なしてよい存在ではないのです（同上書, p.63,64）。

　本章における「分散された」学びについての分析は、1993年に出版されたガブリエル・ソロモンが編集した著作『分散認知：心理学的考察と教育実践上の意義』（Gavriel Salomon 1993）に影響を受けている。近年、情報通信技術のアフォーダンスに関する研究がこの分野の中心にあるが、レッジョ・エミリアの子どもたちを見ると、幼児期の子どもたちが発展させるそれ以外の言葉の重要性に気づかされる。それらの言葉・モードは、造形やペンや筆を使った描画など、「具体的」である。パパート〈Papert〉の言うように、これらのモードは幼児期だけのものではなく、生涯にわたって意味生成のモードとして用いられる。キャロリン・エドワーズ、レラ・ガンディーニ、ジョージ・フォアマンは、『子どもたちの100の言葉』──ローリス・マラグッツィがレッジョ・エミリアの展覧会に冠した名称──と題した書籍にレッジョ・エミリアプロジェクトの実践を編集し、レッジョの子どもたちが意味を生成する多種多様な方法に光を当てている（Carolyn Edwards, Lella Gandini, George Forman 1998）。

第7章

Reconceptualising assessment

アセスメントの概念を
再構築する

Box7.1

いかにキー・コンピテンシーをアセスメントするかについて、私たちは見方を変える必要がある。他者を思いやる市民であるか、自ら参加したり力を発揮したりしているか、思考する人であるか、ということをチェックすることはできない。こうした形式のアセスメントは、キー・コンピテンシーの概念と適合しない。キー・コンピテンシーというものは、あくまで生涯を通じて発達していくものだからである。私たち大人も、考える人としての構えを今なお発達させている途上にある。したがって、実践者はチェック欄にチェックを記入するという考え方から転換する必要がある。では、よりよい方法は何か？　どうすればキー・コンピテンシーの発達や成長を示すことができるか？　子どもたちが自分たちの学びを振り返っていることをどのように示すか？　「学びの物語」は、非常に強力なやり方でそれを行う力がある。……〈この転換は〉私自身のことで言えば、実例によって導かれた部分が多く、また私の実践や、「学びの物語」に対する私の熱中と情熱を、他者と共有するということでもあったのは確かである（ゲーリー、小学校校長）（Davis, Wright, Carr, Peters 2013）。

　ゲーリーは、私たちがアセスメント実践を、他者を思いやる市民として、思考する人としての学び手のアイデンティティの構築に向けて役立つものにしたい、「私たちが生涯を通じて発達させる構え」の強化に貢献するようなものにしたいと考えるならば、アセスメント概念を再構築する必要があると主張している。「学びの物語」は、学びのこれらの性質をとらえる試みであり、同時に保育・教育現場の実践者と学び手とが共同してこれまでの学びの旅路をとらえ、これからの学びの道筋を構築するための場を提供するものである。

　本章では、① 本書で検討してきた学びの成果の２つのカテゴリー（知識の蓄えと構えの蓄えの絡み合い）と、② 形成的アセスメント実践としての「学びの物語」の意義として論じてきた４つのテーマに立ち返る。それを受けて③ これらの４つのテーマのそれぞれが「バランスをとる行為」として、さらに、④ 人間的な力あるいは成長の構造を表すものとして見ることができることを論じていく。本章はまた、⑤ 学び手のアイデンティティ構築を目指すアセスメント実践をデザインする４つの原理を提示し、最後に今後の思索のための５つ目のテーマ、あるいは次元について簡潔に述べる。

1 知識の蓄えと構えの蓄えの絡み合い

　本書では、第1章を手はじめに、続く各章においても、「物事」の知識（そしてその発達や活用のされ方）と「構え」の知識（そしてその発達や活用のされ方）が、いかに持ちつ持たれつの関係にあるかということについて繰り返し論じてきた。**表4.1**〈p.153〉では、この相互依存的な具体的なあり様を8つの事例をあげて示している。キアのコラージュと布を使って作品をつくることへの関心は、利用可能な資源をつくりかえ、即席でつくるという彼女の構えと結びつけられていた〈p.22〉。「学びの物語」は、テ・レオ・マオリ〈マオリ語〉と空手に関するダイアナの知識の増大を記録した〈p.76・83〉。同時に、学校が提供した様々なトピックのワークショップにおける彼女の積極的な教育的経験は、「何か新しいことを試みる」ことに向かう彼女の構えを支援した。ゼブは科学者としてのアイデンティティを持つようになった〈p.92〉。（魚の特徴や分類法、生態についての知識や技術、それらについて語るための科学的な言葉といった）様々なものが組み合わさった彼の専門性は、注意を払ったり、説明したり、類推的思考や五感を駆使して探究したりといった習慣を身につけていくことと同時に構築されていった。彼はまた、〈魚の角を自分の身体の大きさと比べるというように〉斬新な方法ですぐに使える測定単位を用いて測定を行ったり、〈魚の泳ぐ速さを自動車やパトカーと比較するというように〉他の文脈と関連づけて考えたりしていた。後に、彼が火山という実践的に探究する機会が少ない別の科学的テーマの意味生成においても、これらの方策のいくつかを用いることは容易に予想された。

　デビヤが通う保育施設の実践者たちは、寺と神というテーマについての彼の専門性と、このテーマへのひとかたならぬ情熱を記録しているが〈p.149・207〉、そこには多様な方法を駆使して自分のアイディアを表現しようとする

彼の構えについての記述も含まれている。ランギタフリとアピラナ、そして
あおむしグループの子どもたちは、コハンガ・レオの理念と価値を反映した
物事を知る文化的方法を身をもって実践することで、庭仕事で必要とされる
実用的な知識を習得した〈p.164・167〉。エマニュエルの事例では、特定のモ
ノ（野生動物のおもちゃ）が備えていた「境界をまたぐ」アフォーダンスが、
他者とコミュニケーションをとりグループに参加するという、彼の能力や意
欲を徐々に増大させていくことを可能にした〈p.138〉。チャーリー–ブルー
のデッサンや絵画のスキルの向上は、後に、彼女が共感と思いやりの構えを
発揮する上で大きな役割を果たした〈p.188〉。カイラの学びは、社会的な関
係における自信と、タ・モコ〈タトゥー〉への専門的な知識や持続的な関心
とが絡み合いながら増大していくという道をたどっている〈p.218〉。他の子
どもたちに受け入れられる扉を開いたのは、彼女のこうした専門性——そし
て「学びの物語」に貼付されていた市長と一緒にポートフォリオを見ている
ところを撮った写真——だった。どの学びの事例においても、学びの環境と
アセスメント実践が主要な役割を果たしている。

　本書は、保育・教育現場の実践者や学び手たる子ども自身が、どのように
してこうした学びのエビデンスを集め、それを使って学びをアセスメントし
支援してきたかを明らかにしてきた。物語は、構えと教科学習の土台との密
接な関係を忠実に描き出す。主要教科においてさえ、「事実をありのままに
綴った記録〈prose description〉」の有用性を認めざるを得ないほど、多くの
学びは環境のアフォーダンスと複雑に結びついている。パメラ・モスは、い
くつかのグループに分かれた5年生の子どもたちに算数を教えるという、あ
る小学校教師の実践をめぐる議論の中で、子どもたちの算数の学びの進捗状
況について「事実をありのままに綴った記録」を用いて親たちに報告してい
る教師の事例を紹介している。モスは、その教師マグダレーヌ・ランパート
が自身の実践をまとめた本（Magdalene Lampert 2001）を分析し、次のよう
に述べている。「ここでもランパートがどのように親たちに子どもたちの進
歩を報告したかを見ることができる。彼女は、子どもたちが何を成し遂げ、
次は何に取り組もうとしているかをありのままに綴る記録を作成すること
で、成績の評点では見えてこない算数の学びの複雑さを浮かび上がらせた」

ミアは、保育施設にいる全ての実践者の絵を描き、それからその絵に実践者らの名前を書き加えるための道具として、自分のポートフォリオを使った。

(Pamela Moss 2008, p.252)。

　筆者らは、「学びの物語」は、専門的な知識と構えの絡み合い、さらなる計画のための手がかりを提供するまわりの環境とのつながり、学びの旅路の中でのアセスメントの位置、そして学びの経験の社会的、認知的、感情的な次元が相互に関わり合っていることを的確にとらえることができると結論づけた。同時に「学びの物語」は、乳幼児期や小学校の子どもたちが自己アセスメントしたり、自分の学びを振り返ったりする能力を発達させることを可能にする。それらは文字通りにアーティファクト〈artifact 中間生成物〉でもあるのだ（上写真 参照）。

2　4つのテーマ

　前の4つの章では、ナラティブ・アプローチが教育的アセスメントにもたらす4つの意義について書いてきた。それぞれはまた、ナラティブ・アプローチの目的としてとらえることもできる。「学びの物語」は、次のような要求や問いにこたえてきた。すなわち、カリキュラムとアセスメントをとも

に綴ることで学びにおける学び手の行為主体性を育むこと（第3章）、保育・教育の場の外のコミュニティとつながり、家族を巻き込んで、互いが互いの場に参加することを促すこと（第4章）、複数の学びの旅路やその中で長期にわたって継続している学びをとらえること（第5章）、そして、いくつもの言葉や異なるモードで行われる意味生成の場に分散して広がる学びにおいて様々な実践のレパートリーをわがものとすること（第6章）、である。

　学校における「学びの物語」についてのDVDに収録されたインタビューの中で、ゲーリーは、専門性開発のワークショップではじめて書いた「学びの物語」について語っている（Davis, Wright, Carr, Peters 2013）。これは、協同にまつわる9歳のレイモンドの物語で、その時々でゲーリーの目にとまり、これはレイモンドの学びの旅路にとって意味があると認識されたエピソードを綴ったものだった。ゲーリーは、子どもの問題点やできないことに焦点を当てる見方を避け、様々な出来事を、この事例では他者を思いやる市民となることに向けた学びの旅路の中に位置づけた。物語は、周囲に向けて、レイモンドの可能性に満ちた自己像〈possible self〉を承認する役割を果たし、そのことはレイモンド本人にとって重要だっただけでなく、彼の祖母をも大いに喜ばせた。

　　それから私はレイモンドと一緒に座って、「学びの物語」を見ました。彼はそれを家に持ち帰りました。数日後、私は学校で彼の祖母と偶然、出くわしました。というより彼女は自分からわざわざ私のところまで来て、「学びの物語」について話しはじめたのです。そしてレイモンドがそれをどれほどすばらしいと思っていたか、どれほど誇らしく思っているかを教えてくれました。持ち帰った「学びの物語」は冷蔵庫にとめてあるそうです。

　　このことがあってから私は、「学びの物語」には子どもたちを学びに夢中にさせる非常に強力なパワーがあると考えるようになりました。もしレイモンドを夢中にさせることができれば、他の大部分の子どもたちを夢中にさせることができるだろうと思いました（Davis, Wright, Carr, Peters 2013 に収録されているゲーリーのインタビュー）。

レイモンドもインタビューにコメントしている。「ぼくのおばあちゃんは、ぼくがしたことにすごく感動してた。ぼくが今までそういうことを全然やったことがなかったから本当に感心したみたい。ぼくも、ぼくってすごいって思ったよ」。後に自分で自分の「学びの物語」を書くようになった彼は、次のように述べている。「なんで『学びの物語』が好きかというと、どんな気持ちだったかをちゃんと書けるからだよ」。本書で論じてきたアセスメント実践の意義に関するテーマのうちの3つが、ここで言及されている。行為主体性、家族とのつながり、そして継続性である。これらに加えてレイモンドは、構えについての議論ではしばしば埋もれがちな学びにおける感情的要素に注目することを筆者らに気づかせてくれた。

3　目標・関心・実践におけるバランス

　学び手とその家族にフィードバックを提供するようにデザインされた形成的アセスメントには、話し合いとドキュメンテーションとの間、参加〈participation〉と具体化〈reification〉との間でどんなバランスをとっているかが自ずと表れる（Cowie, Carr 2004, p.106）。本書の4つのテーマも、それぞれが下のような対照的な事柄の間で、いかにバランスをとっていくかという問題を内包している。

・（自分ひとりで）書くことことと、対話しながらともに綴ることとの間で
・保育・教育の場の内側で教育的働きかけを行ったりアセスメントしたりすることと、そのプロセスに家族を巻き込み、外の世界とつながった物語がつくられるようにすることとの間で
・ある特定の時点で見られた〈子どもの〉専門性を記録することと、一定期間にわたるエピソードの意味のあるつながりを構築し、計画の目指すべき

方向を探り、学び手のアイデンティティを追跡することとの間で
・1つの言葉あるいはモードに焦点をしぼることと、マルチモーダルなアプローチを要する関心や課題に焦点を当てることとの間で

　これらのバランスは、**表7.1**（p.241）にまとめて掲げた。保育・教育現場の個々の実践者、学び手、家族、就学前の保育施設、学校、そして政府は、それぞれどのようにバランスをとり、子どもたちに学びの機会を与えるかを決める権限を有している。それぞれがどのような立場をとるかは、学び、子ども、アセスメント、そしてカリキュラムについてどのような信念を持っているかに左右されるだろう。これらの信念が、その地域の状況や個々の学び手に対応するのに十分な柔軟性を持ち合わせていない場合もある。また、子どもたちの「学びの物語」について定期的に話し合う機会を持たない保育・教育の場では、実践者が協同でポートフォリオの中の意味のつながりを結びつけることは困難であろう。これらのバランスは、常に対話を前提条件としている。本書に登場する実践者たちは、まさにそのような対話を行ってきた。そして筆者らは、本書が実践者の話し合いのさらなるきっかけとなることを願っている。

　筆者らは、知恵と教育について書いているロバート・スターンバーグら（Robert Sternberg 他 2007）から手がかりを得ている。スターンバーグらは、賢明な教育的働きかけと学びには、個人内、個人間、そして個人の外部に生じる関心の間、そして短期と長期の目標の間でバランスをとることが含まれていることを示唆している。筆者らは、実践者たちとこれらのアイディアを検討してきたが、さらに議論を進めていくためにここで再検討したい。

　2002年に刊行された『ストーリーの心理学：法・文学・生をむすぶ』の中で、ジェローム・ブルーナーは、自己を語る作業におけるバランスをとる行為について説明している。自叙伝に言及して、彼は次のように述べている。

　自己を語るナラティブは、ある種のバランスをとる行為である。それは、一方では、自分は確固たる意思、ある程度の選択の自由や実現可能性を持っているという自律性の信念をつくりださなければならない。しかし、それは

また、自己を他者――友だちや家族、制度、過去、準拠集団――の世界とつなげる必要がある。しかし、他者とのつながりに暗黙のうちに含まれる他者への責任は、当然のことながら、私たちの自律性を制限する。私たちは、自律性と責任の両方がなくては生きていけず、生涯を通してこの2つのバランスをとるために努力し続けている。私たちが自分自身を語る自己ナラティブも同様である（Jerome Bruner 2002, p.78）。

「学びの物語」のポートフォリオもまた、いかに自律性と他者の世界への責任とのバランスをとるか、つまり、いかにひとりの行為主体が持つ複数の目標と関心、個人間の対話、そしてより広い世界とのバランスをとるかという課題と向き合っている。いかなるアセスメント実践もこうした課題を避けて通ることはできない。「テスト」は、ある特定の時点における一人ひとりの測定値を提供する。他方、「物語」は、対象とするスキルや知識や構えが発達していくプロセスを綴ることで、個人間やより広いコミュニティとの間で進んでいるプロセスをとらえるだけでなく、それらがこれまで提供してきた、そして今後提供するであろう学びの機会をも描き出すことができる。ロビンG. は、エマニュエルは自分の動物のおもちゃを支えに、自分の力で意味を生成していくことと、グループに参加することとの間でどうバランスをとったらよいかを探り当てていたのではないかという意見について次のよう

にコメントした。

　　エマニュエルは、7月以降、非常に多くのことをやるようになってきています。私はこのビデオの中で、彼が［今では］他の子どもたちのことをよく知っていること、そして子どもたちは自分たちの間で通じる共通言語のようなものを使ってコミュニケーションをとっていることに気がつきました。そう、まるで大昔の人がしていたようにです。私はヴィヴィアン・ガシン・ペイリーの『白人の教師』〈Paley, V. (2000). *White Teacher.* Harvard University Press.〉を読んでいました。その中で彼女は、子どもたちは教師との間よりも他の子どもとの方が話が通じやすいということと、遊びは独創的で自由かつ統合されたカリキュラムだと書いています。私は、この指摘がとても好きです。子どもたちは、他の子どもたちに「どこから来たの？」とはたずねず、「どの役をやる？」と聞きます。そうやって声をかけてもらった彼は、いてもたってもいられない様子で結局は全部の歌に入り、太鼓を持ってリズムを刻みながら楽しそうに歌っていました。彼は自分なりのバランスのとり方を見つけたのだと思いました——と言うより、この目で確認したのです。彼は何時間も動物たちとの世界に没頭しながら、他の子どもたちとちょっと関わってみたり、時折他の様々なことにも関心を向けて移動したりしていました。彼はそうやって見ることと実際に参加することとの間でバランスをとっていたんだということに今日、私は気づいたのです。このビデオの中でもこのことを確認することができると思います（3歳半のエマニュエルが遊んでいる様子を撮ったビデオについてのロビンによる省察）。

　これまで述べたバランスは、子どもをとりまく学びの環境の内部で達成されているものである。次に直面する課題は、保育・教育の場の内側と外側の間のバランスを達成することである。エティエンヌ・ウェンガーは、次のようにコメントしている。

　　私は、教育をデザインすると言っても、それが実際の世界に取って代わって学びに必要な全ての事象を網羅することはできないと主張してきた。学び

のプロセスを、巧みに計画されてはいるが自己完結的なものに閉じ込めるシステムとしてはならない。そうではなく、外のコミュニティとの濃密なつながりを提供することを目指す必要がある（Etienne Wenger 1998, p.275）。

　ロレーヌは、「問題を問い、探究する文化〈A Question-asking and Question-exploring Culture〉」プロジェクトのインタビューで、園に新しい遊び場を建設するにあたって考えたこと、特に子どもたちに「本物の仕事」を観察する機会を是非とも確保したいと考えるに至った経過を次のように語っている。

　　私たちは、2年前だったらこんなこと（平日に遊び場を建設すること）はしなかったでしょう。私たちは、門の外にあったものは門の外に押しやっておくことに疑問を持ちませんでした。それが今では、外のものを中に持ち込んだり、自分たちがより頻繁に外に出かけたりしています。この遊び場はまさにその一例です。今までの私たちなら、遊び場の建設は週末に行うものだと決めてかかっていたでしょうね！……私たちはまず「警告」「危険」「立ち入り禁止」のテープの意味をみんなで確認しました。それから子どもたちは、数日から数週間にわたって自分たちの園庭のために、石造りの壁や水まわりの造形、その他様々なものを制作する専門職の人々を見ながら、園庭職人たちが考えたデザインやそこに込められた意図が現実の形になっていくのを観察しました。ずっとあとになって、子どもたちの中でこれらの経験がどれほど大きな比重をしめているかを振り返った時、私たちは「私たちの教育的働きかけが以前とは異なっている」（Malaguzzi 1993, p.77）ことに気づいたのでした（Greerton Early Childhood Centre Team 他 2008 内のロレーヌの記述）。

　一つのバランスのとり方が常に正しいなどということはあり得ない。〈何が正しいバランスであるかは〉状況次第だからである。それでも私たちが、それぞれの保育・教育の場の内部において、こうしたバランスを検討することには意味がある。と同時に、内部でバランスをとることだけに偏っていないかを問うこと、そしてこの複雑な世界やいまだ正解の見えない問題と向き合

うことになる子どもたちのために、領域固有の効率的なスキルに加えて、今後もっと必要となるであろう革新的で深みのある「応用が利く専門性〈adaptive expertise〉」が最大限生かされるような他の選択肢はないかと問うことは重要である。

　さらに言えば、あらゆるアセスメントの議論は、矛盾し合う要求とどのように折り合いをつけていけばよいか、という課題を否応なく内包している。モス、ジラードおよびグリーノは、現在進行中の出来事を共有する者たちで行う「内発的アセスメント」と、外部でつくられた基準にもとづいて専門家が行う「外発的アセスメント」について書いている（Moss, Girard, Greeno 2008, p.300）。そして「残された問題は、教育機関が必要とする比較可能な数値や客観的尺度と、現場の学び手や実践者が必要とする内発的アセスメント——何かを達成し終わってからではなく、活動の途中から行う——という相反する要求に、どのように折り合いをつけるかにある」とのジョーダンとプッツの次の指摘（Jordan, Putz 2004, p.356）を引用している。

　　双方のアセスメント方法が相互補完的なものであること、そして各々のアフォーダンス、欠点、想定外の結果をも明確に意識することは、内発的評価〈evaluation〉基準も外発的評価基準も、インフォーマルな評価基準もフォーマルな評価基準もともに生かされる、多様な要求に幅広く対応できるような新しいしくみを協働で築きあげていくことに向けた第一歩となるかもしれない（Moss, Girard, Greeno 2008, p.300 内のJordan, Putz 2004, p.356 の引用）。

4　人間的な力あるいは成長の構造——その4つの次元

　短期、中期、長期といった時間軸も、バランスをとる行為において問題となる枠組みの1つである。第5章で論じたように、そして第6章で紹介した

多くの言葉やモードをわがものにしていくカイラの成長でも明らかなように、学びは短いエピソードが鎖のようにつながったものとしてとらえることができる。ここまで進めてきたバランスをとる行為に関する議論は、第5章で引用した「私たちは短いスパンでの実践の意味的発展については問題にするのに、より長期的なスパンから見た意味生成の構えや態度やハビトゥスの発達を問題にしない」というジェイ・レムケ〈Jay Lemke〉の批判的な指摘にこたえようとするものである。さらに言えば、これまで本書で取り上げてきた4つのテーマそのものが、人間的な力はいかにして成長していくのかについての、多彩な、しかしごく一般的な見通しを、長期的な視点から提示しているとも言える。この人間的な力は、カイラの意味生成を支えた様々なモードが互いに絡み合っていたのと同様に、複雑な構造を持っている（表7.1）。「場と時間をまたいで発達する学びのキー・コンピテンシー〈Key Learning Competencies Across Place and Time〉」研究プロジェクトおよび『ケイ・トゥア・オ・テ・パエ 実践集』につながったプロジェクトでは、この「人間的な力の構造」を読み解いていく研究を進め、次の4つの次元を見出した（Carr, Lee, Jones 2007）。

　これら4つの次元は、幾重にも重なった学びの軌跡を描き出す方法である。それぞれの頭文字をとって「ABCD」の次元とも呼ばれているが、これらは本書の4つのテーマとも符号している。ダイアナの学びの旅路を例にとると、「自ら参加したり力を発揮したりする」というキー・コンピテンシーがこれら4つの次元に沿って強化されつつあり、「何か新しいことを試みる」勇気を持つ者としての彼女の学びのアイデンティティを支える働きをしていると言うことができる。ダイアナの学校、そして実践者のニッキーとスージーは、ダイアナや彼女の母親とともに、これからたどっていく道筋（学びの機会）とダイアナが実際にこれまでたどってきた旅路の双方を共同でつくりだした。旅路は、実践者たちが子どもたちとキー・コンピテンシーについてどう考えるかブレーンストーミングをした時にはじまった。

◆ **行為主体性**〈Agency〉
　ダイアナは、このキー・コンピテンシーの意味について意見を出し合い、

考え合った子どもたちのうちのひとりであり、「何か新しいことを試みる」という彼女自身の言葉で自分なりに理解した。彼女は、おもしろくてやりがいのある様々なワークショップを選ぶことができた。グループダンスの課題は、子どもたちに1つのダンスを一緒に発展させる機会を、そしてダイアナにある時点で先頭に立つ機会を提供した。

◆ **広がり**〈Breadth〉

彼女には何か新しいことを試みることができる「場のレパートリー」があった。そして「学びの物語」は、彼女の母親によって持ち帰られた（母親は学校で歓迎され、母親もまたダイアナのポートフォリオのために「学びの物語」を書いた）。ダイアナと同様、母親もまた、今までやったことがないことを試すことに決めた（学校のキャンプに手伝いとして参加した時、〈子どもたちに〉自分の顔に色を塗ってもらうことした）。

◆ **継続性**〈Continuity〉

ダイアナは、実践者や母親や仲間たちと一緒に、彼女にとって意味のある学びの道筋を共同で構築した。その「筋書き」は、いつも彼女が利用することができ、このプロセスに役立った。空手ワークショップに誘われた彼女は、勇気を出す練習に「ちょっとこわかった」が参加した。この一連のエピソードは学びへのコメントとともに、ニッキー、スージーによって記録された。そのドキュメンテーションは、成長ぶりに関する会話と、再訪や「次はどうする？」のアイディアづくりに役立った。

◆ **分散**〈Distribution〉

「参加」に関するブレーンストーミングの一環として、クラス全員が新しい活動を試みた。ダイアナは、その後、「何か新しいことを試みる」という大きな目標の下で異なるモード、つまりジェスチャーと音楽（ダンス・ワークショップと後の空手ワークショップ）、歌うことと話し言葉に関わる活動（テ・レオ・ワークショップ）に参加しはじめた。

表7.1 は、本書のテーマに沿って、これら人間的な力の4つの次元を示したものである。

表7.1

「学びの物語」の目的と意義、バランスをとる行為と人間的な成長の構造

	行為主体性 Agency	広がり Breadth	継続性 Continuities	分散 Distribution
子どもと家族の視点から見た「学びの物語」の目的と意義	カリキュラムとアセスメントをともに綴ること（第3章）	保育・教育の場の外のコミュニティとつながり、家族を巻き込んで、互いが互いの場に参加することを促すこと（第4章）	複数の学びの旅路やその中で長期にわたって継続している学びをとらえること（第5章）	様々な言葉とモードに分散して広がる学び——いくつもの言葉や異なるモードで行われる意味生成の場に分散して広がる学びにおいて様々な実践のレパートリーをわがものとすること（第6章）
目標や関心に関わるバランス	自分ひとりで解決することと、 対話を促進することとの間で	自分たちの保育・教育の場の中に焦点をしぼることと、 家族とコミュニケーションをとって、学びがより広いコミュニティとつながるようにすることとの間で	ある特定の時点で見られた〈子どもの〉専門性を記録することと、 一定期間にわたるエピソードの意味のあるつながりを構築し、計画の目指すべき方向を探り、学び手のアイデンティティを追跡することの間で	1つの言葉あるいはモードに焦点をしぼることと、 マルチモーダルなアプローチを要する関心や課題に焦点を当てることとの間で
人間的な成長の構造	子どもたちは、自身の学びの道筋と旅路を主導し、自己アセスメントする 子どもたちは誇りと能力を高めながら、自分の学びについて対話することができる	保育・教育の場の外で、家族やコミュニティが持つ知識や関心とのより強くより多様なつながりがつくられる	学びのエピソードのつながりは、現在を過去と未来と結びつけて認識され、やりとりを通して意味づけ直される 「次の段階」はより頻繁に、共同でつくられる より長期的なビジョンや可能性に満ちた自己像も同様である	学びは、増大する言葉や表現とコミュニケーションのモードに分散して広がっていくが、それらはますます複雑な方法で結合されるかもしれない

5 アセスメント・デザインの4つの原理

　筆者らは、本書の執筆を通してアセスメントの概念を再構築し、アセスメント実践をデザインする4つの原理を導き出した。そしてその原理を行動に変える「学びの物語」の可能性とはいかなるものかを様々な角度から検討してきた。すなわち、新たな概念が埋め込まれたアセスメント実践は——

◆学び手を、行為主体性を持つ者として位置づける。学び手とともに綴り、ともに構築する実践は、学びの状況とかみ合った対話を生みだし、学び手がこの場でどんな「ゲーム」が展開されているかを理解し、自己アセスメントの能力と構えを発達させることを容易にする。

◆多種多様な声を包摂し、家族、他のコミュニティや現実世界の問題を結びつける。そうすることで学び手は、様々な場所やコミュニティをまたいで、その理解や期待、そして学びの機会を自分で結びつけ、調整することができるようになっていく。そして、互いに関連しつつも異なる特徴を備えた文化的実践のレパートリーを提供することによって、状況に応じて学びをつくりだし、理解を深めたりする可能性をのばしていく。

◆子どもたちにこれまでの学びの旅路やこれから可能な道筋の一部を示すことで、旅の道しるべを提供する。学び手は、これまで歩んできた学びのいくつかの特徴や、過去の実績、そして未来への、あるいは自分自身や世界への、そしてまた世界の中の自分自身への展望を得ることができる。

◆構えの知識や実践と、教科に関連する知識や実践とを、様々な〈表現の〉モードを使いながら、そして様々な人々、資源、活動を用いながら統合していく。その際、学びにおける感情的側面についても注意が払われ、大切にされるだろう。状況が変わった時にも利用できるような意味生成の実践

や「応用が利く専門性〈adaptive expertise〉」の多種多様なレパートリーは——文化、物的環境、教科に関連するもの、モード、あるいは考え方が埋め込まれた空間の中で発展していくものだが——その価値が認められ、より豊かなものとなるよう支援される。

6　Eを追加する

　ABCDという構造的なとらえ方は、「学びの物語」が学び手のアイデンティティ構築に果たしている重要な役割の１つを過小評価するものだったかもしれないと、現在の筆者らは考えている。「学びの物語」は、構えを〈学びの成果として〉組み入れることを主張し、また問題点やできないことに焦点を当て〈て学びをとらえ〉ることに反対する。このことは、それら〈「学びの物語」〉が、進歩やさらなる〈成果の〉達成のための指導をなおざりにすることを意味するものではない。少なくとも、なんらかの文化、物的環境、教科に関連するもの、モード、あるいは考え方が埋め込まれたある特定の空間において、学びに対する「情熱〈passion〉」と呼ばれてきたものを記録し、持続させることには役立つ。本書に登場する実践者たちは、子どもたちの勇気、決意、そして忍耐について書いている。

　同様に、『フローの発見』というタイトルの本（Mihaly Csikszentmihalyi 1997）の中で、ミハイ・チクセントミハイは、個々あるいは人々のグループが完全に没頭し集中している時、彼らのスキルが「どうやらなんとかできそうな難題を乗り越えようと持てる力の全てを出し切って取り組んでいる」（p.30）時の、「フロー〈flow〉体験」の感情的性質について書いた。目標が明確で、フィードバックが適切で、難題とスキルのバランスがとれている時に、フローは生じると言う（p.31）。

　「フロー」エピソードのつながりは、私たちの幸福にとって非常に重要で

「人生における至上の喜び」に貢献するものだとチクセントミハイは指摘している（Csikszentmihalyi 1997, p.32）、「学びの物語」は、こうした「フロー」エピソードのつながりを明らかにし、構築することを目指していると言えるかもしれない。キャロル・ドウェック〈Carol Dweck〉は、フィードバックについて書く中で、それらの重要性を強調した（第2章）。ダイアナは、自分が何か新しいことを試みていた時、自分自身をフロー体験が可能な位置に駆り立てていた（第2章）。また、レイモンドは、自分自身の「学びの物語」を書くことが好きだとはっきり述べた時に、自分の気持ちを込めて書くことができるという点を強調した。チクセントミハイは、「フローの経験は、学び、つまり新しいレベルの難題やスキルの発展を引き寄せる磁石のような役割を果たしている」と指摘している（Csikszentmihalyi 1997, p.33）。彼の創造性に関する初期の著作の中でも、幼児期における強い関心と好奇心の重要性に言及している（Csikszentmihalyi 1996）。これらは、感情の特性であり、本書の多くの物語において例示されてきた。

　「エメット通り」と呼ばれる保育施設に通いはじめた3番目の子ども、テッサの「学びの物語」のフォルダーに親のジョーが書いた次のコメントと写真（次ページ）には、こうした心踊る感情が現れている。

　　テッサがエメット通りに通いはじめた日は、ハーベー家にとって楽しい1日となりました。彼女がはじめてわが家にフォルダーを持ち帰ったことは、他の子どもたちにとっても大きな出来事となりました。これに続けとばかり、〈姉の〉アメリアも自分のフォルダーを家に持ち帰ることにしました。私が彼女（アメリア）を迎えに行くと、彼女は大急ぎで自分のフォルダーを取りに行きました。すると負けるものかと〈兄の〉エズラまで、自分のフォルダーを収納箱から探し出してきて、互いの物語の交換がはじまったんです!!

　このように感情面を強調することの中には、保育・教育現場の実践者の教育的働きかけに対する熱中も含まれる。本章のはじめで、ゲーリーは、自らのアセスメント実践を表現するのに「熱中〈enthusiasm〉」と「情熱〈passion〉」という言葉を用いている。筆者らが、「学びの物語」は子どもとともに実践

者のアイデンティティを構築すると主張できるのは、この質〈の高さ〉があってこそである。筆者らが実践者たちに人間的な力のABCDの次元について話した時、実践者たちは一度ならずEを加えるべきだと主張した。興奮〈Excitement〉、熱中〈Enthusiasm〉、活気〈Exuberanc〉、あるいは気力〈Élan〉のEである（手元のコリンズ〈Collins〉辞書によれば、「élan」の概念はフランス語の「élancer」、「前に向かって投げること〈throw forth〉」、究極的にはラテン語の「lancea」、槍〈lance〉に由来するとあり、学びの「軌跡」への筆者らの関心にもぴったり合う）。

　ナイラ・スワド・ナシール、アン・ローズベリー、ベス・ウォーレンおよびキャロル・リーは、「非優位グループの若者」について書いているが、「こうした生徒たちのために学び環境をデザインするにあたっては、アイデンティティや感情を含む、学びの複合的（そしてしばしば見落とされがちな）要素に取り組むべきである」とした（Na'ilah Suad Nasir, Ann Rosebery, Beth Warren, Carol Lee 2006, p.489, 499）。

　「学びの物語」に記述された実践者自身の学びに対する興奮や熱中の感覚はしばしば周囲に伝染する。その熱中は、家族と子どもたち双方に広がり、一人ひとりの熱望や可能性に満ちた自己像の形成を支えていくのである。よってこの感情的次元は、「学びの物語」の構築、あるいは共同構築の意義として、そして保育施設、学校の教室、あるいは家庭における「学びの物語」の再訪がもたらす重要な意義として追加することが妥当であろう。学び手のアイデンティティ構築に向けたこの重要な感情面の意義を、レイモンドと彼の祖母は、「誇らしく思うこと」、また「感動すること」と呼んだ。

文献一覧

Absolum, M., Flockton, L., Hattie, J., Hipkins, R. and Reid, L. (2009). *Directions for assessment in New Zealand* (DANZ). Wellington: Ministry of Education.

Barab, S., Hay, K. and Yamagata-Lynch, L. (2001). Constructing networks of action-relevant episodes: An in situ research methodology. *Journal of the Learning Sciences*, 10(1/2), 63-112.

Barron, B. (2006). Interest and self-sustained learning as catalysts of development: A learning ecology perspective. *Human Development*, 49, 193-224.

Bird, A. and Reese, E. (2006). Emotional reminiscing and the development of an autobiographical self. *Developmental Psychology*, 42(4), 613-26.

Black, P. and Wiliam, D. (1998a). Assessment and classroom learning. *Assessment in Education: Principles, Policy & Practice*, 5(1), 7-74.

Black, P. and Wiliam, D. (1998b). Inside the black box: *Raising standards through classroom assessment*. London: King's College London, School of Education.

Black, P., Harrison, C., Lee, C., Marshall, B. and Wiliam, D. (2002). *Working inside the black box: Assessment for learning in the classroom*. London: NferNelson.

Black, P., Harrison, C., Lee, C., Marshall, B. and Wiliam, D. (2003). *Assessment for learning: putting it into practice*. Maidenhead: Open University Press.

Black, P., McCormick, R., James, M. and Pedder, D. (2006). Learning how to learn and assessment for learning: A theoretical inquiry. *Research Papers in Education*, 21(2), 119-32.

Bourdieu, P. (1990). *The logic of practice*, trans. R. Nice. Cambridge: Polity.

Braidotti, R. (1994). *Nomadic subjects: Embodiment and sexual difference in contemporary feminist theory*. New York: Columbia University Press.

Bransford, J.D., Barron, B., Pea, R.D., Meltzoff, A., Kuhl, P., Bell, P., Stevens. R. et al. (2006). Foundations and opportunities for an interdisciplinary science of learning. In R.K. Sawyer (ed.), *The Cambridge handbook of the learning sciences*. New York: Cambridge University Press, 19-34.(J.D. ブランスフォード、B. バロン、R.D. ピー、A. メルツォフ、P. クール、P. ベル、R. スティーヴンス、他(2006) 学際的学習科学の基礎と好機 R.K. ソーヤー著 森敏昭、秋田喜代美訳 学習科学ハンドブック 培風館 2009)

Bronfenbrenner, U. (1979). *Ecology of human development*. Cambridge, MA: Harvard University Press.(ユリー. ブロンフェンブレンナー著 磯貝芳郎、福富護訳 人間発達の

生態学：発達心理学への挑戦　川島書店　1996)

Brooker, L. (2002). Starting school: *Young children learning cultures*. Buckingham: Open University Press.

Brown, A.L., Ash, D., Rutherford, M., Nakagawa, K., Gordon, A. and Campione, J.C. (1993). Distributed expertise in the classroom. In G. Salomon (ed.) *Distributed cognitions: Psychological and educational considerations*. Cambridge: Cambridge University Press, 188-228.(A.L. ブラウン、D. アッシュ、M. ラザフォード、K. ナカガワ、A. ゴードン、J.C. キャンピオン (1993) 教室での分散専門知識　ガブリエル. ソロモン著　松田文子監訳　分散認知：心理学的考察と教育実践上の意義　協同出版　2004)

Bruner, J. (2002). *Making stories: Law, literature, life*. Cambridge, MA: Harvard University Press.(J. ブルーナー著　岡本夏木、吉村啓子、添田久美子訳　ストーリーの心理学：法・文学・生をむすぶ　ミネルヴァ書房　2007)

Burke, K. (1945). *A grammar of motives*. New York: Prentice Hall.(ケネス. バーク著　森常治訳　動機の文法　晶文社　1982)

Buxton, J. (2002). *Keep trying*. Wellington: Learning Media.

Carr, M. (1998). *Assessing children's learning in early childhood settings: A professional development programme for discussion and reflection - support booklet and videos: What to assess, why assess, how to assess?* Wellington: NZCER Press.

Carr, M. (2000). Seeking children's perspectives about their learning. In A.B. Smith, N.J. Taylor and M.M. Gollop (eds), *Children's voices: Research, policy and practice*. Auckland: Pearson, 37-55.

Carr, M. (2001a). *Assessment in early childhood settings: Learning stories*. London: Paul Chapman.(マーガレット. カー著　大宮勇雄、鈴木佐喜子訳　保育の場で子どもの学びをアセスメントする：「学びの物語」アプローチの理論と実践　ひとなる書房　2013)

Carr, M. (2001b). A sociocultural approach to learning orientation in an early childhood setting. *Qualitative Studies in Education*, 14(4), 525-42.

Carr, M. (2005). The leading edge of learning: recognising children's success as learners. *European Journal of Early Childhood Research*, 13(2), 41-50.

Carr, M. (2008). Can assessment unlock and open the doors to resourcefulness and agency? In S. Swaffield (ed.), *Unlocking Assessment*. London: Routledge, 36-54.

Carr, M. (2009). Kei tua o te pae: Assessing learning that reaches beyond the self and beyond the horizon. *Assessment Matters*, 1, 20-47.

Carr, M. (2011). Young children reflecting on their learning: Teachers' conversation strategies. *International Journal of Early Years*, 257-270.

Carr, M., Hatherly, A., Lee, W. and Ramsey, K. (2003). Te Whāriki and assessment: a case study of teacher change. In J. Nuttall (ed.) Weaving Te Whāriki. *Aotearoa's early childhood curriculum document in theory and practice.* Wellington, NZ: NZCER Press, 188-214.

Carr, M., Jones, C. and Lee, W. (2010). Learning journeys. In W. Drewery and L. Claiborne (eds), *Human development: family, place, culture.* Sydney: McGraw-Hill.

Carr, M., Lee, W. and Jones, C. (2004, 2007, 2009). *Kei tua o te pae: Assessment for learning: Early childhood exemplars.* Books 1-20. A resource prepared for the Ministry of Education. Wellington: Learning Media.

Carr, M., Peters, S., Davis, K., Bartlett, C., Bashford, N., Berry, P., Greenslade, S., Molloy, S., O'Connor, N., Simpson, M., Smith, Y., Williams, T. and Wilson-Tukaki, A. (2008). *Key learning competencies across place and time: Kimihia te ara totika, hei oranga mo to ao.* Final report to the Ministry of Education . Wellington, NZ: NZCER.

Carr, M., Smith, A.B., Duncan, J., Jones, C., Lee, W. and Marshall, K. (2010). *Learning in the making.* Rotterdam: Sense.

Clandinin, D.J. (ed.) (2007). *Handbook of narrative inquiry: Mapping a methodology.* Thousand Oaks, CA: Sage.

Clarkin-Phillips, J. and Carr, M. (2012). An affordance network for engagement: Increasing parent and family agency in an early childhood education setting. *European Early Childhood Education Research Journal,* 177-187.

Claxton, G. (2004). Learning is learnable (and we ought to teach it). In S.J. Cassell (ed.), *Ten years on report.* Bristol: National Commission for Education.

Claxton, G. (2009). Forward. In R. Delany, L. Day and M. R. Chambers (eds), *Learning power heroes.* Bristol: TLO Ltd.

Claxton, G., Chambers, M., Powell, G. and Lucas, B. (2011). *The learning powered school: A blueprint for 21st century education.* Bristol: TLO Ltd.

Cochran-Smith, M. and Donnel, K. (2006). Practitioner inquiry: Blurring the boundaries of research and practice. In J.L. Green, G. Camili, P.B. Elmore, A. Skukaus Kaité and P. Grace (eds), *Handbook of complementary methods in education research.* Washington, DC: AERA; and Mahwah, NJ: Erlbaum.

Colbert, J. (2006) New forms of an old art - children's storytelling and ICT. *Early Childhood Folio,* 10, 2-5.

Commonwealth of Australia (2009). *Belonging, being, becoming.* Canberra: Australian Government Department of Education, Employment and Workplace Relations for the Council of Australian Governments.

Cowie, B. (2000). Formative assessment in science classrooms. PhD thesis, University of Waikato, Hamilton.

Cowie, B. and Carr, M. (2004). The consequences of socio-cultural assessment. In A.

Anning, J. Cullen and M. Fleer (eds), *Early childhood education: Society and culture* (2nd edn, 2009). London: Sage, 95-106.

Crowley, K. and Jacobs, M. (2002). Building islands of expertise in everyday family life. In G. Leinhardt, K. Crowley and K. Knutson (eds), *Learning conversations in museums.* Mahwah, NJ: Lawrence Erlbaum, 333-56.

Csikszentmihalyi, M. (1996). Creativity: *Flow and the psychology of discovery and invention,* 1st edn. New York: Harper Collins.(M.チクセントミハイ著　浅川希洋志、須藤祐二、石村郁夫訳　クリエイティヴィティ：フロー体験と創造性の心理学　世界思想社 2016)

Csikszentmihalyi, M. (1997) *Finding flow: The psychology of engagement with everyday life.* New York: Harper Collins.(M.チクセントミハイ著　大森弘監訳　フロー体験入門：楽しみと創造の心理学　世界思想社　2010)

Dahlberg, G. and Moss, P. (2005). *Ethics and politics in early childhood education.* London: Routledge Falmer.

Davis, K., Wright, J., Carr, M. and Peters, S. (2013). *Key Competencies, Assessment and Learning Stories. Talking with Teachers and Students.* Wellington, NZ: NZCER Press.

Dweck, C. (1986). Motivational processes affecting learning. *American Psychologist,* 41 (10), 1040-8.

Dweck, C. (2000). *Self-theories: Their role in motivation, personality, and development.* Philadelphia, PA: Psychology Press.

Dweck, C. (2006). *Mindset: The new psychology of success,* 1st edn. New York: Random House.(キャロル. S. ドゥエック著　今西康子訳　マインドセット：「やればできる！」の研究　草思社　2016)

Eberbach, C. and Crowley, K. (2009). From everyday to scientific observation: How children learn to observe the biologist's world. *Review of Educational Research,* 79(1), 39-68.

Ecclestone, K. and Pryor, J. (2003). 'Learning careers' or 'Assessment careers'? The impact of assessment systems on learning. *British Educational Research Journal,* 29 (4), 471-88.

Edelstein, W. (2011). Education for democracy: reasons and strategies. *European Journal of Education,* 46(1), part II, 127-37.

Edwards, C., Gandini, L. and Forman, G. (eds) (1998). *The hundred languages of children: The Reggio Emilia Approach - advanced reflections.* Westport, CT: Ablex.

Eisner, E.W. (2005). *Reimagining schools: the selected works of Elliot Eisner.* Abingdon, Oxon: Routledge.

Engeström, Y., Engeström, R. and Suntio, A. (2002). Can a school community learn to master it's own future? An activity-theoretical study of expansive learning among middle school teachers. In G. Wells and G. Claxton (eds), *Learning for life in the 21st century: Sociocultural perspectives of the future.* Oxford: Wiley-Blackwell, 211-24.

Filer, A. and Pollard, A. (2000). *The social world of pupil assessment: Processes and contexts of primary schooling.* London: Continuum.

Gee, J.P. (1997). Thinking learning and reading: the situated sociocultural mind. In D. Kirschner and J.A. Whitson (eds), *Situated cognition: Semiotic and psychological perspectives.* Chapter 9, 235-259. Mahwah, NJ: Erlbaum.

Gee, J.P. (2000-2001). Identity as an analytic lens for research in education. *Review of Research in Education,* 25, 99-125.

Gee, J.P. (2008). A sociocultural perspective on opportunity to learn. In P.A. Moss, D.C. Pullin, J.P. Gee, L.J. Young and E.H Haerte (eds), *Assessment, equity, and opportunity to learn.* New York: Cambridge University Press.

Gibson, J.J. (1997). The theory of affordances. In R. Shaw and J. Brandsford (eds), *Perceiving, acting and knowing: Toward an ecological psychology.* Hillsdale, MJ: Lawrence Eribaum, 67-82.

Gipps, C. (2002). Sociocultural perspectives on assessment. In G. Wells and G. Claxton (eds), *Learning for life in the 21st century: Sociocultural perspectives on the future of education.* Oxford: Blackwell Publishers, 73-83.

Giudici, C., Rinaldi, C. and Krechevsky, M. (eds) (2001). *Making learning visible: Children as individual and group learners.* Cambridge, MA and Reggio Emilia: Project Zero, Harvard Graduate School of Education and Reggio Children International Center for the Defense and Promotion of the Rights and Potential of all Children.

Gonzàlez, N., Moll, L.C. and Amanti, C. (2005). *Funds of knowledge: Theorizing practice in households, communities, and classrooms.* Mahwah, NJ: L. Erlbaum As sociates.

Greeno, J.G. (2006). Authoritative, accountable positioning and connected, general knowing: Progressive themes in understanding transfer. *Journal of the Learning Sciences,* 15(4), 537-47.

Greeno, J.G. and Gresalfi, M.S. (2008). Opportunities to learn in practice and identity. In P.A. Moss, D.C. Pullin, J.P. Gee, E.H. Haertal and L.J. Young (eds), *Assessment, equity, and opportunity to learn.* New York: Cambridge University Press.

Greenwood, D. and Levin, M. (2008). Reform of the social sciences and of universities through action research. In N. Denzin and Y.S. Lincoln (eds), *The landscape of qualitative research,* 3rd edn. Los Angeles, CA: Sage, 57-86.

Greerton Early Childhood Centre Team, Carr, M. and Lee, W. (2008). *A question-asking and question-exploring culture. Centre of Innovation Final Research Report to the*

Ministry of Education. Wellington, NZ: NZCER Press.

Gresalfi, M.S. (2009). Taking up opportunities to learn: Constructing dispositions in mathematics classrooms. *Journal of the Learning Sciences*, 18, 327-69.

Hargreaves, A. and Moore, S. (2000). Educational outcomes, modern and postmodern interpretations: Response to Smyth and Dow. *British Journal of Sociology of Education*, 21(1), 27-42.

Hartley, C., Rogers, P., Smith, J., Peters, S. and Carr, M. (2012). *Crossing the border: A community negotiates the transition from early childhood to primary school*. Wellington: NZCER Press.

Hattie, J. (2009). *Visible learning: A synthesis of over 800 meta-analyses relating to achievement*. London: Routledge.(ジョン. ハッティ著　山森光陽監訳　教育の効果：メタ分析による学力に影響を与える要因の効果の可視化　図書文化社　2018)

Hendry, P.M. (2007) The future of narrative. *Qualitative Inquiry*, 13, 487-98.

Hidi, S., Renninger, K.A. and Krapp, A. (1992). The present state of interest research. In S. Hidi, K.A. Renninger and A. Krapp (eds), *The role of interest in learning and development*. Hillsdale, NJ: Lawrence Erlbaum.

Hipkins, R. (2009). Determining meaning for key competencies via assessment practices. *Assessment Matters*, 1, 4-19.

Holland, D., Lachicotte, W., Skinner, D. and Cain, R. (1998). *Identity and agency in cultural worlds*. Cambridge, Mass.: Harvard University Press.

Hull, G.A. and Katz, M.-L. (2006). Crafting an agentive self: Case studies of digital storytelling. *Research in the Teaching of English*, 41(1), 43-81.

Hutchins, E. (1996). *Cognition in the wild*. Cambridge, MA: MIT Press.

Jewitt, C. (2008). *Technology, literacy, learning: A multimodality approach*. London: Routledge.

Johnston, P. (2004). *Choice words: How our language affects children's learning*. Portland, ME: Stenhouse Publishers.

Jordon, B. and Putz, P. (2004). Assessment as practice: Notes on measures, tests, and targets. *Human Organization*, 63, 346-58.

Kress, G. (2003). *Literacy in the new media age*. London: Routledge.

Lampert, M. (2001). *Teaching problems and problems of teaching*. New Haven, CT: Yale University Press.

Lee, W., Hatherly, A. and Ramsey, K. (2002). Using ICT to document children's learning. *Early Childhood Folio*, 6, 10-16.

Lemke, J.L. (2000). Across the scales of time: Artifacts, activities and meanings in ecosocial systems. *Mind, Culture, and Activity*, 7(4), 273-90.

Lemke, J.L. (2001). The long and the short of it: Comments on multiple timescale studies of human activity. *Journal of the Learning Sciences*, 10(1), 17-26.

Lepper, C., Williamson, D. and Cullen, J. (2003). Professional development to support collaborative assessment. *Early Education*, 33, 19-28.

McNaughton, S. (2002). *Meeting of the minds*. Wellington: Learning Media.

Malaguzzi, L. (1993). History, ideas and basic philosophy. In C. Edwards, L. Gandini and G. Forman (eds), *The hundred languages of children: The Reggio Emilia approach to early childhood education*. Norwood, NJ: Albex, 41-88.

Markus, H. and Nurius, P. (1986). Possible selves. *American Psychologist*, 41(9), 954-69.

Mason, J. (2002). *Researching your own practice: The discipline of noticing*. London: Routledge Falmer.

Meade, A. (ed.) (2005). *Catching the waves: Innovation in early childhood education*. Wellington: NZCER Press.

Meade, A. (ed.) (2006). *Riding the waves: Innovation in early childhood education*. Wellington: NZCER Press.

Meade, A. (ed.) (2007). *Cresting the waves: Innovation in early childhood education*. Wellington: NZCER Press.

Meade, A. (ed.) (2010). *Dispersing waves: Innovation in early childhood education*. Wellington: NZCER Press.

Mercer, N. (2002). Developing dialogues. In G. Wells and G. Claxton (eds), *Learning for life in the 21st century: Sociocultural perspectives on the future of education*. Oxford: Blackwell.

Mercer, N. (2008). The seeds of time: Why classroom dialogue needs a temporal analysis. *Journal of the Learning Sciences*, 17, 33-59.

Mercer, N. and Littleton, K. (2007). *Dialogue and the development of children's thinking: A sociocultural approach*. London: Routledge.

Miller, L. and Pound, L. (eds) (2011). *Theories and approaches to learning in the early years*. London: Sage.

Miller, P. and Goodnow, J. (1995). Cultural practices: Toward an integration of culture and development. In J. Goodnow, P. Miller and F. Kessel (eds), *Cultural practices as contexts for development*. San Francisco, CA: Jossey-Bass. 5-17.

Ministry of Education (1996). *Te whāriki. He whāriki mātauranga mō ngā mokopuna o aotearoa. Early childhood curriculum*. Wellington: Learning Media.

Ministry of Education (2007). *The New Zealand curriculum for English-medium teaching and learning in years 1-13*. Wellington: Learning Media.

Ministry of Education (2009a). *Te whatu pōkeka. Kaupapa maori assessment for learning:*

Early childhood exemplars. Wellington: Learning Media.

Ministry of Education (2009b). *Narrative assessment: A guide for teachers. A resource to support the New Zealand Curriculum. Exemplars for learners with special education needs*. Wellington: Learning Media.

Moll, L. C., Amanti, C., Neff, D. and González, N. (1992). Funds of knowledge for teaching: Using a qualitative approach to connect homes and classrooms. *Theory into Practice*, 31(2), 132-41.

Moss, P.A. (2008). Sociocultural implications for assessment I: Classroom assessment. In P.A. Moss, D.C. Pullin, J.P. Gee, E.H Haertel and L.J. Young (eds), *Assessment, equity, and opportunity to learn*. New York: Cambridge University Press, 222-58.

Moss, P.A., Girard, B.J. and Greeno, J.G. (2008). Sociocultural implications for assessment II: Professional learning, evaluation, and accountability. In P.A. Moss, D.C. Pullin, J.P. Gee, E.H. Haertel and L.J. Young (eds), *Assessment, equity, and opportunity to learn*. Cambridge: Cambridge University Press, 295-332.

Moss, P.A., Pullin, D.C., Gee, J.P., Haertel, E.H. and Young, L.J. (eds) (2008). *Assessment, equity, and opportunity to learn*. Cambridge: Cambridge University Press.

Nasir, N.S., Rosebery, A.S., Warren, B. and Lee, C.D. (2006). Learning as a cultural process: Achieving equity through diversity. In R.K. Sawyer (ed.), *The Cambridge handbook of the learning sciences*. New York: Cambridge University Press, 489-504. (N.S. ナシル、A.S. ローズベリー、B. ウォレン、C.D. リー（2006）文化的過程としての学習：多様性を通した平等の達成　R.K. ソーヤー著　森敏昭、秋田喜代美訳　学習科学ハンドブック　培風館　2009)

Nelson, K. (2000). Narrative, time and the emergence of the encultured self. *Culture & Psychology*, 6(2), 183-96.

Norman, D.A. (1988). *The design of everyday things*. New York: Basic Books.（ドナルド. A. ノーマン著　野島久雄訳　誰のためのデザイン？：認知科学者のデザイン原論　新曜社　1990)

Nuttall, J. (2003). *Weaving te whāriki: Aotearoa's early childhood curriculum document in theory and practice*. Wellington, NZ: NZCER Press.

Packer, M. and Greco-Brooks, D. (1999). School as a site for the production of persons. *Journal of Constructivist Psychology*, 12, 133-49.

Paley, V. (2004). *A child's work: The importance of fantasy play*. Chicago, IL: University of Chicago Press.

Papert, S. (1980). *Mindstorms: Children, Computers, and Powerful Ideas*. Brighton: Harvester Wheatsheaf.（シーモア. パパート著　奥村貴世子訳　マインドストーム：子供、コンピューター、そして強力なアイデア　未来社　1995)

Papert, S. (1993). *The children's machine: Rethinking school in the age of the computer.* Hemel Hempstead: Harvester Wheatsheaf.

Perkins, D.N. (1993). Person-plus: A distributed view of thinking and learning. In G. Salomon (ed.), *Distributed cognitions: Psychological and educational considerations.* New York: Cambridge University Press, 111-38.

Perkins, D. (2000). Schools need to pay more attention to 'intelligence in the wild'. *Harvard Education Newsletter,* May/June, 1-3.

Perkins, D.N., Jay, E. and Tishman, S. (1993). Beyond abilities: A dispositional theory of thinking. *Merrill-Palmer Quarterly,* 39(1), 1-21.

Perkins, D., Tishman, S., Ritchhart, R., Donis, K. and Andrade, A. (2000). Intelligence in the wild: A dispositional view of intellectual traits. *Educational Psychology Review,* 12 (3), 269-93.

Perry, B., Dockett, S. and Harley, E. (2007). Learning stories and children's powerful mathematics. *Early Childhood Research & Practice,* 9(2).

Pinnegar, S. and Daynes, J.G. (2007). Locating narrative inquiry historically: Thematics in the turn to narrative. In D.J. Clandinin (ed.), *Handbook of narrative inquiry: Mapping a methodology.* Thousand Oaks, CA: Sage Publications.

Pollard, A. and Filer, A. (1999). *The social world of pupil career: Strategic biographies through primary school.* London: Cassell.

Pryor, J. and Crossouard, B. (2008). A socio-cultural theorisation of formative assessment. *Oxford Review of Education,* 34(1), 1-20.

Ramsey, K., Breen, J., Sturm, J., Lee, W. and Carr, M. (2006). *Integrating ICTs with teaching and learning in a New Zealand Kindergarten.* Centre of Innovation Final Research Report to the Ministry of Education. Wellington, NZ: Ministry of Education.

Reedy, T. (2003). Toku rangatiratanga na te mana metauranga: Knowledge and power set me free. In J. Nuttall (ed.), *Weaving Te Whāriki: Aotearoa New Zealand's document in theory and practice.* Wellington: New Zealand Council for Educational Research.

Reese, E., Suggate, S., Long, J. and Schaughency, E. (2010). Children's oral narrative and reading skills in the first three years of reading instruction. *Reading and Writing,* 23 (6), 627-44.

Reissman, C.K. (2008). *Narrative methods for the human sciences.* London: Sage.(キャサリン. C. リースマン著　大久保功子、宮坂道夫訳　人間科学のためのナラティヴ研究法　クオリティケア　2014)

Resnick, L. (1987). *Education and learning to think.* Washington, DC: National Academy Press.

Rice, T. (2010). 'The hallmark of a doctor': The stethoscope and the making of medical identity. *Journal of Material Culture*, 15(3), 287-301.

Rinaldi, C. (2006). *In dialogue with Reggio Emilia: Listening, researching, and learning.* London and New York: Routledge.(カルラ. リナルディ著　里見実訳　レッジョ・エミリアと対話しながら：知の紡ぎ手たちの町と学校　ミネルヴァ書房　2019)

Ritchhart, R. (2002). *Intellectual character: What it is, why it matters, and how to get it.* San Francisco, CA: Jossey-Bass.

Roth, F., Speece, D. and Cooper, D. (2002). A longitudinal analysis of the connection between oral language and early reading. *Journal of Educational Research*, 95, 259-73.

Rychen, D.S. and Salganik, L.H. (eds) (2001). *Defining and selecting key competencies.* Göttingen: Hogrefe & Huber.(ドミニク. S. ライチェン、ローラ. H. サルガニク著　立田慶裕監訳　今西幸蔵、岩崎久美子、猿田祐嗣、名取一好、野村和、平沢安政訳　キー・コンピテンシー：国際標準の学力をめざして　明石書店　2006)

Rychen, D.S. and Salganik, L. H. (eds) (2003). *Key competencies for a successful life and a well-functioning society.* Göttingen: Hogrefe & Huber.

Salomon, G. (ed.) (1993). *Distributed cognitions: Psychological and educational considerations.* New York: Cambridge University Press.(ガブリエル. ソロモン編　松田文子監訳　分散認知：心理学的考察と教育実践上の意義　協同出版　2004)

Sfard, A. (2008). *Thinking as communicating: Human development, the growth of discourse, and mathematizing.* Cambridge, UK: Cambridge University Press.

Sfard, A. and Prusak, A. (2005). Telling identities: In search of an analytical tool for investigating learning as a cultural activity. *Educational Researcher*, 34(4), 14-22.

Siraj-Blatchford, I. (2010). A focus on pedagogy: Case studies of effective practice. In K. Sylva, E. Melhuish, P. Sammons, I. Siraj-Blatchford and B. Taggart (eds) *Early childhood matters: Evidence from the effective pre-school and primary education project.* London: Routledge, 149-65.

Smith, A.B. (2011). Relationships with people, places and things: Te Whāriki. In L. Miller and L. Pound (eds), *Theories and approaches to learning in the early years.* London: Sage, 149-62.

Soutar, B. with Te Whānau o Mana Tamariki (2010). Growing raukura. In A. Meade (ed.), *Dispersing waves: Innovation in early childhood education.* Wellington: NZCER Press, 35-40.

Star, S.L. and Griesemer, J.R. (1989). Institutional ecology, 'translations' and boundary objects: Amateurs and professionals in Berkeley's museum of vertebrate zoology, 1907-39. *Social Studies of Science*, 19(3), 387-420.

Sternberg, R.J., Reznitskaya, A. and Janvin, L. (2007). Teaching for wisdom: What matters is not just what students know, but how they use it. *London Review of*

Education, 5(2) July Special Issue on Wisdom, 143-158.

Thomson, P. (2002). *Schooling the rustbelt kids: Making the difference in changing times.* Crows Nest: Allen & Unwin.

Thomson, P. and Hall, C. (2008). Opportunities missed and/or thwarted? 'Funds of knowledge' meet the English national curriculum. *The Curriculum Journal,* 19(2), 87-103.

Tizard, B. and Hughes, M. (1984). *Young children learning talking and thinking at home and at school.* London: Fontana.

Torrance, H. and Pryor, J. (1998). *Investigating formative assessment.* Buckingham: Open University Press.

Vandenbroeck, M. and Bouverne-De Bie, M. (2006). Children's agency and educational norms: A tensed negotiation. *Childhood,* 13(1), 127-143.

Vandenbroeck, M., Roets, G. and Snoeck, A. (2009). Immigrant mothers crossing borders: Nomadic identities and multiple belongings in early childhood education. *European Early Childhood Education Research Journal,* 17(2), 203-16.

Walker, D. and Nocon, H. (2007). Boundary-crossing competence: Theoretical considerations and educational design. *Mind, Culture, and Activity,* 14(3), 178-95.

Walsh, F. (1998). *Strengthening family resilience.* New York: The Guilford Press.

Wells, G. and Claxton, G. (2002). *Learning for life in the 21st century.* Oxford: Blackwell.

Wenger, E. (1998). *Communities of practice: Learning, meaning, and identity.* Cambridge: Cambridge University Press.

Wertsch, J.V. (1991). *Voices of the mind: A sociocultural approach to mediated action.* Cambridge, MA: Harvard University Press. (ジェームス. V. ワーチ著　田島信元、佐藤公治、茂呂雄二、上村佳世子訳　心の声：媒介された行為への社会文化的アプローチ　福村出版　2004)

Wertsch, J.V. (1997). Narrative tools of history and identity. *Culture & Psychology,* 3(1), 5-20.

Wertsch, J.V. (1998). *Mind as action.* New York: Oxford University Press. (ジェームス. V. ワーチ著　佐藤公治、田島信元、黒須俊夫、石橋由美、上村佳世子訳　行為としての心　北大路書房　2002)

Whalley, M. (2001). *Involving parents in their child's learning.* London: Sage.

Wiliam, D., Lee, C., Harrison, C. and Black, P. (2004). Teachers developing assessment for learning: Impact on student achievement. *Assessment in Education: Principles, Policy & Practice,* 11(1), 49-65.

訳者紹介　＊は監訳者

大宮勇雄[＊]　Omiya Isao　（第1章・第5章）
仙台大学教授、福島大学名誉教授。コロナ危機への対応のあまりのひどさは、わが国の教育の根本的誤りを浮き彫りにしました。人生のはじまりこそ人間的であれ！です。

鈴木佐喜子[＊]　Suzuki Sakiko　（日本の読者の皆様へ・序と謝辞・第7章）
元東洋大学教授。「保育評価」を研究テーマとしています。「学びの物語」は、私たちの「評価観」を問い直し、豊かに変える力を持っていると確信しています。

塩崎美穂[＊]　Shiozaki Miho　（第2章）
東洋英和女学院大学准教授。NZ・イタリア・日本の保育思想比較が当面の課題。他文化を生きる人々の思考や息づかいに触れる翻訳は、新しい「私」の発見でした。

川田　学　Kawata Manabu　（第3章）
北海道大学子ども発達臨床研究センター准教授。原書のイラストフルな装丁に誘われたのが運の尽き（？）。深くて広〜いLearning Storiesの世界にしみじみ、すみずみ鍛えられました。

菊地知子　Kikuchi Tomoko　（第4章）
お茶の水女子大学いずみナーサリー主任保育士。小さな学内保育施設で0・1・2歳の人たちがいつもすぐ隣りにいることで、活きのいい思索ができる気がしています。

矢萩恭子　Yahagi Yasuko　（第4章）
和洋女子大学教授。NZ発祥のプレイセンターに惹かれ、保育者の専門性を子育て支援分野から考えてきました。LSと対話を通じて、子ども自身が豊かな意味を拓く可能性へ！

磯部裕子　Isobe Hiroko　（第5章）
宮城学院女子大学教授。震災、コロナ感染……どんな困難の中にあっても子どもと生き、学び続ける保育者の“凄さ”とそこに生成する物語を問い続けています。

松井剛太　Matsui Gota　（著者について・第6章）
香川大学教育学部准教授。日本のこども園でLearning Storyの実践研究をしています。切り口によって見え方が変わるアセスメント実践をより多くの実践者と楽しみたいです。

訳者あとがき

　本書は、日本保育学会第71回大会（宮城、2018年）で行われたマーガレット・カー先生の記念講演がきっかけとなって誕生しました。

　目の前の子どもの中にポジティブな可能性を見出すことが、保育実践のはじまりであり最終目標であるということを力強く示したその講演は、会場いっぱいの参加者に大きな感動と勇気を与えました。先生は、スケジュールの合間の控え室や会食の席でも、私たちとのディスカッションに精力的に応じてくれました。その際に本書の翻訳を強く勧められ、その場に同席し先生のお人柄に魅了されたメンバーが中心となって翻訳チームがつくられました。

　「学びの物語〈Learning Story〉」の実践は、その開発から10年の間に、劇的に変化しました。記録の方法は「メモや文章中心」から「ICTやデジタルカメラを駆使」するものへ変化するとともに、そのポートフォリオは「大人が議論するための素材」から「子ども自身が主人公となって語り合うための拠りどころ」へ、そしてアセスメント実践の目的そのものが「大人が子どもの学びを記録する」ことから「大人と子どもが共同で学びを語り合い、つくりだす」ことへ発展しました。本書は、この発展過程をギュッと凝縮し、具体的な事例にもとづき理論化して、これからの保育の方向を示したものです。

　訳出は難問続きでしたが、全員参加で長時間議論を繰り返し、メールを幾度もやりとりし、互いに他章を検討し合い、分担をこえて注釈をつけることもしました。それはまさに思考や知識の「分散的 distributed 本質」──「思考や知識は個人の脳内の産物ではなく、その周囲に存在している人々とのやりとりや、様々な道具を使った実践を通して複雑で確かなものとなる」──を実感できた時間でした。「仲間とともに学ぶ楽しさ」を味わいながら、全体像が見えはじめると、私たちは本書の魅力に深く引き込まれていきました。

　本書の魅力は何より、その事例の豊かさです。

そこに登場するのは、どちらかというとゆっくりマイペースで育ちつつある子どもたちです。写真がふんだんに使われた記録からは、一人ひとりの動きや内面が生きいきと伝わってきます。行為主体性が芽生えた瞬間の目の輝き、学びに熱中している時の息づかい、自分で成し遂げた学びへの驚きと笑顔……。形成途上にある学びを発見した時の実践者の感動、それを伝える喜び、それを共有した大人たちの間に生まれる信頼感……。それとは見えない小さな一歩が、その子の人生にとっての偉大な一歩となりゆくプロセスを皆で分かち合っていることに、私たちは心から共感と感銘を覚えました。

　他方、学びとして格別の意味が見出せないとか、本文との関連がわかりにくいと感じた事例も当初はありました。そんな時は、本書の「いずれ〈の事例〉も、特定の文脈のものであり、学び手や環境、そしてコミュニティについての情報は十分ではないので……読者のみなさんには、事例や添付された文章が伝えるメッセージをくみとり、実践の文脈を再構成して読んでいただけたらと思う」（p.13）というアドバイスに従い読み直してみました。

　例えば、第4章に出てくるエマニュエルくん。彼は、ファミリーセンターにやってきてから2年以上もの間、他の子どもたちとの交流がほとんどないまま、野生動物のおもちゃを使った遊びだけを続ける様子が描かれています。一見、分離不安からくる執着行動のように見えるこのミニチュア遊びにどんな意味があり、その後の彼の成長にどうつながっているのでしょう。「実践の文脈」を再構成する努力をしてみると、両親の母国スーダンには牛を神聖視する独特の生活様式＝文化があることが分かりました。つまり、動物のミニチュアは祖国の文化を代表する非常に価値ある事物であり、その世話をすることは、スーダン（と彼の家族）というコミュニティの一員としての証しであり誇りだったのです。それが分かると、彼のことが人にも動物にもやさしい、なんとけなげで頼もしい人間なのだろうといとおしく思えてきました。

　もちろんこれは「一つの可能な」解釈にすぎません。しかし、個々人の主体的な関わり meaning-making を抜きに「世界を理解する」ことはできないというのが、本書の根底にある構成主義の知識観です。本書が勧める「実践の文脈を再構成して読み取る」方法は──「正解を当てる」空疎な学びとは異なり──実に楽しいものです。そして他者と語り合いたくなるもので

す。こうしたことも含めて、本書の魅力の第一は事例の豊かさにあります。

　2つ目の魅力は、「アイデンティティの構築」という本書のテーマそのものです。

　自我や自己意識の育ちが発達の中心的問題であるという問題意識は広く存在していますが、自己を「個人的な心の内奥」ととらえてしまっては客観的に論ずるのは困難です。それに対して本書は、自己＝アイデンティティを、「私たちはナラティブを通して自己を構成し、再構成している。そして自己は、私たちが語り、語り直すことによって生まれる」（J. ブルーナー）ものととらえています*（p.25）。この「ナラティブ・アプローチ」をベースにした「学びの物語」を使うことで、子どものリアルな姿と結びつけながら、四つの道筋からアイデンティティ構築の全体像に迫っています。「保育／教育における自我構築」研究の新たな展望を切り拓いたと言えるでしょう。

　「アイデンティティ」は、前沖縄県知事翁長雄志さんの「沖縄のアイデンティティを守る！」という心奮わす訴えがきっかけとなって、私たちの大切な言葉になっています。とは言え、ニュージーランドの保育／教育において「アイデンティティ」の問題が避けては通れない周知の課題となっているのに比べると**、わが国の保育界ではさほどなじみがありません。実際に目にする子どもの姿とのつながりでその意味合いが伝わるようにと頭を悩ませました。

　例えば、possible self という単語が重要な箇所で使われています。先行研究では「ポシブル・セルフ」と訳されていますが、どんな意味合いで使われているのかを確かめるためにカー先生に直接質問しました。「たとえばテレビのヒーローごっこのような姿の中にも possible self が育っていると言えるのでしょうか？」。次のようなていねいな返事をいただきました。

　　この言葉は「自己を学び手として」、つまり子どもたちが自分を学びの旅路にある者として認識していることを指す言葉です。前著で書いたように、「学びに対して高い意欲を持っているということは、学び手が学ぶことを熱心に望み、『自分自身を学び手として見る』」ということ、あるいは学び手が自分を「学び方を学ぶ『学び手の共同体』」の一員として見ていることを意味して

います。possible self は、「自己を有能な学び手と見なしている子ども」と訳してはどうでしょう。また、キャロライン・ギップスは、possible self の発達において「他者からの判断」——つまりアセスメントのことです——が決定的な役割を担っていると指摘している点も重要です（その一例は、自分自身を、本を読んで学ぶ「子ども図書館員」と見なしているセーラです［**Box1.2**］。この姿は aspirational self と表現するのがぴったりです）。

憧れやごっこの姿それ自体ではなく、自己の可能性と結びついた学びへの意欲や学び手としての自己像が育ちつつある時、そこに possible self が認められる。そしてそれは周囲にいる者たちがそう認めること（アセスメント）によってその子自身のものとなる——そうした趣旨と理解し、そうした意味合いをこめて、possible self は「可能性に満ちた自己像」と、aspirational identity は「憧れにひらかれたアイデンティティ」と訳出しました。

　3つ目の魅力は、本書に込められたメッセージの力強さです。
　17ページに「本書では、あえてそれらに関わる構えについては取り扱わないことにする」という一文があります。「取り扱わない」と訳しましたが、原文では ignore、つまり「無視する」という強い言葉です。
　カー先生に直接確かめましたが、この（無視すべき）「それらに関わる構え」とは、16ページ最後の段落にある「行為主体性や社会情動的スキル、好奇心やあきらめずに困難な課題に立ち向かうレジリエンス、さらには思いやり、責任意識、対話能力など、いわゆる『非－認知的』で計測困難なスキルや構え」を指しているとのことでした。その前段で、民主主義を学ぶことは学校教育の中心目標であるというエデルスタインの主張に同意すると書いたのを受けて、「民主主義を学ぶ」ために必要な資質の内容を説明したのがこの「それらに関わる構え」のはずだと私たちは当初考えました。
　とすると、そこまで民主主義のための教育が重要だという主張をしているのに、民主主義に関わる「構え」について本書では「あえて無視する」というようなネガティブな書き方になっているのはなぜなのか、当惑しました。
　その謎を解くヒントは「非－認知的」という言葉にありました。この語

は、もちろんOECDが唱道するいわゆる「非－認知能力」の議論を指しています。

　他方、カー先生は、OECDの乳幼児教育政策に対して一貫して批判的立場を表明しています。とりわけ、OECDの保育政策部門による、「非－認知能力」を含めた幼児期の学びの成果を測定する、世界標準のテスト開発に関わる多国間研究 the International Early Learning Study（およびそれへの参加を検討していたニュージーランド教育省）の動きに対しては、厳しい批判を展開しています。***

　これらのことを考え合わせると、こうなります。すなわち、「非－認知能力」を民主主義の発展と結びつけるOECDの議論に対して、本書は批判的な立場に立っているが――そして徹底的な批判が必要なのだけれども――ここではあえてその点に踏み込まない。なぜなら、本書が焦点を当てたいのは実践のレベル――つまり、子どもとその周囲の環境との「中間に身を置く」こと――なのだから。そして本書は、こうした社会状況の中にあっても「〈豊かな〉解釈、一人ひとりの個性を大切にすること、賢明な実践、そして対話と喜びを生みだす可能性」を実現する方法があるのだということ、そしてその具体的展望を示すことを目指しているのだから。

　これが「取り扱わない」という一文の趣旨です。ですから、「非－認知能力」という言葉はここ以外ではまったく使われていないのです。

　本書では、この「非－認知能力」のような言葉を「学びに関する制度的言説」と呼び、そうしたものが学びをある枠の中に閉じ込める力を持っていることを認めつつ、「学びの物語」を用いることによって「自分たちの考え方を枠づけている制度的言説を明るみに出す」、つまり豊かな学びを認め励ますような生彩ある「学びの言葉」を獲得できると述べています。実践者はそうしたプロセスを経てはじめて専門家＝研究者へと成熟していくのです。本書は実践者を熱く励ますこうしたメッセージに貫かれています。

　本書の刊行は多くの方々のお力添えの賜物です。

　まず、様々な質問に丁寧に応答してくださり、本書に埋め込まれた哲学を理解し表現できるよう私たちを励ましてくださったカー先生とウェンディ・

リー先生に深く感謝申し上げます。実践的叡智に富んだ本書の解釈にあたっては、ふだん接している日本の実践者のみなさんから学んできたことがたいへん役に立ちました。お名前をあげることはできませんが深く感謝申し上げます。また、訳者が訳に着手する前に全体を見渡せる部分の下訳をし、内容の理解、各章の翻訳作業を進める上で大きな助力をいただきました大野理実さん、図版データの提供などを含め惜しみなく協力くださった原書の版元SAGE社、そして出版の労を執っていただきましたひとなる書房の皆様、とりわけ立ち上げから翻訳・編集作業全般にわたって恐るべきパワーをふるってくださいました松井玲子さんに、深く御礼申し上げます。

2020年3月25日

訳者を代表して　大宮勇雄

---

* 「自己は物語ることによって生まれる」と言うのは抽象的スローガンではない。生まれたばかりの赤ちゃんは全く「意味」を把握できないのに、その後きわめて短い間に、世界の「意味」を理解し、「意味の世界」に参入できるようになっていく。ブルーナーはその著書 *Acts of Meaning: Four Lectures on Mind and Culture* (1990). Harvard University Press.（岡本夏木他訳『意味の復権』ミネルヴァ書房、1999年、[新装版] 2016年）において、エミリーという女児の18ヵ月から3歳にわたる物語的独り言をたどって、物語ることで自己および世界の意味がとらえられていくプロセスを解説している。

** 例えば「テ・ファーリキ」(2017) の「学校への旅路」と題されたページは次のようにはじまっている。「学びは、生まれる前からはじまり生涯にわたって続く旅である。各段階の教育制度は、この生涯にわたって続く探究の途上にある子どもたちを支え続ける責任を負っている。新入生担当教師をはじめ、子どもに関わるすべての大人が子どもを支え続ける必要があるが、その際には、第1に、子どもが属する文化とアイデンティティを認め尊重すること、第2に、子どもたちが家庭で蓄えてきた知識を生かしたり授業に関連づけたりすること、第3に、子どもたちの学びに対して肯定的な期待をもつことが重要である」。

*** M. Carr, L. Mitchell and L. Rameka (2016). Some thoughts about a value of an OECD international assessment framework for early childhood services in Aotearoa New Zealand. *Contemporary Issues in Early Childhood*, Vol.17 (4) 450-454 . この論文は「OECDが開発する標準テストを乳幼児教育分野の評価のために導入することは、たとえそれが完璧に『科学的』なものであったとしても、テ・ファーリキ [を原理とするわが国の保育] に対して悲惨な〈disastrous〉結果をもたらす」と指摘している。

◆装幀・扉デザイン　山田道弘

本書の刊行にあたっては、日本福祉大学の出版助成金を受けました。

学び手はいかにアイデンティティを構築していくか
保幼小におけるアセスメント実践「学びの物語」

2020年3月31日　初刷発行

　著　　者　マーガレット・カー
　　　　　　ウェンディ・リー
　訳者代表　大宮　勇雄
　　　　　　塩崎　美穂
　発 行 者　名古屋研一

　発行所　㈱ひとなる書房
　東京都文京区本郷2-17-13
　電　話 03（3811）1372
　F A X 03（3811）1383
　e-mail：hitonaru@alles.or.jp

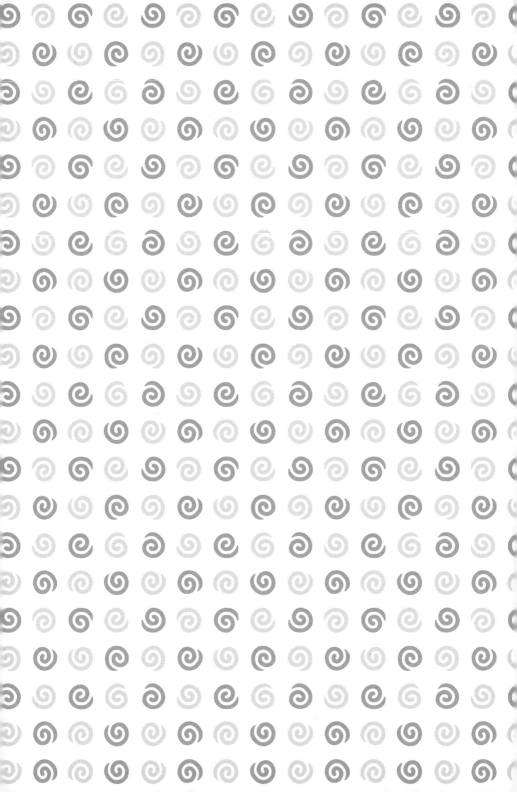